教育部高校思想政治理论课教师研究专项重大课题攻关项目
"高校思政课习近平新时代中国特色社会主义思想教学案例库建设研究"
（项目批准号：21JDSZKZ01）

新时代 高校思想政治理论课 教学案例精选

（第1辑）

主　编　杨慧民　葛丽君

参编者（以姓氏笔画为序）
王　娜　王冠文　王晶梅　王新影
刘秉贤　刘鹏飞　杨丽丽　张　灿
张　超　屈　宏　赵　劲　贾　迪

中国人民大学出版社
·北京·

主要作者简介

杨慧民，大连理工大学思想政治理论课案例教学研究中心主任，马克思主义学院教授、博士生导师。累计 44 期在“中宣部、教育部全国高校思想政治理论课骨干教师研修班”上介绍案例教学经验。国家高层次人才特殊支持计划教学名师，马克思主义理论研究和建设工程重点教材《马克思主义基本原理》编写组主要成员，国家级精品资源共享课、国家一流本科课程“马克思主义基本原理”建设负责人，国家级教学成果奖二等奖获得者，教育部高校思想政治理论课名师工作室（大连理工大学）负责人。入选全国高校中青年思想政治理论课教师择优资助计划、思想政治教育中青年杰出人才支持计划。主持完成教育部哲学社会科学研究重大课题攻关项目 1 项、国家社科基金一般项目 2 项、教育部人文社科项目 10 多项。在《哲学研究》《光明日报》等发表研究论文 70 多篇，其中《新华文摘》等全文转载 5 篇。论文荣获辽宁省哲学社会科学奖·成果奖（第六届）一等奖。在高等教育出版社、中国人民大学出版社主编出版思政课案例教学专著、教材教辅 40 多部。

内容简介

本书是以马克思主义理论研究和建设工程重点教材《习近平新时代中国特色社会主义思想概论》的主要内容和逻辑结构为蓝本，以活化教学内容、激活课堂教学、推动教材体系向教学体系和信仰体系转化为着力点，以扎实推进习近平新时代中国特色社会主义思想进课堂、进学生头脑为理念而编写的教学参考用书。本书精选和解析了 29 个学理说得透、事例讲得活、学生听得懂、实践用得上的典型案例。力求既有平实的理论分析，突出思想教育性和理论深度，又有真实案情的细致刻画；既坚持内容为王，又注重学理渗透；既立足“高大上”，又着力“接地气”。全书取材新颖精当，内容鲜活充实，问题讨论层次分明，教学建议贴近实际，总结提升深入浅出，适合广大高校思政课一线教师和思想政治教育工作者使用。

总序

新时代催生新思想，新思想引领新实践。党的十九大报告鲜明指出，“中国特色社会主义进入了新时代”。这是我们党准确把握我国发展新特点新要求所作出的一个重大政治判断。而作出这一重大政治判断的理论标志，是习近平新时代中国特色社会主义思想的创立。习近平新时代中国特色社会主义思想之“新”，主要体现在它创立于新时代中国特色社会主义的伟大实践中。

党的十九大报告将习近平新时代中国特色社会主义思想的主要内容概括为“八个明确”“十四个坚持”，党的十九届六中全会将“八个明确”拓展为“十个明确”，党的二十大报告将其概括为“十个明确”“十四个坚持”“十三个方面成就”。

习近平在党的二十大报告中指出，继续推进实践基础上的理论创新，首先要把握好新时代中国特色社会主义思想的世界观和方法论，坚持好、运用好贯穿其中的立场观点方法，并从六个方面作出概括和阐述，强调必须坚持人民至上、必须坚持自信自立、必须坚持守正创新、必须坚持问题导向、必须坚持系统观念、必须坚持胸怀天下。这一概括深刻揭示了习近平新时代中国特色社会主义思想的理论品格和鲜明特质，充分彰显了习近平新时代中国特色社会主义思想的真理力量和实践伟力。

“十个明确”“十四个坚持”“十三个方面成就”“六个必须坚持”内在贯通、有机统一，凝结着我们党认识世界、改造世界的宝贵经验和重大成果，体现了理论与实际相结合、认识论和方法论相统一的鲜明特色，共同构成了习近平新时代中国特色社会主义思想的科学体系。

学懂弄通落实党的二十大精神和党的二十届三中全会精神，深入推进习近平新时代中国特色社会主义思想坚定不移进教材、生动活泼进课堂、融会贯通进学生头脑，使党的创新理论全面融入高校思想政治理论课，更好武装青年、引领青年，筑牢青年学生成长成才的科学思想基础，使之加深对新时代中国特色社会主义的思想认同、理论认同、情感认同，是当前和今后一个时期全国高校思想政治理论工作者的首要政治任务和庄严使命。

我们推出这套丛书，正是要以全新的理念、扎实的行动将习近平新时代中国特色社会主义思想学深悟透、落到实处；正是要全景展示习近平新时代中国特色社会主义思想指引下的生动实践和伟大成就，充分展示习近平总书记的人格魅力和为民情怀，展现全国各族人民、各行各业因社会发展进步而不断增强的获得感、幸福感、安全感；正是要用生动的笔触、鲜活的案例全方位呈现新时代我们党治国理政的新气象，以及党和国家事业取得的历史性成就、发生的历史性变革，向世人展示一个更加立体、丰富、生动的现代中国。

为了实现这一目标，我们课题组依托教育部高校思想政治理论课名师工作室（大连理工大学）开展工作，用时两年多精心选编了一批学理说得透、事例讲得活、学生听得懂、实践用得上的典型教学案例，既有深入浅出的理论分析，突出思想性和理论深度，又有案例实践的细致刻画，是我们 20 多年来努力探索思想政治理论课案例教学改革的又一潜心积淀。这一批典型教学案例，折射出以习近平同志为核心的党中央的清醒坚定与从容自信，显示出 14 亿多中国人的意气风发和昂扬斗志，展现出各行各业砥砺前行的生动实践，昭示了中华民族伟大复兴中国梦的光明道路和壮美前程。

本套丛书主要以马克思主义理论研究和建设工程重点教材《习近平新时代中国特色社会主义思想概论》的主要内容和逻辑结构为蓝本，每个案例所对应的章节内容，我们已尽可能地在教学建议处列出，并在总结提升建议环节结合案例详尽展开论述。同时，为充分展示习近平新时代中国特色社会主义思想深邃的理论视域，把案例教学的潜在优势转化成实实在在的教学效果，在分析案例时我们并非仅仅围绕一个教学主题展开，而是以某一个主题为主线，有所兼顾，以突出思想政治理论课案例教学独有的综合性、贯通性和一体化特点。

我们相信，把这一批典型教学案例“用足、用好、用活”，定能引导当代青年大学生深刻领会习近平新时代中国特色社会主义思想的精神实质和丰富内涵，以紧跟时代的理论自觉、坚如磐石的战略定力、不忘初心的历史担当，勇做新时代新征程的坚定者、奋进者、搏击者；定能凝聚全面建设社会主义现代化国家的强大正能量，提振同心共筑中国梦的精气神，汇聚中华民族伟大复兴的磅礴伟力，提升中国共产党的思想引领力，谱写好新时代社会主义现代化新征程的壮丽篇章。

目录

案例 1

伟大变革：新时代中国的十个维度

核心阅读

伟大变革，共谱华章。步入新时代，以习近平同志为核心的党中央顺应历史潮流，以识变之智、应变之方、求变之勇统筹推动党和国家事业取得历史性成就、发生历史性变革。中国速度、中国高度、中国跨度、中国深度、中国力度、中国精度、中国厚度、中国密度、中国广度、中国温度，这十多年，一系列国之重器和超级工程成为中国成就的崭新地标、中国实力的生动坐标。这十多年，一次次创新突破，展现了中国建设者攻坚克难、挑战极限的胆识、魄力与智慧。这十多年，中国经济社会发展、生态环境变化真真切切、可触可感。这十多年，社会治理水平大幅提升，人民群众获得感、幸福感、安全感显著增强。这十多年，中国一次次惊艳世界。如今的中国，生机与活力齐涌，希望与追求升腾，中国式现代化的壮美画卷在神州大地徐徐展开，中华民族伟大复兴进入不可逆转的历史进程。

历史的航道上，总有一些重要节点，犹如高高耸立的灯塔，指引着前行的方向。

中国特色社会主义进入新时代，行进的中国站在了一个新的关键节点上。

如果让我们给新时代定义一个“关键词”，那一定是“变革”。

“变革”，是伟大成就，亦是成功密码。正是在不断的变革中，中国共产党带领人民应对复杂多变的形势和挑战，永不僵化、永不停滞，不断从胜利走向新的胜利。

变革之道：只有顺应历史潮流，积极应变，主动求变，才能与时代同行。

党的十八大以来，以习近平同志为核心的党中央团结带领全国各族人民，采取一系列战略性举措，实现一系列突破性进展，取得一系列标志性成果，推动党和国家事业取得历史性成就、发生历史性变革。

一项项重点工程、一个个国之重器、一次次创新突破……引领“中国号”巨轮劈波斩浪、一往无前。

在新时代的伟大变革中，不同维度的独特镜头记录下这些非凡的成就。

镜头一：中国高度

这是对梦想的攀登。

8 848.86 米！2020 年 5 月 27 日，五星红旗再次插上世界最高峰峰顶。

成功登顶的珠峰高程测量队队员，与珠峰大本营连线，实时传播高清视频画面。

5G 信号如何抵达世界之巅？

2020 年 4 月，从海拔 5 200 米的珠峰大本营出发，40 名铺设组成员肩扛传输光缆，带着 46 头牦牛，组成运输队，在冰川山路跋涉，运送近 8 吨的建设物资，完成特种传输光缆铺设。

6 500 米——4 月 30 日下午，世界海拔最高的 5G 基站投入使用。加上此前在海拔 5 300 米、5 800 米建成的基站，5G 信号已实现对珠峰北坡登山路线及峰顶的覆盖。

刷新高度的，不只是 5G 信号。

世界海拔最高的电气化铁路——拉林铁路，穿行于雪域高原，海拔 3 650 米；

世界海拔最高的超特长公路隧道——雀儿山隧道，海拔 4 378 米；

世界海拔最高的民用机场——稻城亚丁机场，海拔 4 411 米；

世界海拔最高的并网光伏电站——羊易光伏电站，海拔 4 700 米；

世界海拔最高的火车站——青藏铁路唐古拉站，海拔 5 068 米。

中国的发展达到崭新高度——党的十八大以来，我国经济总量从 53.9 万亿元提升到 2024 年的 134.9 万亿元，人均 GDP 从6 300美元提高到 1.34 万美元，连续多年对世界经济贡献率超过 30%。

追求、抵达、再出发，中国人向上攀登的脚步不会停歇。

镜头二：中国速度

2021 年，具有完全自主知识产权的高速磁浮交通系统在青岛下线，这是世界首套设计时速达 600 公里的高速磁浮交通系统；“九章三号”“本源悟空”的问世让中国量子计算机实现算力全球领先……

速度，折射科技实力的提升——

2023 年 12 月 10 日，长征二号丁运载火箭成功发射，中国长征系列运载火箭的发射次数刷新为“500”。37 年、7 年半、4 年多、33 个月、24 个月，这是长征系列运载火箭 5 个“百次发射”所花费的时间，中国人探索太空的脚步不断加快。

速度，凝聚发展进步的动力——

光纤网络接入带宽实现从十兆到百兆再到千兆的指数级增长，移动网络实现从“3G 突破”到“4G 同步”再到“5G 引领”的跨越，实现全国行政村“村村通宽带”……新时代以来，我国信息通信业实现迭代跨越，建成全球规模最大、技术领先的网络基础设施，打通经济社会发展的信息“大动脉”。

速度，彰显社会制度的优势——

火神山医院、雷神山医院在 10 多天时间里拔地而起，在最短时间内实现了医疗资源和物资供应从紧缺到动态平衡的提升，第一时间研发出核酸检测试剂盒……抗击新冠疫情中一次次快速出击，体现了同舟共济、守望相助的家国情怀，也是中国制度优势的生动写照。

镜头三：中国跨度

经过近 300 天的飞行、4 亿千米的奔赴，“天问一号”成功“落火”；

嫦娥四号首探月背，距地球约 38 万千米；

我国首颗太阳探测科学技术试验卫星“羲和号”，运行于平均高度为 517 千米的太阳同步轨道……

“探火”“奔月”“逐日”，跨越星球是我们从未停止的脚步。

跨度，丈量着时间与空间，更记录下新时代中国奋力前行的铿锵步伐。

放眼神州，以“跨越”实现“联通”。一个个重大项目，跨越山川，跨越江海，让流动的中国更显活力。

伶仃洋上，总长约 55 千米的港珠澳大桥宛若一条巨龙，一桥飞架三地。

天山之上，乌尉公路“咽喉”工程——全长 22.1 千米的天山胜利隧道正加紧施工。建成后，这条“雪域天路”将穿越天山，成为贯通南疆北疆的幸福之路。

放眼神州，以“创新”促进“跨越”。一个个高技术产品，成为我国实施创新驱动发展战略的生动注脚。

2022 年 9 月，C919 大型客机成功获颁型号合格证；2023 年 5 月 28 日，C919 客机进行首次商业飞行，这是我国大飞机事业的重要里程碑。

步入新时代以来，我国高技术产品质量更优。在一批中央企业攻关带动下，中国高铁、载人航天、北斗导航等大国重器成为国家新名片。

镜头四：中国精度

2020 年 12 月 6 日清晨，一份“宇宙快递”正在交接。21 秒内，一“抱”一“抓”，一次堪称“教科书式”的交会对接，让历经千难万险采集到的月球样品一气呵成踏上来地球的路。

2024 年 4 月 26 日，神舟十八号载人飞船与空间站组合体顺利完成自主快速交会对接，两个平均年龄不到 40 岁的“飞天组合”在“天宫”会师。“太空穿针”惊险浪漫，背后有百公里测量范围内、测距精度达 0.2 米的微波雷达保驾护航。

国之重器，累积于每一次对精度的追求。0.01 毫米，这是极小径铣刀的直径，仅相当于八分之一头发丝粗细；±0.06 角秒，这是纳米时栅的最高测量精度，相当于 360 度圆周内任意 1 度的六万分之一，达到现有检测仪器水平的极限。

致广大而尽精微。

涉及 9 000 多万人的脱贫攻坚，需要前所未有的精准到人——近 2 000 万人次进村入户，开展贫困人口动态管理和信息采集工作；需要规模巨大的精准组织——户户有责任人，村村有帮扶队；需要实事求是的精准施策——根据不同致贫原因实施“六个精准”“五个一批”，因地制宜、因人施策。

翻开擘画中国 2021 年到 2025 年发展的“十四五”规划，“大”文件中却有不少“细”安排：人均预期寿命提高 1 岁，地级及以上城市 $PM_{2.5}$ 浓度下降 10%，每千人口拥有注册护士数提高到 3.8 人……

天下大事，必作于细。这是中国追梦路上的鲜明特色。

镜头五：中国深度

世界最深的实验室在哪里？

四川凉山，锦屏山隧道中部，2 400 米地下，有一处安静地点——中国锦屏地下实验室。在这里，中国高校取得近 30 项暗物质研究成果；世界最强流深地核天体物理加速器成功出束，测量灵敏度、统计精度、曝光量等均在国际上领先。

中国不断向未知的空间开拓，向科技的极限求索，挺进深海、进军深地、探索深空——

2020 年，我国“奋斗者”号载人潜水器在“地球第四极”马里亚纳海沟坐底，坐底深度 10 909 米；2021 年，我国首个自营勘探开发的 1 500 米深水大气田“深海一号”投产，海洋油气勘探开发迈向“超深水”。

2023 年，深地塔科 1 井开钻，是我国首口万米深地科探井，预计钻井周期 457 天。在超过万米的深地，要面对的是超 210 摄氏度超高温、130 兆帕超高压等工况，能够将井深推进到万米，标志着我国工业制造能力的整体提升。

“中国天眼”，把中国空间测控能力由地球同步轨道延伸至太阳系外缘；由佳木斯深空测控站、喀什深空测控站、阿根廷深空测控站组成的中国深空测控网，测控覆盖率达 90%以上。

镜头六：中国力度

金沙江上，白鹤滩水电站，一座拱形大坝横亘在高耸的山间，承受 1 650 万吨最大水推力。

湖南株洲，单机功率 28 800 千瓦、牵引力 2 280 千牛的“神 24”电力机车，能在 12‰的坡道上牵引 1 万吨货物列车……

新时代坚持和发展中国特色社会主义，根本动力仍然是全面深化改革。

全面深化改革进一步解放和发展社会生产力。坚持使市场在资源配置中起决定性作用，让各类市场主体有更多活力和更大空间去发展经济、创造财富。截至 2023 年 1 月，我国市场主体达 1.7 亿户，其中全国登记在册个体工商户达 1.14 亿户，约占市场主体总量的三分之二，带动近 3 亿人就业，成为经济发展的动力之源。

从农村承包地“三权分置”改革到宅基地制度改革试点，从司法体制、生态文明体制改革到改革完善住房制度、医药卫生体制，一批批改革实招聚焦群众“急难愁盼”，增进人民福祉。

在开放中创造机遇，在合作中破解难题：外商投资法和优化营商环境条例施行，取消外资逐案审批制；授权全国所有地级及以上城市开展外商投资企业注册登记，通关便利化水平进一步提升；构建广交会、进博会、服贸会等经贸平台……中国以开放姿态拥抱世界，激活自身发展的澎湃春潮，为全球经济注入强大动能。

镜头七：中国厚度

黑土地，被称为“耕地中的大熊猫”，在自然条件下形成 1 厘米厚的黑土层需要 200 年至 400 年。新时代以来，我国东北地区正在奋力开展黑土地“保卫战”，通过推广农业科技等措施，夯实“大国粮仓”根基。以黑土面积最大的黑龙江省为例，根据多年监测数据，黑土区旱地平均耕层厚度由 19.8 厘米加深到 23.3 厘米。

底子厚，底气才能足。土地如此，发展亦然。

今日中国，正在厚植创新基础。步入新时代，我国全社会研发投入从 2012 年的 1.03 万亿元增长到 2023 年的 3.33 万亿元，其中基础研究经费增长曲线迅速上扬，2023 年达 2 259.1亿元。

今日中国，正在传承创新厚重的文化。新时代以来的十年间，中华文明探源工程、“考古中国”成果丰硕；《复兴文库》《中华传统文化百部经典》编纂、出版，熔古铸今、激活经典；博物馆热、文物热、非遗热纷纷兴起，国潮国风成为新时尚……

今日中国，正在打造雄厚的实力。我国建成全球最完整、规模最大的工业体系，拥有联合国产业分类中全部工业门类，使我国实体经济底盘更稳、产业升级根基更牢，500 种主要工业产品中，我国有四成以上产品的产量位居世界第一。我国建成全球最大的 5G 网、高速铁路网、高速公路网、网络零售市场。

镜头八：中国密度

动力电池技术不断革新，能量密度达到 255 瓦时/千克，实现整车 1 000 千米续航。

2018—2023 年，全国单位 GDP 建设用地使用面积 5 年下降 21.51%，国土经济密度明显提高。

小到电池能量密度，大到国土经济密度，“密度”提升意味着什么？

简而言之，质量高了，含金量就高了。

“寸土寸金”，今天的中国，各地各部门、各行各业不断探索，让“寸土产出更多的金”。

“密度”提升，从节约集约利用资源入手。2012 年以来，中国以年均 3%的能源消费增速支撑年均 6.6%的经济增长，单位 GDP 能耗下降 26.4%，成为全球能耗强度降低最快的国家之一。

“密度”提升，关键在于创新能力。2024 年，中国全球创新指数排名第 11 位，是前 30 名中唯一的中等收入经济体，比 2012 年跃升 23 位，已进入创新型国家行列。

“密度”提升，需要产业提质增效。至 2024 年，中国新能源汽车产销量连续 10 年世界第一。借助新能源赛道，中国汽车产业“换道超车”的愿望正走向现实。

镜头九：中国广度

2022 年 7 月，地处欧洲东南部的克罗地亚，一座长 2 440 米、宽 22.5 米的公路斜拉桥佩列沙茨大桥通车，克罗地亚总理普连科维奇称赞这座桥“实现了将克罗地亚南北领土连为一体的夙愿”。

4 年前，由中国路桥公司牵头的中国企业联合体中标大桥项目，这是中国企业首次中标欧盟基金项目。

像佩列沙茨大桥这样的工程，正成为中国贡献的崭新地标……

在希腊，中远海运集团运营的比雷埃夫斯港，不仅是希腊最大港口，也是全球发展最快的集装箱港口之一。

推动共建“一带一路”，马尔代夫有了第一座跨海大桥，塞尔维亚斯梅代雷沃钢厂重现辉煌，蒙内铁路让非洲运输更便捷……

在这个蓝色星球，中国与世界更加联通——

从共建“一带一路”到国家级“展会矩阵”，从门类齐全的“世界工厂”到商机无限的“世界市场”，中国发展惠及全球。

今天的中国，“朋友圈”扩大。截至 2024 年 1 月 24 日，中国建交国总数增至 183 个，伙伴关系网络覆盖全球。

镜头十：中国温度

从百姓不断改善的生活中，最能感受到中国发展的温度。

大凉山腹地，绝壁千仞。一座 2 556 级的钢铁“天梯”，让“悬崖村”告别下山需要爬 17 段危险藤梯的历史，村民搬下“悬崖”，开启新生活。

经过不懈奋斗，2020 年底现行标准下 9 899 万农村贫困人口全部脱贫，历史性地解决了绝对贫困问题。第一个百年奋斗目标实现，在中华大地上全面建成了小康社会。

幼有所育、学有所教、劳有所得、病有所医、老有所养、住有所居、弱有所扶，实现人们的美好愿望，正不断取得新进展。

农村学生吃上营养均衡的餐食，这得益于我国实施的营养改善计划。

退休人员的养老金水平不断提高。截至 2022 年，养老补贴制度已惠及超 3 700 万名老年人；13.6 亿人参加基本医疗保险，能以更低的价格用上更多的新药好药，不少人开始享受跨省异地就医直接结算的便利。

这样的温暖，日渐充盈着中国人生活的不同切面。推进全体人民共同富裕，中国人民将有更暖心的日子。

思考讨论

1. 党的十九大报告指出：中国特色社会主义进入了新时代，这是我国发展新的历史方位。结合案例，谈谈你对这句话的理解。

2. 你认为，新时代党和国家事业发生伟大变革的根本原因是什么？

3. 立足于中国式现代化新征程，如何才能确保党和国家的事业始终立于不败之地，并不断创造新的伟大奇迹？

教学建议

本案例主要适用于第一章第二节“中国特色社会主义进入新时代”部分的辅助教学。案例主要展示的是党的十八大以来，以习近平同志为核心的党中央团结带领全国各族人民，解决了许多长期想解决而没有解决的问题，办成了许多过去想办而没有办成的大事，推动党和国家事业取得历史性成就、发生历史性变革的生动实践。

组织教学建议

第一，在开展案例教学前，教师应着重引导学生充分把握“新时代”的历史定位。课前，教师可安排学生自学党的十九大报告中有关“三个意味着”的相关内容；课上，教师可组织学生就相关内容开展结构化讨论。目的是引导学生理解，中国特色社会主义进入了新时代这一重大历史判断是基于我国发展新阶段、中国共产党领导人民长期奋斗取得的伟大成就，基于社会主要矛盾发生新的变化，基于党的奋斗目标有了新要求，基于我国面临新的国际环境而得出的。可以说，这一判断符合实际、顺应潮流，是发展进步、矛盾运动、历史变革的必然结果，是谋划未来发展、开辟光明前景的战略起点，是新的历史条件下党和国家事业从胜利走向新的胜利的重要前提。

第二，本案例内容线性且具象，相较之下，本部分教学主题宏大且抽象，因此教师要着力实现案例内容与教学主题之间的有效对接。应立足于“十个维度”，以小见大、以点带面、以实映虚，引导学生理解实现新时代伟大成就、伟大变革的根本原因在于我们坚持并发展了中国特色社会主义。要着重说清楚两者之间的内在逻辑关系，道明白中国特色社会主义新时代伟大变革所具有的里程碑意义，讲透彻推动中国特色社会主义不断开拓前进的客观必然性、现实必要性、发展艰巨性，进而在理论逻辑、历史逻辑、实践逻辑的有机统一中全面深化教学主题。

第三，本案例数据丰富、感染力强，教师在教学过程中应充分用好案例素材、着力优化教学设计，有计划地推动知识性教育向价值性教育的跃升。比如：中国高度，展现出中国人向上攀登的脚步不会停歇；中国跨度，更新记录下中国人奋力前行的铿锵步伐；中国深度，彰显出中国人不断向未知空间开拓、向科技的极限求索的精神……总之，就是要引导学生理解，实现中华民族伟大复兴的中国梦，需要一代又一代人在中国特色社会主义伟大实践中自信自强、守正创新、踔厉奋发、勇毅前行。鼓励学生向优秀的前辈看齐，推动中国特色社会主义不断开拓前进，自觉为实现人民对美好生活的向往、实现中华民族伟大复兴知重负重、苦干实干、攻坚克难。

总结提升建议

第一，方向决定道路，道路决定命运，发展方向的选择对一个国家的兴衰成败至关重要。唯物辩证法认为，内因是事物变化的根据，外因是事物变化的条件，外因通过内因而起作用。人类历史上没有一个民族、一个国家可以通过依赖外部力量、照搬外国模式、跟在他人后面亦步亦趋实现强大和振兴。中国特色社会主义是党和人民历经千辛万苦、付出巨大代价取得的根本成就，是历史和人民的选择，是实现中华民族伟大复兴的必由之路。中国特色社会主义进入新时代，以其全新的历史方位、时代使命和世间气象，标注了中华民族伟大复兴历史进程的新高度，创造了人类文明发展进步的伟大中国历史时间。如月之恒，如日之升。站在这个伟大历史时间坐标点上，以习近平同志为主要代表的中国共产党人，不断深化对中国特色社会主义建设规律的认识，科学回答坚持和发展中国特色社会主义的一系列重大理论和实践问题，以巨大勇气、巨大智慧和巨大力量，团结带领人民豪迈唱响“风卷红旗过大关”的壮丽凯歌，奋力书写“直挂云帆济沧海”的时代华章。这是我们能够统领伟大工程、伟大事业、伟大梦想的基本前提，也是推动党和国家事业取得历史性成就、发生历史性变革的根本原因。新时代的伟大实践又一次证明，只有社会主义才能救中国，只有社会主义才能发展中国，只有坚持和发展中国特色社会主义才能实现中华民族的伟大复兴。

第二，中国特色社会主义新时代正在书写中国的“未来简史”，也正在改写着世界的“全球通史”。160 多年前，马克思从“两极相联”的规律切入，分析中国革命和欧洲革命，提出中国与世界关系相互影响的理论。如果循着这样的历史线索来分析，便可以清楚地看到，新中国诞生于世界民族解放运动兴起的时代，中国改革开放事业启航于和平与发展成为世界主题的时代，中国新时代起始于世界力量对比出现“东升西降”大趋势的时代。中国高度、中国速度、中国跨度、中国精度、中国深度、中国力度、中国厚度、中国密度、中国广度、中国温度……这一系列变革性实践、突破性进展、标志性成果，昭示着实现中华民族伟大复兴进入了不可逆转的历史进程，昭示着科学社会主义事业在世界东方以大河奔涌之势攀升到前所未有的新高度，昭示着新时代的中国正在重新定义发展和进步，强大的磁性必将吸引越来越多的发展中国家踏上通往东方的路程。从深沉历史到辽远时空，从谋计民生到纵横寰宇，中国特色社会主义新时代是一个突破现实想象、打开未来世界的时代，这决定着其必将在党史、新中国史、改革开放史、社会主义发展史、中华民族发展史上具有里程碑意义。

第三，坚定道路自信、理论自信、制度自信、文化自信，推动中国特色社会主义不断开拓前进。自信才能自觉，自觉方能自为。当代中国的历史性进程不可争辩地证明，中国特色社会主义走得通、走得对、走得好，尤其是新时代以来形成的更为完善的制度保证、更为坚实的物质基础、更为主动的精神力量，标志着时与势在我们一边。立足于中国式现代化新征程，想要确保党和国家的事业始终立于不败之地，不断创造新的伟大奇迹，就必须不断强化对中国特色社会主义的战略自信。中国特色社会主义包括道路、理论、制度、文化四个方面。其中，道路是实现途径，理论是行动指南，制度是根本保障，文化是精神力量，四者统一于中国特色社会主义伟大实践。坚定道路自信，就是坚信中国特色社会主义道路是我国实现社会主义现代化、创造人民美好生活的必由之路；坚定理论自信，就是坚信中国特色社会主义理论体系是指导党和人民实现中华民族伟大复兴的正确理论，是立足时代前沿、与时俱进的科学理论；坚定制度自信，就是坚信中国特色社会主义制度是当代中国发展进步的根本制度保障，是具有明显制度优势、强大自我完善能力的先进制度；坚定文化自信，就是坚信中国特色社会主义文化积淀着中华民族最深层的精神追求，代表着中华民族独特的精神标识，是激励全党全国各族人民奋勇向前的强大精神动力。

案例启示

第一，在全面建设社会主义现代化国家新征程上，必须不断增强党的领导的坚定性。中国特色社会主义最本质的特征是中国共产党领导，中国特色社会主义制度的最大优势是中国共产党领导。办好中国的事情，关键在党。全面建设社会主义现代化国家、全面推进中华民族伟大复兴，关键在党。历史充分证明，没有共产党，就没有新中国，就没有中华民族的伟大复兴。历史和人民选择了中国共产党，党的领导是全国各族人民的利益所在、命脉所在。中国共产党在新时代发挥着总揽全局、协调各方的领导核心作用。我们在新时代取得的伟大成就、伟大变革，归根到底还是在于确立习近平同志党中央的核心、全党的核心地位，确立习近平新时代中国特色社会主义思想的指导地位，为推进民族复兴伟业提供了科学行动指南。

第二，社会主义是前无古人的伟大事业，没有现成的方案可以遵循，必须随着时代、实践和科学的发展不断探索前进。昨天的成功并不代表着今后能够永远成功，过去的辉煌并不意味着未来可以永远辉煌。当代大学生是中华民族伟大复兴事业的建设者和接班人，心中有理想、眼中有光芒、手中有力量，要勇于、善于、甘于把中国特色社会主义事业继续推进下去，决不能因为胜利而骄傲，决不能因为成就而懈怠，决不能因为困难而退缩，要用新的伟大奋斗谱写新时代中国特色社会主义更加绚丽的华章。

案例 2

总书记这样领航中国式现代化

核心阅读

在中国这样超大规模的国家实现现代化，是一个世界性和世纪性的难题。党的十八大以来，在习近平总书记亲自推动、部署、带领下，中国踏上全面建设社会主义现代化国家新的历史征程，这将是人口规模巨大的现代化，是全体人民共同富裕的现代化，是物质文明和精神文明相协调的现代化，是人与自然和谐共生的现代化，是走和平发展道路的现代化。习近平是新时代现代化建设当之无愧的总设计师，他指引的中国式现代化是史无前例、空前伟大的事业，摒弃了西方以资本为中心的现代化老路，确立了以人民为中心的社会主义现代化样板，创造了人类文明新形态，拓展了发展中国家走向现代化的途径，为人类实现现代化提供了新的选择，彰显了中国道路的历史进步性、实践合理性和巨大优越性。

党的十八大以来，站在时代潮头，放眼世界大势，习近平总书记亲自推动、部署，擘画了以中国式现代化推进中华民族伟大复兴的历史伟业。

镜头一："全面小康大家一起走！"

2020 年 5 月 23 日，习近平总书记在看望参加全国政协十三届三次会议的经济界委员时，对大家说："我们这代人有一份情结，扶一把老百姓特别是农民。社会主义道路上一个也不能少，全面小康大家一起走！"他深情回忆起在陕北插队时与乡亲们的一段对话。

"我那时饿着肚子问周围的老百姓，你们觉得什么样的日子算幸福生活？他们讲了几个心愿。"

委员们纷纷停下笔，专注倾听。

"第一个目标是希望不再要饭，能吃饱肚子。别管吃什么，半年糠菜半年粮也好。再进一步，当地的土话叫吃'净颗子'，就是能吃上纯高粱米、玉米面。第三个目标，他们认为那就高不可攀了，'想吃细粮就吃细粮，还能经常吃肉'，说是'下辈子的愿望'。"

笑声里，很多委员思绪万千。

习近平总书记接着说："这些我们都一一实现了。我当时和乡亲们说，你们再努力想想呢，将来还想到什么境界。他们说，那就将来干活挑着金扁担!”

会场又是一阵笑声。

“我想这个目标也在实现中。‘金扁担’，我把它理解为农业现代化。”习近平总书记指出，新形势下要着力解决农业发展中存在的深层次矛盾和问题，重点从农产品结构、抗风险能力、农业现代化水平上发力。

这一年，决战脱贫攻坚取得决定性胜利。“历经 8 年，现行标准下近 1 亿农村贫困人口全部脱贫，832 个贫困县全部摘帽。”习近平总书记在 2021 年新年贺词中表示。

这一成就来之不易。50 多次调研扶贫工作，走遍 14 个集中连片特困地区，先后 7 次主持召开中央扶贫工作座谈会……习近平总书记把脱贫攻坚摆在治国理政的突出位置，亲自挂帅、亲自出征、亲自督战，推动走出了一条中国特色减贫道路。

2021 年 7 月 1 日，在庆祝中国共产党成立一百周年大会上，习近平总书记庄严宣告“在中华大地上全面建成了小康社会”。这一年，《中共中央 国务院关于支持浙江高质量发展建设共同富裕示范区的意见》正式发布，选取浙江省先行先试，为全国其他地方促进共同富裕探索路径、积累经验、提供示范。到 2035 年，全体人民共同富裕将取得更为明显的实质性进展。

镜头二：总书记来到“国际文化创客村”

2023 年 9 月 20 日上午，习近平总书记浙江考察第一站来到义乌市后宅街道李祖村。

习近平总书记步行察看村容村貌，眼前一座座黛瓦白墙的小楼，房前屋后点缀着绿树花草，透出美丽乡村的勃勃生机。

很难想象，这个远近闻名的共同富裕示范村、宜居宜业的“国际文化创客村”，曾经因脏、乱、差、穷，被当地人称为没有希望的“水牛角村”。

将时间拨回 20 年前的 2003 年，习近平在浙江工作期间亲自谋划、亲自部署、亲自推动“千村示范、万村整治”工程（简称“千万工程”），将实现人的现代化作为落脚点。一子落而满盘活。在“千万工程”推动下，李祖村从整治环境入手，发展产业，推进农文旅融合发展，实现了幸福的蝶变。李祖村因其浓郁的文化气氛被称作“诗和远方”，50 多个创客项目散落各处，处处是“网红”打卡点，每年游客量超过 20 万。200 多名农创客里，有逐梦乡村的清华创客，有归乡创业的“农小青”，也有慕名而来的外国友人……通过创客空间、非遗项目等多业态布局，李祖村不断吸引国内外创客竞相入驻，成为远近闻名的“国际文化创客村”，获评“全国文明村”“浙江省第二批未来乡村”等荣誉称号。

为了点亮乡土文化，进而塑造乡风文明，李祖村试点职业经理人运营模式，招引“乡遇文旅”团队，签订整村运营协议。国企、村集体、运营公司合力同行，溯源“耕读传家”的文化脉络，打造“有礼的祖儿”村庄品牌 IP，策划“礼文化”研学课程，举办共富市集、共富村晚等各类精彩活动。

习近平总书记考察当天，农创客们正在村广场上举办“共富集市”。

习近平总书记的目光被返乡大学生方天宁摊位上的各式手编竹篮所吸引。方天宁告诉习近平总书记，自己两年前回到村里，发动 30 多名村民编织竹篮，通过互联网销售，可以为他们每人每月增收 2 000 元左右。

习近平总书记夸奖市集办得好，不仅有丰富的产品，还有丰富的传统文化。他亲切地说，“乡村振兴潜力无限、大有可为，乡亲们要努力奋斗，一起奔向共同富裕的美好明天。”

如今的李祖村，村民物质富足、精神富有，人均可支配收入已由2003年的不到5 000元，增长到2023年的6万元。李祖村联合周边几个村组建了“大李祖”共富联盟，并以此为基础成立了大李祖文化发展有限公司，形成资源共享、优势互补的发展共同体。李祖村推动乡村振兴、促进共同富裕的生动实践，正是中国式现代化的缩影。

镜头三：“让孩子们都生活在良好的生态环境之中”

2014年11月10日夜，在“水立方”举行的亚太经济合作组织（APEC）欢迎宴会上，面对中外来宾，习近平坦诚地说：“这几天我每天早晨起来以后的第一件事，就是看看北京空气质量如何，希望雾霾小一些，以便让各位远方的客人到北京时感觉舒适一点。”“也有人说，现在北京的蓝天是APEC蓝，美好而短暂，过了这一阵就没了，我希望并相信通过不懈的努力，APEC蓝能够保持下去。我们正在全力进行污染治理，力度之大，前所未有，我希望北京乃至全中国都能够蓝天常在，青山常在，绿水常在，让孩子们都生活在良好的生态环境之中，这也是中国梦中很重要的内容。”

当天，“APEC蓝”成为网络热词。而之后，中国以前所未有的努力向全世界证明，“APEC蓝”不是昙花一现。

“咔嚓！”早上起床后，北京市民邹毅习惯性地拿出手机拍摄天空的照片。2013年1月，雾霾来势汹汹，北京空气污染严重。邹毅要记录下空气质量的变化。他将照片做成拼图，在社交平台上发布。他已累计拍摄超252万张图片，见证了京城天空由“雾霾灰”到“常态蓝”的历史性转变。

2013年，中国发布《大气污染防治行动计划》，这是中国针对突出环境问题开展综合治理的首个行动计划。北京发布《北京市2013—2017年清洁空气行动计划》，开展$PM_{2.5}$和臭氧监测。

从邹毅拍摄的照片中可以清晰明了地看出，2017年北京的空气质量明显好转，照片中的蓝天变多了。

2021年，北京空气质量首次全面达标。$PM_{2.5}$年均浓度较2013年下降63.1%，被联合国环境规划署誉为“北京奇迹”。“APEC蓝”变成了“北京蓝”“冬奥蓝”“常态蓝”。

变化背后，是党的十八大以来，我们坚持习近平总书记提出的“绿水青山就是金山银山”的理念，坚持山水林田湖草沙一体化保护和系统治理，生态文明制度体系更加健全，生态环境保护发生历史性、转折性、全局性变化。

当“蓝天保卫战”取得令人鼓舞的成果后，我们又开始向“双碳绿”继续进军，二氧化碳排放力争于2030年前达到峰值，努力争取2060年前实现碳中和。习近平总书记多次强调：“降低二氧化碳排放、应对气候变化不是别人要我们做，而是我们自己要做。”

中国共产党是世界上第一个将生态文明建设纳入行动纲领的执政党。习近平总书记强调：“只有实行最严格的制度、最严密的法治，才能为生态文明建设提供可靠保障。”《中共中央、国务院关于加快推进生态文明建设的意见》《生态文明体制改革总体方案》相继出台，多项改革方案接连实施，构建起生态文明制度体系的“四梁八柱”。

面对“秦岭违建别墅”整而未改的问题，习近平总书记先后 6 次作出重要批示、指示，中央专门派出中纪委领衔的专项整治工作组入驻陕西。2018 年 7 月后，1 194 栋违建别墅被依法拆除、整治，一些党员干部因违纪违法被立案调查，包括时任陕西省委主要领导的多名省部级干部落马。

镜头四：举世瞩目的“世纪和解”

中东地区是二战以后世界上局势最为复杂而动荡的地区。2016 年，习近平总书记在谈及中东之乱时说过，这是一场同时间的赛跑，是希望和失望的较量。

2023 年 3 月 10 日晚，一件大事传遍世界。希望与失望的较量，有了新的注解。

沙特、伊朗，中东两个重要国家，也是一度要发生冲突的对手，在中国的倡议、斡旋和推动下，在北京举行了对话，握手言和，发表了三方联合声明，宣布恢复已经断绝七年的外交关系，重开大使馆。这绝对是要写进历史书的具有重大意义的一刻！

很多人都注意到了谈判现场特殊的安排：一个三角形的桌子。

外交礼仪无小事，每个细节都不容忽视。三角形桌子长度相等，它传递的政治深意就是三方是完全平等的、相互尊重的，没有一方是凌驾于另外两方之上的。这个细节反映了为什么只有中国才可以促成这次和解。

多年来，中国一直在做劝和促谈工作，且是在最高层级展开斡旋。2016 年在访问阿拉伯国家联盟总部发表讲话时，习近平明确提出“三不原则”，即“不找代理人，而是劝和促谈”；“不搞势力范围，而是推动大家一起加入‘一带一路’朋友圈”；“不谋求填补真空，而是编织互利共赢的合作伙伴网络”。2022 年 4 月 21 日，习近平在博鳌亚洲论坛年会开幕式上首次提出全球安全倡议，倡导以共同、综合、合作、可持续的安全观为理念指引，以相互尊重为基本遵循，以安全不可分割为重要原则，以构建安全共同体为长远目标，走出一条对话而不对抗、结伴而不结盟、共赢而非零和的新型安全之路。倡议一经提出，立刻受到国际社会的广泛关注和普遍赞誉。2022 年底，习近平出席首届中阿峰会、中海峰会并对沙特进行国事访问，2023 年 2 月中方又接待了伊朗总统莱希访华。中方高级外交官自 2022 年起密集穿梭于沙特和伊朗两国之间。这次中沙伊三国联合声明指出，沙伊两国代表在北京举行会谈，是为响应习近平关于中国支持沙特同伊朗发展睦邻友好关系的积极倡议。

沙特和伊朗两国政治对立几十年，宗教分歧更是可以追溯上千年。两国能够达成和解，引发国际社会极大关注，一些媒体用“世纪和解”“中东巨变”来形容其意义。巴基斯坦外交部长扎尔达里感叹道：“世界好长时间没有这样的好消息了。”随着沙伊这对“宿敌”实现历史性握手言和，中东多国相继达成和解或关系缓和。

新一轮巴以冲突爆发以来，中国始终为止战促谈而不懈努力。2024 年 7 月 23 日，巴勒斯坦解放事业迎来了重要历史性时刻——巴勒斯坦 14 个派别共同签署《关于结束分裂加强巴勒斯坦民族团结的北京宣言》（简称《北京宣言》），为饱受苦难的巴勒斯坦人民带来希望与未来。

推动中东迎来“和解潮”是中国倡导全球安全倡议、构建人类命运共同体的精彩实践。

中国为妥善处理当今世界热点问题发挥了建设性作用，展现了维护世界和平的大国担当。

思考讨论

1. 中国式现代化既有各国现代化的共同特征，更有基于自己国情的鲜明特色。怎样理解中国式现代化的中国特色？

2. 中国式现代化与西方现代化有何区别？为什么说中国式现代化创造了人类文明新形态？

3. 推进中国式现代化，是前无古人的伟大事业，也是负重前行的艰辛探索。为什么说中国式现代化是强国建设、民族复兴的唯一正确道路？

教学建议

本案例主要适用于第二章第二节“中国式现代化是强国建设、民族复兴的唯一正确道路”部分的辅助教学。本案例主要展现了党的十八大以来，习近平总书记亲自推动、部署，擘画以中国式现代化推进民族复兴伟业、确立以人民为中心的社会主义现代化样板的伟大实践。通过本案例的教学，使学生加深对中国式现代化的中国特色及其本质要求的理解和认识。

组织教学建议

第一，由于案例篇幅较长，建议教师提前发布给学生课下阅读，让学生课前了解案例内容。在运用本案例之前，可以组织学生课外线上观看新华社音视频部制作、新华通讯社出品的政论片《中国式现代化》，该片包括《共向未来》《共同富裕》《文明华章》《山河见证》《和合之路》共五集，每集十几分钟，系统梳理了中国式现代化的五大特征。通过观看视频，使学生对中国式现代化的特征有感性的认识，从而为课堂案例讨论顺利进行打下良好基础。

第二，本案例是多镜头组合式案例，教师应注意引导学生把握本案例的展示思路，分析每组镜头的深刻含义，从而加深对中国式现代化的中国特色的理解和认识。镜头一通过习近平总书记在看望参加全国政协十三届三次会议的经济界委员时提出“全面小康大家一起走”、关心农业现代化、亲自领导脱贫攻坚战的事例，展现了中国式现代化是人口规模巨大的现代化，是全体人民共同富裕的现代化。镜头二通过习近平总书记考察村民物质富足、精神富有的浙江义乌市李祖村的场景，展现了中国式现代化是物质文明和精神文明相协调的现代化。镜头三通过习近平总书记引领生态文明建设的一系列举措，展现了中国式现代化是人与自然和谐共生的现代化。镜头四通过习近平倡导全球安全倡议、构建人类命运共同体并亲自推动中东地区和解进程的生动事例，展现了中国式现代化是走和平发展道路的现代化。习近平总书记领航中国式现代化的实践彰显了中国式现代化是中国共产党领导的社会主义现代化的本质特征。

第三，在讨论过程中，教师应注意引导学生对比中国式现代化与西方现代化的差异，认识到“现代化”不等于“西方化”，加深对中国式现代化的世界意义的认识与理解。现代化运动起始于西方，在探索人类现代化事业方面，西方国家先行一步，西方的价值观念深刻影响着全球的现代化进程。曾几何时，世界上一谈起现代化，言必称西方，仿佛在现代化与西方模式之间有个等号。西方道路甚至被视为走向现代化的“普世之路”。但西方化不等于现代化，现代化也不等于资本主义现代化。正如习近平总书记所指出的：“世界上既不存在定于一尊的现代化模式，也不存在放之四海而皆准的现代化标准。”中国式现代化的顺利推进是后发展国家探索现代化道路的成功范例。作为世界上最大发展中国家的中国找到了更加适宜而合理的现代化发展道路，代表着非西方文明的重新崛起，改写了现代化的世界版图，给那些既期盼与世界接轨实现现代化又希望保持独立主权的国家带来新的选项，激发了后发国家立足自身国情探索自己本土化现代化道路的意愿。中国式现代化探索的实践之路昭告世界，通向现代化有多种道路可以选择，各个国家完全可以掌握发展的主动权，从本国实际出发，探索出适合本国国情的发展模式。中国式现代化道路的实践为后发国家自主发展并寻找到适合自己的现代化之路提供了极具参考价值的鲜活样本和新的参照系。

■ 总结提升建议

第一，中国式现代化，既有各国现代化的共同特征，更有基于自己国情的中国特色。党的二十大报告明确概括了中国式现代化五个方面的中国特色，深刻揭示了中国式现代化的科学内涵。一是人口规模巨大的现代化。我们这个世界上最大的发展中国家实现现代化，意味着比现在所有发达国家人口总和还要多的中国人民将进入现代化行列，将彻底改写人类现代化的世界版图。二是全体人民共同富裕的现代化。现代化的本质是人的现代化。实现人民对美好生活的向往，是现代化建设的出发点和落脚点。在发展中保障和改善民生是中国式现代化的重大任务。党的十八大以来，以习近平同志为核心的党中央把促进全体人民共同富裕作为为人民谋幸福的着力点，强调中国式现代化，民生为大，“全面小康大家一起走”，打赢脱贫攻坚战，为促进共同富裕创造了良好条件。浙江义乌市李祖村由一个脏、乱、差、穷的“水牛角村”，蝶变为远近闻名的共同富裕示范村、宜居宜业的“国际文化创客村”，让我们看到全体人民共同富裕的中国式现代化，正在上演真实可感的生动故事。三是物质文明和精神文明相协调的现代化。我们不断厚植现代化的物质基础，不断夯实人民幸福生活的物质条件，同时大力发展社会主义先进文化，加强理想信念教育，传承中华文明，促进物的全面丰富和人的全面发展。如今的李祖村，村民物质富足、精神富有，是中国式现代化的一个缩影。四是人与自然和谐共生的现代化。党的十八大以来，习近平总书记站在人与自然和谐共生的高度谋划发展，引领中国坚定不移走生态优先、绿色发展之路，践行“绿水青山就是金山银山”的发展理念，我国生态环境保护发生了历史性、转折性、全局性变化，“蓝天常在，青山常在，绿水常在”的愿景正在变成现实。五是走和平发展道路的现代化。从提出构建人类命运共同体理念，到提出全球安全倡议，习近平引领中国始终不渝做世界和平的建设者，为妥善处理当今世界的热点问题发挥建设性作用。沙特和伊朗在北京握手言和，宣布复交，巴勒斯坦各派签署《北京宣言》，这两次中东地区具有重要意义的和解证明：中国一直真心实意帮助中东地区和平发展，展现了维护世界和平的大国担当。

第二，中国式现代化不是别的什么现代化，而是中国共产党领导的社会主义制度基础上的现代化。只有将中国共产党的“能”与中国特色社会主义的“好”结合在一起，才能成功走出前人从未走过的中国式现代化道路。坚持中国共产党的领导是中国式现代化的根本特征和政治保证。政党在领导和推动民族国家现代化的进程中无疑扮演着至关重要的角色。中国共产党是中国现代化事业不可或缺的核心领导力量，是其真正的开创者、勇敢的探索者、坚定的引领者。坚持中国共产党领导是中国式现代化枝繁叶茂的根脉所在。中国共产党的领导为中国现代化进程奠定了坚强有力的政治保障，确保了现代化事业平稳向前和可持续发展。经过百年奋斗和艰苦锤炼，勇于自我革命、始终扎根于人民群众、永葆先进性和纯洁性的中国共产党早已成为中国现代化进程中发挥“指路明灯”和“定海神针”重要作用的当之无愧的领导核心。党的十八大以来，习近平总书记亲自推动、部署，擘画了以中国式现代化推进中华民族伟大复兴的历史伟业，引领中国踏上全面建设社会主义现代化国家新的历史征程。中国共产党的性质宗旨、奋斗目标和中国的社会制度决定了中国式现代化的根本属性势必是也只能是社会主义现代化。社会主义制度是中国式现代化的制度基础和制度保证。只有高举中国特色社会主义伟大旗帜，我们才能规避西方现代化发展方式的弊端和苏联社会主义现代化建设模式的不足，战胜新征程中的各种难以预测的困难和阻碍，团结带领全党全国各族人民，建成富强民主文明和谐美丽的社会主义现代化强国。坚持中国特色社会主义道路是实现中国式现代化的应有之义和必由之路。

第三，创造人类文明新形态是中国式现代化对人类现代化事业的原创性贡献。中国式现代化成为世界现代化格局中的一种新的类型，创造了一条与西方资本主义有显著区别且对西方固有模式有所超越的新式现代化发展之路。中国创造性地走出了一条人与人和谐共存、人与自然和谐共生的现代化道路，在坚持人民至上、共同富裕等发展理念的基础上，依托社会主义制度来推进现代化，批判借鉴西方现代化发展路径的有益因素，同时摒弃西方围绕资本、以武力掠夺的充满罪恶与血腥的现代化模式，为解决西方现代化进程中崇尚资本、贫富鸿沟、精神空虚、掠夺自然等顽瘴痼疾提供了新的思路，为其他国家突破西方中心主义现代化藩篱、跳出西方中心主义现代化窠臼提供了全新选择。中国式现代化是一个超大规模的文明型国家在马克思主义现代化理论指导下走社会主义道路的现代化，是后发展国家自主探索的现代化，是以人为本、以人民为中心的现代化，是倡导人类命运共同体意识，走和平发展道路、避免零和博弈的现代化，是以人的全面发展、社会的全面进步、人类共同发展为目标的现代化。将西方现代化模式奉为圭臬的迷思打破，是对西方现代化路径的“扬弃”和对西方现代化话语霸权的消解。中国式现代化在追求经济发展和实现现代化进程的同时，注重社会公正、生态环境、文化传承等方面的均衡发展。这种发展模式不仅关注物质财富的积累，更注重人民群众的获得感和幸福感的提升，最终实现共同富裕。中国式现代化“不是国外现代化发展的翻版”，而是在科学社会主义理论指导下对人类社会现代化理论和实践作出原创性贡献的“创新版”。

第四，中国式现代化走得通、行得稳，是强国建设、民族复兴的唯一正确道路。一个国家选择什么样的现代化道路，是由其历史传统、社会制度、发展条件、外部环境等诸多因素决定的。国情不同，现代化途径也会不同。一个国家选择的现代化道路能否走得通，关键要看是否符合本国国情，是否顺应时代发展潮流，能否带来经济发展、社会进步、民生改善、社会稳定，能否得到本国人民支持和拥护。中国式现代化是中国共产党和中国人民在长期探索和实践中历经千辛万苦取得的成果，是一项伟大而艰巨的事业。中国式现代化扎根中国大地，切合中国实际，为全面建成社会主义现代化强国、实现中华民族伟大复兴指明了一条康庄大道。中国式现代化走得通、行得稳，关键在于理论上立得住、真管用。党的十八大以来，在习近平总书记的引领下，我国初步构建起中国式现代化的理论体系。中国式现代化走得通、行得稳，得到了实践的充分检验。从一穷二白发展成世界第二大经济体，从落后的农业国发展为世界第一制造业大国，从温饱不足到打赢脱贫攻坚战、实现全面小康，一代代仁人志士上下求索的中国现代化，在中国共产党的领导下正成为生动的现实。我们用几十年时间走完西方发达国家几百年走过的工业化历程的实践成就，证明了中国式现代化的强大生机活力和巨大发展潜力。在以习近平同志为核心的党中央带领下，中国式现代化道路必将越走越宽广。

■ 启示意义

第一，中国式现代化体现了中国共产党的初心使命和执政理念。100 多年来，中国共产党既为中国人民谋幸福、为中华民族谋复兴，也为人类谋进步、为世界谋大同，带领中国人民成功走出了一条中国式现代化道路，为全体人民过上幸福美好生活而努力奋斗。坚持中国共产党领导是中国式现代化的根脉所在。当代青年人要积极行动起来，坚定“四个自信”，筑牢信仰之基，做新时代有为青年，坚定不移听党话、跟党走，坚信中国共产党是中国式现代化航船的掌舵者，必将引领人民不断战胜前进道路上遇到的惊涛骇浪、艰难险阻，保持正确的航向奋勇前行。

第二，中国式现代化前途光明，任重道远，必须脚踏实地、久久为功。要在 14 亿多人口的大国实现物的全面丰富、人的全面发展的现代化、全体人民共同富裕的现代化、人与自然和谐共生的现代化、走和平发展道路的现代化，无疑是一项伟大而艰巨的事业，任重道远。党的二十届三中全会科学谋划了围绕推进中国式现代化进一步全面深化改革的总体部署，共提出 300 多项重要改革举措。改革之路从无坦途，必须自信自强、守正创新，踔厉奋发、勇毅前行，直面矛盾与挑战，以问题为导向，敢于啃硬骨头，答好深化改革的问卷，共绘中国式现代化壮丽画卷。

案例 3

为共同富裕探路 “浙”里有作为

核心阅读

治国之道，富民为始，共同富裕是中国特色社会主义的本质要求。支持浙江高质量发展建设共同富裕示范区，是以习近平同志为核心的党中央治国理政作出的重大战略决策，是贯彻落实习近平新时代中国特色社会主义思想的生动实践。2021 年 6 月，《中共中央 国务院关于支持浙江高质量发展建设共同富裕示范区的意见》发布，浙江被赋予推动共同富裕示范探路的新使命。2024 年，浙江城镇和农村居民人均可支配收入分别达78 251元、42 786元，连续 24 年和 40 年居各省区第 1 位，城乡居民收入倍差缩小到 1.83 左右。增进民生福祉，擦亮幸福底色，浙江正以“赶考”姿态奋力书写新时代共同富裕的精彩答卷。

蓝天白云、繁花似锦；清水绿岸、鱼翔浅底。盛夏，位于长江三角洲南翼的浙江大地，一片生机盎然。这里，有着 6 627 万人口，是全国唯一所有设区市居民收入都超过全国平均水平的省份。

2021 年 6 月，《中共中央 国务院关于支持浙江高质量发展建设共同富裕示范区的意见》（以下简称《意见》）发布，浙江被赋予推动共同富裕示范探路的新使命。浙江以缩小地区、城乡、收入“三大差距”为主攻方向，推动共同富裕示范区建设取得了阶段性成效。浙江“一县一策”，推动山区县、海岛县走共同富裕特色之路；城市乡村“各美其美、美美与共”，全省 90%以上村庄建成新时代美丽乡村；全省建成“共富工坊”超万家，累计吸纳就业近 50 万人，人均月增收约 2 600 元。

“腾笼换鸟”，产业转型升级

走进杭州市萧山区的浙江正大纺织科技有限公司车间，只见 12 台涡流纺纱机正高速运行。“这边是智能化纺纱成套装备、自动化物流设施，那边是智能纺纱生产管理云平台”，企业负责人杨兵介绍，“得益于去年的数字化改革，企业人均生产效率提高了 17%”，浙江正大纺织科技有限公司的转型升级，是浙江推进产业数字化的缩影。

推进共同富裕，产业振兴是根基。浙江，作为我国经济大省，改革开放以来发展水平长期位居全国前列。然而，曾几何时，浙江也遭遇了“成长的烦恼”，不断增长的GDP背后，是不蓝的天、不清的水，粗放经营发展问题日益显现。浙江“整好行装再出发”，全面推进“八八战略”，绘就出波澜壮阔的发展画卷。

近年来，浙江更是把握大数据、云计算、物联网和人工智能等技术带来的发展机遇，启动实施了制造业“腾笼换鸟、凤凰涅槃”攻坚行动，一批数字化企业应运而生。从芯片到工业软件、物联网系统集成，再到人工智能、区块链、大数据、云计算……数字产业已成为浙江经济增长重要引擎。到2022年7月，浙江省已打造省级数字化车间、智能工厂423家，累计实施国家智能制造应用和试点项目总数居全国前列。数字经济产业增加值不断增长，浙江共同富裕的物质基础不断夯实。

“山海协作”，促进区域协调

东海之滨的杭州与浙江山区的衢州，一个是万亿级GDP城市，一个是浙江省“后发地区”的代表。一场“山海协作”对话，让这两座经济规模相差9倍的城市携手同行。杭州具有人才集聚优势，衢州则土地空间充足，“山海协作”促成两座城市的优势互补，一批新兴产业得以发展。

浙江山区26个县是浙江区域协调发展的短板。“山海协作”工程，是浙江促进发达地区与欠发达地区开展优势互补协作的重要举措。缩小区域发展差距，浙江省创新完善“山海协作＋飞地经济”体制机制，“一县一策”解决问题。到2022年5月，浙江有山海协作“飞地”园区79个。37个消薄（消除集体经济薄弱村）“飞地”带动26县3 100多个集体经济薄弱村实现增收。温州永嘉泵阀、金华武义五金制品、衢州龙游特种纸、丽水云和木制玩具……山区26县“一县一策”实现全覆盖。早在2021年，山区26县居民人均可支配收入与全省居民人均可支配收入之比就提高到了0.73，区域协调发展成效明显。

“千万工程”，造就美丽乡村

“这是我们村的第三代‘小康别墅’，我家是2005年搬进来的。”80后青年傅丹丹是土生土长的宁波奉化滕头村人，见证了滕头从温饱到小康，再到高水平全面小康的跨越。滕头村曾经是远近闻名的贫困村，近年来，秉持“生态立村”战略，大力发展旅游经济、生态农业，已发展成为“口袋富，脑袋富，家家都是小康户”的富裕村。优美的人居环境已成为滕头村的“金名片”。

促进共同富裕，最艰巨最繁重的任务在农村。为了在改变乡村脏乱差的同时又让农民们的腰包鼓起来，2003年浙江启动了“千村示范、万村整治”工程，一个个乡村由“脏乱差”变成“绿富美”。滕头村的变迁，是浙江实施“千万工程”、建设美丽乡村的典型缩影。

61岁的诸建春喝过早茶，步行10分钟便来到桐乡市乌镇景区的乌村上班。乌镇景区开发后，他和30多名原住村民被景区招工，打理70亩菜地，在家门口种菜，一年工资有五六万元，且身处田园美景之中，生活很惬意。2022年，乌镇景区5 500多个就业岗位中，八成员工为本地居民。嘉兴桐乡以共创共有的理念开发运营乌镇旅游，让老百姓在家门口吃上“旅游饭”。“乡村让城市更向往”，在浙江，这不仅是一句响亮的口号，更是正在发生着、延展着的幸福故事。

民生保障，书写幸福故事

嘉兴市南湖区市民廖锐要办理人力资源服务许可证。他发现，跑审批可以像看“全科医生”一样，一窗式“无差别受理”；即使错过上班时段，也有像“无人超市”一样的自助政务服务区24小时“不打烊”；扫一扫收件凭证上的二维码就能查办件进度，“像查快递一样方便”。

实现共同富裕，不仅要看物质财富多少，还要看民生保障。自2017年初浙江公开承诺“最多只跑一次”以来，到2019年7月，浙江已实现省市县三级“最多跑一次”事项100%全覆盖。

民生无小事，在人民群众最关心、最期盼、最有获得感的民生领域，浙江曾创下多个“全国第一”：新中国第一个居委会、全国首部省级城乡一体最低生活保障办法、全国率先出台社会养老服务地方性法规……如今，在建设共同富裕示范区的新征程上，浙江更是快马加鞭。

“不用出村，家门口就能看名医，这样的生活真便利。”走进嘉善县姚庄镇公众健康体验馆，72岁村民蔡阿大在镇里医生的帮助下，正通过网上视频，与远在100公里外的上海医生进行“云”问诊。

“丁爱珍老人家中用电情况异常。”杭州市余杭区径山村网格员吴礼宝收到这样一条红码信息。吴礼宝立即联系国网径山服务站副站长吴建青，一同前往老人家中查看情况。借助电力大数据和物联网技术，社区工作人员得以实时掌握独居老人情况并提供服务。

以数字赋能，浙江不断迭代升级为民办实事长效机制，使老百姓有了实实在在的获得感。急群众所急，想群众所想，浙江正努力在更高水平的民生建设方面让共同富裕的光芒照亮每个角落。

“以文化人”，打造精神高地

推开一扇门，从书架上选一本书，落座后享受清凉和阅读的快乐。这就是温州“城市书房”带给市民的福利，步行不出15分钟，基本上在身边就能找到一家文化“加油站”。截至2023年底，温州市已建成城市书房156家，2023年全市城市书房图书流通超545万册次，服务读者超463万人次，获得了全国首个“全国阅读示范城”称号。

“富口袋”同时“富脑袋”。共同富裕，浙江用均衡与发展做好“富”之文章，亦在物质文明和精神文明相协调的“裕”之要义上，不断拓展其内涵。

浙江文化灿烂，素有“人文渊薮”之誉。在浙江，截至2022年，世界文化遗产、人类非物质文化遗产、全国重点文物保护单位、国家历史文化名城、名镇、名村数量都位居全国前列，文化产业发展综合指数连续三年排名全国第2位。

以此为基础，浙江着力打造精神文明高地，17 000多家农村文化礼堂建成使用，“家头条”“邻里帮”“文E家”等文化应用场景落地未来社区，高水平城乡一体“15分钟品质文化生活圈”“15分钟文明实践服务圈”正逐步推进。“最美妈妈”“最美司机”“最美医生”等无数“最美”，已经构成浙江一道蔚为壮观的风景线。美好的文化生活从梦想照进了现实，真实可感、触手可及。

道固远，笃行可至；事虽巨，坚为必成。增进民生福祉，擦亮幸福底色，浙江正以

“赶考”姿态奋力谱写共同富裕的精彩答卷。

思考讨论

1. 2021年6月，浙江被赋予高质量发展建设共同富裕示范区的新使命。为什么选择浙江作为高质量发展建设共同富裕示范区？有何重大意义？

2. 习近平总书记指出，“共同富裕路上，一个也不能掉队”。这是党对全体人民作出的庄严承诺。请联系实际阐释中国共产党扎实推动全体人民共同富裕的深刻意蕴。

3. 浙江共同富裕之路对全国其他地方有哪些借鉴意义？

教学建议

本案例主要适用于第四章第三节“全面落实以人民为中心的发展思想”部分的辅助教学。案例以浙江被赋予高质量发展建设共同富裕示范区这一新使命为切入点，从产业发展、区域协调、乡村振兴、民生保障、文化建设等方面展现了浙江在高质量发展方面取得的重要进展，昭示着全体人民共同富裕的美好前景。

组织教学建议

第一，引导学生探寻浙江作为高质量发展建设共同富裕示范区的优势所在。至少可以从以下四方面加以分析：一是浙江具有典型代表性。浙江面积、人口具有一定规模，有“七山一水二分田”，有2个副省级城市、9个地级市和53个县（市），既有城市也有农村，农村户籍人口占一半。浙江省情具备开展示范区建设的代表性。二是浙江具有实现共同富裕的坚实基础。浙江省富裕程度较高，发展水平长期位居全国前列，且均衡性较好，是全国区域发展最均衡的省份之一，在探索解决发展不平衡不充分问题方面取得了明显成效。三是浙江具有浓厚的改革创新意识。改革创新已深入浙江的血液和骨髓，具备开展共同富裕示范区建设的制度和文化优势。四是浙江仍然具有较大的发展空间和发展潜力。浙江山区26县与全国、全省的发展差距依然存在。山区26县既是浙江高质量发展建设共同富裕示范区的亟须补强之处，更是巨大潜力所在，探索出的共富路径可为全国其他省区谋求共富发展提供借鉴。

第二，要引导学生把握本案例的展示思路及案例文本各部分的内在逻辑。案例聚焦浙江高质量发展建设共同富裕示范区，从产业发展、区域协调、乡村振兴、民生保障、文化建设五个方面展现了浙江取得的重要进展。其内在逻辑在于：其一，产业振兴是推进共同富裕的根基，可以为实现共同富裕打牢物质基础。其二，区域协调发展是实现共同富裕的必由之路，提高区域发展的平衡性、协调性、包容性，是实现共同富裕的内在要求和重要举措。其三，促进共同富裕，最艰巨最繁重的任务是在农村；推动乡村振兴、不断缩小城乡收入差距，是实现共同富裕的内在要求和必经之路。其四，不断提升民生保障水平是实现共同富裕的题中之义。实现共同富裕，不仅要看物质财富多少，还要看民生保障状况，看老百姓办事、医疗、交通、养老、教育等公共服务的供给水平。最后，共同富裕是人民群众物质生活和精神生活都富裕，促进人民精神生活共同富裕是实现共同富裕的重要内容。案例文本选择从产业发展、区域协调、乡村振兴、民生保障、文化建设这五个方面对浙江发展成果加以展现即基于上述逻辑。

第三，要引导学生将浙江高质量发展建设共同富裕示范区这一新使命置于新时代党和国家扎实推动全体人民共同富裕的总体谋划中加以审视。共同富裕是中国共产党的执着追求。党的十八大以来，以习近平同志为核心的党中央，团结带领全党全国各族人民，始终朝着实现共同富裕的目标不懈努力，决战脱贫攻坚取得全面胜利，全面建成小康社会取得伟大历史性成就，为新发展阶段推动共同富裕奠定了坚实基础。在此基础上，党中央吹响了扎实推动全体人民共同富裕的进军号角。2021年3月发布的《中华人民共和国国民经济和社会发展第十四个五年规划和2035年远景目标纲要》，即明确赋予浙江高质量发展建设共同富裕示范区的重大任务；2021年6月，《意见》发布，更是对浙江在新发展阶段的新使命进行了具体部署。可以说，支持浙江高质量发展建设共同富裕示范区，是以习近平同志为核心的党中央治国理政作出的重大战略决策，浙江正肩负着在第二个百年新征程上为全国推动共同富裕提供省域范例的重任，并向着共同富裕目标作出积极努力。

第四，要引导学生体会支持浙江高质量发展建设共同富裕示范区的意义，并了解其具体建设规划。支持浙江高质量发展建设共同富裕示范区，有利于通过实践进一步丰富共同富裕的思想内涵，有利于探索破解新时代社会主要矛盾的有效途径，有利于为全国推动共同富裕提供省域范例，有利于打造新时代全面展示中国特色社会主义制度优越性的重要窗口。关于浙江高质量发展建设共同富裕示范区的具体规划安排，建议教师指导学生阅读《意见》和《浙江高质量发展建设共同富裕示范区实施方案（2021—2025年）》（以下简称《实施方案》），这是当前浙江高质量发展建设共同富裕示范区的权威性文件。如《意见》中关于浙江高质量发展建设共同富裕示范区的战略定位和发展目标值得关注。《实施方案》则全面细化了各个发展目标。到2025年“率先基本形成以中等收入群体为主体的橄榄型社会结构”“家庭年可支配收入10万～50万元的群体比例达到80%、20万～60万元的群体比例力争达到45%”“常住人口城镇化率达到75%”……《实施方案》中用约100个数字，描绘了以满足人民日益增长的美好生活需要为根本目的，扎实推进实现共同富裕的前景。详细内容可参见文件原文。

■ 总结提升建议

第一，实现全体人民共同富裕是我们党和国家为之奋斗的重要目标，具有深刻的必然性。首先，共同富裕是中国特色社会主义的本质要求。贫穷不是社会主义，少数人富裕多数人贫穷同样不是社会主义，更不是中国特色社会主义。中国共产党作为以马克思主义为指导思想的政党，必然以实现全体人民共同富裕为重要追求。其次，正如党的二十大报告所述，实现全体人民共同富裕是中国式现代化的本质要求。富裕是世界各国现代化的重要目标，而中国式现代化追求的是共同富裕。我国实行社会主义制度，这从根本上保证了现代化建设成果的公共性和共享性，保障了实现共同富裕的现实可能性和必然性。最后，共同富裕体现了中国共产党全心全意为人民服务的宗旨。中国共产党的根本宗旨是全心全意为人民服务，而共同富裕是人民群众的共同期盼，这决定了中国共产党推动经济社会发展，必须把实现全体人民的共同富裕作为重要目标，带领人民迈向共同富裕、创造美好生活。而新时代支持浙江高质量发展建设共同富裕示范区，是我们党和国家扎实推进全体人民共同富裕进程中的重要举措。

第二，共同富裕是一个长期的历史过程，扎实推动全体人民共同富裕既需要循序渐进，也需要先行示范、重点突破。2021 年 8 月召开的中央财经委员会第十次会议指出，“要坚持循序渐进，对共同富裕的长期性、艰巨性、复杂性有充分估计，鼓励各地因地制宜探索有效路径，总结经验，逐步推开”。实现共同富裕是一个长期的过程，需要循序渐进地推进。我国地域辽阔、人口庞大，各地区资源禀赋、城乡融合程度、劳动力素质不同，必然会有一部分地区、一部分人先发展先富起来。循序渐进促进共同富裕符合生产力发展规律和我国国情。同时，促进共同富裕也需要先行示范、重点突破，可选取具备优势条件的地区先行探索，形成可复制、可推广的经验，为在全国范围内铺开实施作出示范。《意见》的发布，标志着浙江省成为探索共同富裕示范区建设的“排头兵”。循序渐进和先行示范，是“两点论”和“重点论”相统一的方法论，既有利于统筹兼顾，又能做到精准发力，有利于在高质量发展中促进共同富裕。

第三，实现共同富裕不仅是经济问题，而且是关系党的执政基础的重大政治问题。中国共产党是以人民为中心的政党，江山就是人民，人民就是江山，人民的拥护和支持是党执政的牢固根基。正是在这个意义上，习近平总书记强调指出，“实现共同富裕不仅是经济问题，而且是关系党的执政基础的重大政治问题”。中国共产党对人民作出了实现共同富裕的庄严承诺，这是中国共产党为中国人民谋幸福、为中华民族谋复兴这一初心使命的真实表达，是共产党执政的奋斗目标。是否满足人民群众的需求，实现人民群众的期盼是检验一个政党、一个政权性质的试金石。只有站在人民群众的立场上，从维护人民的共同利益出发，扎实推进全体人民的共同富裕，才能夯实党的执政基础，巩固党的执政地位。在中国共产党领导的社会主义中国，我们追求的富裕是全体人民共同富裕，决不能允许贫富差距越来越大。

第四，扎实推进全体人民共同富裕需要正确认识和处理物质富裕和精神富裕的关系。共同富裕是全体人民的富裕，是人民群众物质生活和精神生活都富裕。应坚持物质和精神相统一的全面富裕，这是社会主义现代化建设的基本要求。一方面，共同富裕立足于物质富裕。经济基础决定上层建筑，物质财富的富足是共同富裕的重要内容，只有经济和物质财富不断积累，才能为精神富裕提供坚实的基础。另一方面，共同富裕也蕴含着精神富裕。人的全面发展和社会的全面进步离不开精神富裕。中国特色社会主义进入新时代，我国生产力水平总体上显著提高，社会生产能力在很多方面进入世界前列，人民群众的需要呈现多样化多层次多方面的特点，对质量的要求也更高。实现共同富裕，应该是涵盖各方面的全方位的富裕。物质富裕和精神富裕从人的需求方面阐释了共同富裕的科学内涵，两者相辅相成、缺一不可。

启示意义

历史逻辑昭示，任何事物的发展都有一个循序渐进的过程。中国共产党推动实现共同富裕的历程即生动地体现了这一点。从“解决温饱”到“让一部分人先富起来”，再到“消除贫困”、实现小康和扎实推动“共同富裕”，在不同历史时期，我们党高瞻远瞩、与时俱进地作出了前后连贯、契合发展规律的一系列战略决策。支持浙江高质量发展建设共同富裕示范区，是新时代以习近平同志为核心的党中央立足新发展阶段在推动共同富裕进程中作出的新的重大战略决策，体现了党中央高度的历史责任感和使命感；而党中央作出的“要坚持循序渐进，对共同富裕的长期性、艰巨性、复杂性有充分估计”等论断，也释放出坚定的信号，那就是，中国绝不会做超越历史阶段的事情，绝不会搞运动式共同富裕，而是将一步一步、久久为功，不断朝着既定目标扎实前进。

案例
4

“先行示范区”建设：没有梦想，何谈深圳

核心阅读

在中国有一座特殊的城市，到 2025 年，拟建成现代化国际化创新型城市；到 2035 年，拟成为我国建设社会主义现代化强国的城市范例；到 21 世纪中叶，成为竞争力、创新力、影响力卓著的全球标杆城市。这座城市就是深圳。2019 年 8 月 18 日，中共中央、国务院发布《关于支持深圳建设中国特色社会主义先行示范区的意见》，拉开了深圳建设先行示范区的大幕。支持深圳建设中国特色社会主义先行示范区，是习近平总书记亲自谋划、亲自部署、亲自推动的重大国家战略，是党中央赋予深圳的重大使命、重大任务、重大机遇。至 2024 年，五年来，深圳全面纵深推进先行示范区建设取得显著成效。从经济总量站上 3.46 万亿元，到在全球招商大会释放强大“磁吸力”；从“20＋8”产业集群横空出世，到集中连片区域开发建设“改天换地”；从扎实落实“百千万工程”部署，到推动深港澳更紧密务实合作，让大湾区核心引擎持续轰鸣……深圳，在改革开放最前沿高高举起中国特色社会主义伟大旗帜，用先行示范区建设的生动实践，雄辩地证明中国特色社会主义道路走得通、走得对、走得好。

深圳，因改革开放而生，因改革开放而兴，因改革开放而强。

1978 年，党的十一届三中全会拉开改革开放的序幕。

1979 年的春天，一位老人在中国的南海边画了一个圈，深圳经济特区由此诞生。

2019 年，步入不惑之年的特区肩负起新使命——建设中国特色社会主义先行示范区。

2020 年 10 月 14 日，习近平总书记在深圳经济特区建立 40 周年庆祝大会上强调，“深圳要建设好中国特色社会主义先行示范区，创建社会主义现代化强国的城市范例，提高贯彻落实新发展理念能力和水平，形成全面深化改革、全面扩大开放新格局，推进粤港澳大湾区建设，丰富‘一国两制’事业发展新实践，率先实现社会主义现代化。”

至 2024 年，先行示范区已然 5 岁。

五年来，深圳对标高质量发展高地、法治城市示范、城市文明典范、民生幸福标杆、可持续发展先锋“五大战略定位”，在经济、社会、民生等一系列领域改革突破、创新先

行、示范引领，打造中国式现代化的城市样本，一组数据勾勒出先行示范区的模样。

这五年的步履，铿锵有力；这五年的成绩，有目共睹。

数据最有说服力。2021年，深圳地区生产总值突破3万亿元大关。2023年，深圳地区生产总值为3.46万亿元、增长6.0%，经济总量稳居全国第三，亚洲第四，全球城市前十。更为重要的是，深圳2023年规模以上工业增加值增长6.2%，战略性新兴产业增加值增长8.8%，占地区生产总值比重提高到41.9%，深圳规模以上工业总产值、工业增加值连续两年实现全国城市“双第一”。2023年，深圳市固定资产投资规模由2019年的7 355.6亿元增长至9 921.7亿元，年均增长达到7.8%；战略性新兴产业增加值达1.45万亿元、占GDP比重由2019年的37.7%提升至41.9%，分别高于全国、广东全省3.8、4.5个百分点。2024年上半年，深圳又交出一份亮眼的答卷——地区生产总值为17 302.22亿元，同比增长5.9%，超过全国及广东全省平均增速，在一二线城市中稳居前列；累计进出口2.2万亿元人民币，同比增长31.7%，创历史同期新高，占全国、广东全省的比重分别为10.4%、50.4%。值得注意的是，自1993年起，深圳的出口规模已连续31年居全国第一，且出口优势仍在持续扩大。

高质量发展取得新成效。综合性国家科学中心、深圳医学科学院建设取得新进展；光明科学城、西丽湖国际科教城、河套深港科技创新合作区等建设提速；全社会研发投入占GDP比重达5.81%……五年来，深圳持续推进科技自立自强，创新动能更加强劲。国家高新技术企业不断壮大，2023年总量已突破2.47万家，PCT国际专利申请量（1.59万件）连续20年居全国大中城市首位。2023年深圳全社会研发投入1 880.5亿元，占GDP比重5.81%，仅次于北京，位居全球第二。截至2024年8月，深圳有国家级专精特新“小巨人”企业达742家，国家高新技术企业超2.47万家，其中33家企业入选2023年全球独角兽企业榜单，并列全球第六。深圳四年蝉联国家创新型城市全国第一。华为、比亚迪、大疆，这三家公司，彼此相隔十年诞生，已然成为深圳熠熠生辉的名片之一。2024年8月2日，赛迪顾问城市经济研究中心发布《2024年中国城区经济高质量发展研究报告》，南山区蝉联百强区榜首，福田、宝安、龙岗区位列前十，这是显示深圳高质量发展成色很足的一个例证。同时，深圳的高质量发展吸引外资纷至沓来：2024年以来，苹果、特斯拉、英国DMG会展、日本松下、瑞士德科等跨国企业的高管频繁现身深圳进行项目洽谈、投资签约，彰显了全球投资者坚定看好深圳、投资深圳的信心。数据显示，2024年，深圳全市新设外商投资企业3 683家，占全国比重达到13.7%。

法治是最好的营商环境。从率先推动个人破产制度“破冰”并稳步前行，到深圳证券交易所全面实施注册制改革，再到试行二、三产业混合用地……过去几年，深圳一批重点领域和关键环节改革取得重大突破，综合改革试点首批40条授权事项全面落地实施。近3年，国家发展改革委已3次发文向全国推广深圳改革创新举措达87条。同时，深圳还对标市场化、法治化、国际化发展方向，围绕营造稳定公平透明、可预期的营商环境，以“先行示范”的标准持续将“一号改革工程”向纵深推进，打出了一套改革组合拳。截至2024年6月底，深圳经营主体总数达429.06万户，同比增长5.86%。连续4年获评全国工商联营商环境最佳口碑城市。法治政府建设也向纵深推进，荣膺“全国法治政府建设示范市”称号，成为首批获评的全国法治政府建设示范地区；连续3年位居法治广东建设考评第一。

“两个文明”一起抓。物质文明与精神文明如同“车之两轮、鸟之双翼”，深圳始终坚持两手抓、两手硬。已连续六次荣膺全国文明城市称号；2023年、2024年连续举办两届文化强国建设高峰论坛，凝聚起建设文化强国的磅礴力量；主动担负起新的文化使命，打造出《咏春》《深AI你》等一系列强势出圈的文艺精品，有力推动中华优秀传统文化“双创”发展；深圳文博会、深圳设计周、深圳读书月等“文化名片”精彩纷呈；文化企业超过10万家，从业人员超过100万人。

民生幸福标杆实现新突破。深圳市民刘先生因变更姓名后多个证件需要更换，涉及多个政府部门业务，他试着在“@深圳—民意速办”平台提交了诉求，没想到平台将诉求迅速分拨至5个部门同时办理，原本需要跑多个部门的“麻烦事”一次就办好了。自2022年11月上线以来，“@深圳一民意速办”平台，共受理服务逾6 800万次，按时办结率99.68%，总体满意率99.92%，高效解决市民群众急难愁盼问题。2019—2023年，深圳联合相关部门完成新增基础教育学位68.4万个、病床位1.86万张，建设筹集保障性住房60.65万套（间）。

五年来，深圳聚焦“幼有善育、学有优教、劳有厚得、病有良医、老有颐养、住有宜居、弱有众扶”的目标，抓住市民关心的切身利益问题，不断向民生幸福标杆城市奋力前行。在教育方面，近4年深圳全市新增学位64.4万个，其中2023年全市新改扩建中小学校、幼儿园182所，新增基础教育学位20.7万个、托位0.72万个，创历史新高；在医疗领域，2023年深圳新增床位5 500张，新增社康机构45家，建成深圳市第二儿童医院等10个项目，2024年新增床位预计可达8 000张以上；在住房方面，过去4年深圳建设筹集保障性住房60.65万套（间）。2023年，深圳自有监测以来首次出现全年“零”灰霾。2024年1—6月，深圳在全国168个重点城市中空气质量排名第四，环境空气质量稳居全国超大城市第一。

可持续发展释放新动能。深圳扎实推进生态文明建设，率先建立完整的生态系统生产总值（GEP）核算制度体系，把碳达峰、碳中和纳入生态文明建设整体布局；大力推进“山海连城绿美深圳”建设，建成国家森林城市和“千座公园之城”，获批国家可持续发展议程创新示范区，获评生态文明建设示范市，全球首个“国际红树林中心”落户，获“生物多样性魅力城市”称号；《2021中国城市绿色竞争力指数报告》，深圳在全国289个城市中排名第一，产业绿色化转型深入推进，单位GDP碳排放强度约为全国平均水平的五分之一。深圳经济高质量发展与生态环境高水平保护相互促进、相得益彰。

深圳持续推进中国特色社会主义先行示范区建设，其先行示范作用日益彰显。未来，深圳必将以先行示范区的担当作为，在社会主义现代化建设新征程上再开新局、再铸辉煌。

思考讨论

1.2019年8月，中共中央、国务院发布《关于支持深圳建设中国特色社会主义先行示范区的意见》，拉开了深圳建设先行示范区的大幕。建设先行示范区，为什么是深圳，又有何意义？深圳建设先行示范区的进展如何？

2.2012年12月初，习近平在深圳考察时深刻指出，“我们的改革开放是有方向、有立场、有原则的。”这一振聋发聩的重大论断，为新时代全面深化改革提供了基本遵循。请结合深圳建设先行示范区的相关实践，谈谈全面深化改革必须坚持的方向、立场和原则。

3.深圳建设中国特色社会主义先行示范区是我国国家战略在地方先行先试的又一次重要实践。作为我们党治国理政的重要方式，国家战略在地方先行先试的意义如何？

教学建议

本案例主要适用于第五章“全面深化改革开放”的综合性辅助教学。案例介绍了深圳建设中国特色社会主义先行示范区以来，在高质量发展、法治建设、城市文明、民生事业和生态环境等方面取得重要进展的典型事例，展现了中国特色社会主义制度的优越性以及全面深化改革的重大意义。

组织教学建议

第一，要引导学生分析深圳能够被确定为建设中国特色社会主义先行示范区的原因。可以重点从如下四个方面加以分析。从发展成就看，深圳在一线城市中长期保持领先地位，是中国特色社会主义先行示范区的最佳选择。从创新精神看，深圳多元包容的文化造就了深圳人勇于创新、敢为天下先的品质，富有敢想敢干的精神，这使得深圳引领全面深化改革、全面扩大开放以及实施创新驱动发展战略具有天然的优势。从发展自主性看，深圳干部群众一直具有强烈的危机感和发展的超前意识，这是做好先行示范、发挥先行示范作用的先决条件。从发展机制看，深圳不仅形成了相当完善的市场机制，而且党和政府的作用发挥得很好。中国特色社会主义最本质的特征是中国共产党领导，发挥总揽全局、协调各方的核心作用。可以说，深圳是我国改革开放以来恰当处理市场与政府关系的典范。

第二，要引导学生体会支持深圳建设中国特色社会主义先行示范区的重大意义。党和国家作出兴办经济特区重大战略部署以来，深圳经济特区作为我国改革开放的重要窗口，各项事业取得显著成绩，已成为一座充满魅力、动力、活力、创新力的国际化创新型城市。当前，中国特色社会主义进入新时代，支持深圳高举新时代改革开放旗帜、建设中国特色社会主义先行示范区，有利于在更高起点、更高层次、更高目标上推进改革开放，形成全面深化改革、全面扩大开放新格局；有利于更好实施粤港澳大湾区战略，率先探索全面建成社会主义现代化强国新路径，为实现中华民族伟大复兴的中国梦提供有力支撑。

第三，要引导学生把握深圳建设中国特色社会主义先行示范区的五项战略定位。中共中央、国务院《关于支持深圳建设中国特色社会主义先行示范区的意见》对深圳提出了高瞻远瞩、布局宏大的五项战略定位。一是高质量发展高地。要深化供给侧结构性改革，实施创新驱动发展战略，建设现代化经济体系，在构建高质量发展的体制机制上走在全国前列。二是法治城市示范。要全面提升法治建设水平，用法治规范政府和市场边界，营造稳定公平透明、可预期的国际一流法治化营商环境。三是城市文明典范。要践行社会主义核心价值观，构建高水平的公共文化服务体系和现代文化产业体系，成为新时代举旗帜、聚民心、育新人、兴文化、展形象的引领者。四是民生幸福标杆。要构建优质均衡的公共服务体系，建成全覆盖可持续的社会保障体系，实现幼有善育、学有优教、劳有厚得、病有良医、老有颐养、住有宜居、弱有众扶。五是可持续发展先锋。要牢固树立和践行绿水青山就是金山银山的理念，打造安全高效的生产空间、舒适宜居的生活空间、碧水蓝天的生态空间，为落实联合国2030年可持续发展议程提供中国经验。

第四，要引导学生把握深圳建设中国特色社会主义先行示范区以来所取得的重要进展。案例结合中央对深圳建设中国特色社会主义先行示范区的五项战略定位，即高质量发展高地、法治城市示范、城市文明典范、民生幸福标杆、可持续发展先锋，对深圳先行示范区建设的重要进展进行了展示。本案例的五个部分正是对应这五项战略定位来加以组织的。由于篇幅所限，深圳的诸多相关建设成果无法一一呈现。教师可以引导学生从这五个方面出发，在进一步搜集素材的基础上加以分享，深化对深圳建设中国特色社会主义先行示范区重要进展的认识，从而增进对党和国家这一重大决策的科学性和有效性的认同。

第五，引导学生体会国家战略在地方先行先试是我们党治国理政的重要方式。习近平总书记十分重视国家战略在地方先行先试，在各地考察时多次强调国家战略要在地方改革开放中先行先试，为加快实现高质量发展先行探路。实践证明，发挥国家战略牵引地方高质量发展的作用，推动国家战略在地方先行先试，积极探索可复制可推广的经验，是一条行之有效的路径。一方面，能够发挥先行先试地区的示范引领作用，为深化改革、拓展开放探索新路径、积累新经验；另一方面，能够为地方发展提供新机遇、注入新动力。就深圳而言，深圳积极发挥建设中国特色社会主义先行示范区的国家战略牵引作用，立足地方发展实际，率先形成全面深化改革、全面扩大开放的新格局，积极探索更好地实施粤港澳大湾区战略，为实现中华民族伟大复兴中国梦提供了有力支撑和实践示范，也再次印证了国家战略地方先行先试的可行性。

总结提升建议

第一，全面深化改革必须坚持和加强党中央集中统一领导。党的领导是保证全面深化改革乘风破浪、奋勇向前的指南针、定盘星和压舱石。全面深化改革能否顺利推进，关键取决于党，取决于党的领导。党的二十大报告指出，党的领导是全面的、系统的、整体的，必须全面、系统、整体加以落实。在推进全面深化改革过程中，必须充分发挥党总揽全局、协调各方的领导核心作用，提高党把方向、谋大局、定政策、促改革的能力，为全面深化改革向纵深推进提供根本保证。而改革开放以来的实践也充分证明，只有坚持党的领导才能缔造深圳奇迹。短短几十年间，深圳从边陲小镇变身为一座现代化国际化创新型城市，其奇迹之源，就是深圳从诞生之日就始终坚持党的领导。迈进新时代，党中央、国务院支持深圳建设中国特色社会主义先行示范区，是继兴办经济特区后深圳迎来的又一重大历史性机遇。深圳先行示范区建设，始终坚持党中央集中统一领导，全面深化改革，已经向党、国家和人民交出了一份精彩成绩单。未来，深圳继续坚持党的领导，坚定不移地执行党的路线方针政策和正确决策，必将不断创造更大发展奇迹。

第二，全面深化改革必须坚持社会主义方向，不断推动社会主义制度自我完善和发展。方向决定道路，道路决定命运。全面深化改革往什么方向走，是一个根本性的问题。我国全面深化改革的根本方向就是中国特色社会主义道路，而不是其他什么道路，要坚定不移地完善和发展中国特色社会主义制度，要坚定不移走中国特色社会主义道路，而不是对社会主义制度改弦更张。1992年初，邓小平同志在南方谈话中指出："恐怕再有三十年的时间，我们才会在各方面形成一整套更加成熟、更加定型的制度。"可以说，从形成更加成熟更加定型的制度看，我国社会主义实践前半程已经打下了很好的基础，后半程我们的主要历史任务是完善和发展中国特色社会主义制度，建成一整套更完备、更稳定、更管用的制度体系。深圳建设中国特色社会主义先行示范区则是在推动社会主义制度更加成熟更加定型过程中的重要探索，有助于以其先行示范作用推动中国特色社会主义制度更好实现自我完善和发展。

第三，全面深化改革必须坚持以人民为中心，促进社会公平正义、增进人民福祉。我们党干革命、搞建设、抓改革，都是为了让人民过上幸福生活。要维护人民根本利益，增进民生福祉，不断实现发展为了人民、发展依靠人民、发展成果由人民共享，让现代化建设成果更多更公平惠及全体人民。改革发展稳定任务越繁重，我们越要保持党同人民群众的血肉联系，善于从人民的实践创造和发展要求中完善政策主张，不断为深化改革开放夯实群众基础。深圳在建设中国特色社会主义先行示范区过程中，始终秉持人民立场，践行以人民为中心的发展思想，在经济发展和谋求人民福祉方面取得巨大成就。一方面，深圳以其走在全国前列的高质量发展为满足人民需要打下了牢固的物质基础；另一方面，深圳在法治建设、城市文明、民生事业以及生态环境等方面的发展成果，为广大民众提供了最重要的民生福祉。而深圳发展的每一步都离不开人民群众的艰辛努力和创新创造。

第四，全面深化改革要坚持正确方法论。全面深化改革是一个复杂系统工程，正确的方法论对于改革顺利推进、取得成功至关重要。具体来说，全面深化改革，一要增强全面深化改革的系统性、整体性、协同性，二要加强顶层设计和摸着石头过河相结合，三要统筹改革发展稳定，四要胆子大、步子稳，五要坚持重大改革于法有据。深圳作为我国改革开放的"试验田"和"窗口"以及中国特色社会主义先行示范区，是我国全面深化改革这一复杂系统工程中的重要一环。深圳长期承担着顶层设计中"先行先试"的重要使命，加强独立探索，"摸着石头过河"。在改革开放过程中，深圳大胆突破创新，有条不紊，在法治建设中使改革于法有据。深圳在改革开放40多年特别是先行示范区建设以来所取得的累累硕果，正是其持续践行全面深化改革正确方法论的鲜明写照。

■ 启示意义

人无精神不立，国无精神不强，必须永葆"闯"的精神、"创"的劲头和"干"的作风。城市精神是一个城市独具特质的精神品格，是一个城市文化软实力的高度凝练和寓意象征。深圳之所以能够在短短40多年间从一座贫穷落后的边陲小镇发展成为具有全球影响力的国际化大都市，其发展奇迹的密钥之一正是敢闯敢试、敢为人先、埋头苦干的特区精神。正如习近平总书记在深圳经济特区建立40周年庆祝大会上所指出的，“深圳等经济特区一路走来，每一步都不是轻而易举的，每一步都付出了艰辛努力。”从40多年前的“富起来”，到今天奋力建设中国特色社会主义先行示范区的“强起来”，面对新的形势和挑战，深圳需要进一步发扬和赓续千万人铸就的特区精神，激励干部群众勇当新时代的“拓荒牛”，走好新时代的长征路。

案例5

看，长三角G60科创走廊如何创赢未来

核心阅读

自2016年上海松江区启动建设G60科创走廊以来，G60科创走廊紧扣一体化和高质量两个关键词，坚持科技创新和制度创新双轮驱动，持续加大创新力度，着力推动产业链、供应链、资金链、人才链加速融合，资源要素配置能力、服务辐射带动力大幅度增强，在科技和产业创新上取得了一批重要成果，“含科量”迅速飙升。截至2024年5月，G60科创走廊九城市GDP占全国比重上升到1/15；研发投入强度均值达到3.77%；高新技术企业数占全国1/7，累计增幅超过2倍；PCT国际专利申请数量占全球2.59%；科创板上市企业数超全国1/5，进出口总额占全国比重超1/8。《2023年度长三角G60科创走廊协同创新指数》显示，G60科创走廊科技人才流动、专利输出等对长三角的支撑度达到40%，G60科创走廊以占比0.065%的城市数量，创造了约3%的科创成效。在新发展理念的指引下，在科技创新和制度创新双轮驱动下，G60科创走廊加速崛起，为我国经济高质量发展注入源源不断的科创活力。

G60是一条高速公路的简称，东起上海松江，一路延伸至云南昆明。

2016年5月，松江提出“G60科创走廊”的概念，沿G60高速公路布局科创及先进制造业。自此，G60科创走廊不断延伸。

2017年7月，松江与G60沿线的浙江嘉兴、杭州携手，成立跨区域科创走廊。

2018年6月，G60科创走廊再次扩容，以沪苏湖铁路、在建的商合杭铁路为纽带，又连接了江苏苏州，浙江湖州、金华和安徽合肥、芜湖、宣城，九城（区）至此成形，正式启动了协同创新之路的建设。

2019年5月，G60科创走廊建设被写入《长江三角洲区域一体化发展规划纲要》，标志着G60科创走廊正式上升为长三角一体化发展国家战略的重要平台。

2020年10月，科技部等六部门联合印发《长三角G60科创走廊建设方案》，赋予了G60科创走廊“中国制造迈向中国创造的先进走廊、科技和制度创新双轮驱动的先试走廊、产城融合发展的先行走廊”的战略定位，明确到2025年基本建成具有国际影响力的

科创走廊和我国重要创新策源地。

2021 年 3 月，G60 科创走廊被写入国家“十四五”规划，提出要瞄准国际先进科创能力和产业体系，加快建设长三角 G60 科创走廊和沿沪宁产业创新带，提高长三角地区配置全球资源能力和辐射带动全国发展能力。长三角 G60 科创走廊由此迎来新的重大发展机遇。

2023 年 5 月 25 日，推进长三角 G60 科创走廊科创生态建设大会在上海市松江区召开，会上发布了《长三角 G60 科创走廊科创生态宣言》，揭牌成立了中国电信工业产业研究院长三角院等创新要素合作平台。

2023 年，科创走廊九城市贡献了全国 1/15 的 GDP、1/7 的高新技术企业以及超 1/5 的科创板上市企业。

2024 年，科创走廊九城市 GDP 总量达 9 万亿元人民币，约占全球经济总量的 1.1%。

回望 G60 科创走廊的崛起之路，跌宕起伏却扎实有力。

汇聚科创企业和人才为创新加速

2016 年，松江 7 万平方米的园区已经建好，却少有企业入驻。有了 G60 科创走廊概念后，区域科创要素集聚度明显提升。短短几年，园区一扩再扩，在松江的园区面积已超过 37 万平方米，入驻企业超过 500 家，集聚人才超过 5 000 人。

在 G60 科创走廊标志性建筑科创云廊周边，有 16 个城市在此设立科创飞地。伴随着这些科创飞地而来的，则是一系列科创企业和一批批科创人才。这些企业与人才的汇聚，又为科创成果的诞生奠定了新的基础。

上海市科学学研究所发布的 G60 科创走廊 5 周年研究报告显示，自启动建设以来，九城市主要指标占全国比重不断提升：GDP 从 1/16 上升到 1/15，登陆科创板企业占全国 1/5，进出口额占全国 1/8。

不仅科创企业的数量在增长，科技项目的质量也在提升。

非人灵长类克隆猴模型已在上海脑科学与类脑研究中心落户，新型类脑智能系统、智能人形机器人等项目顺利推进。此外，腾讯也将科恩、优图实验室落户松江。

聚焦“四个面向”，G60 科创走廊实施关键技术联合攻关机制，共建一批高能级重大科技创新平台，克隆猴、量子通信、人造太阳、大硅片等重大原始创新成果涌现。

九城市积极推动《长三角科技创新共同体联合攻关合作机制》和《长三角 G60 科创走廊联合攻关行动方案》落地实施，聚焦生物医药、航空航天、人工智能等战略性新兴产业，支持跨区域组织联合承接关键技术攻关重大任务，开展重点产业领域跨区域“揭榜挂帅”。

建立区域协同机制为创新提效

G60 科创走廊建设有着明确的愿景：打造中国制造迈向中国创造的先进走廊、科技和制度创新双轮驱动的先试走廊、产城融合发展的先行走廊。为推动这一目标达成，三省一市的 9 个城市如何跨越行政区划协同发展，成为一道新课题。

以往的创新园区大多是独立的，而 G60 科创走廊逐步形成跨区域的创新生态。当然，创新的业态和生态不会自然发生，要进行有效组织。

为此，推进 G60 科创走廊建设的专责小组及联席会议成立，并特别建立了联席办，九城市同时抽调人员一起在松江集中办公，有效推动了协同发展。

在有效的组织之下，产业分工更加清晰，协作更加顺畅。

本区域协同在推进。过去，松江各街镇基本上各自为战，对于项目，大多是抢到篮里就是菜，产业容易同质化。G60科创走廊概念提出之后，松江区就设定了一廊九区的产业地图。每个片区产业分工明晰，招商更加有序。根据规划，洞泾将主要发展人工智能以及在线经济。短短几年，这个小镇已经集聚了233家人工智能企业。

跨区域协同在加深。时任杭州市副市长胥伟华介绍，依托G60科创走廊，浙江大学等高校与江苏苏州，浙江嘉兴、金华，安徽合肥等城市共同打造了一批高水平创新平台，比如梦想小镇沪杭创新中心等。上海松江、浙江杭州等G60科创走廊城市在产业上已深度融合。

2023年5月25日，推进长三角G60科创走廊科创生态建设大会召开。时任江苏省委常委、苏州市委书记曹路宝说："苏州距离松江不远，苏州地铁即将与上海正式相连，这种连接将激发更多可能。"时任安徽省委常委、合肥市委书记虞爱华说："G60科创走廊的发展让我们受益匪浅，我们要主动靠上来、融进去。"

构建开放共享生态为创新护航

G60科创走廊的科创生态是市场化、法治化、国际化的，而且开放共享、共建共生，具有持续科创动力和更优营商环境。

用市场化、法治化的方式调配科创资源，是G60科创走廊的一大特色。

"'用于中功率新能源模拟测试平台设计开发'项目，起拍价380万元，加价幅度为5万元人民币或5万元的倍数，请出价。"5月22日，长三角G60科创走廊第五届科技成果拍卖会举行。几分钟后，该项目顺利成交。

把技术价值最大化，并以市场化方式让它流动起来，这是G60科创走廊的重要目标。让创新成果加速转化，让创新要素破壁流动，已成为九城市的共同行动。

在载体建设方面，九城市已成立首批11家G60科技成果转移转化示范基地、36家G60科技成果转化矩阵、43家G60科创路演中心联合体、"G60科创云"线上全要素对接平台、G60科技成果转化促进中心和联盟等。

为确保科技成果得到保护，G60科技成果转化体系集聚了国家知识产权国际运营（上海）平台、上海知识产权交易中心、浙江清华长三角研究院、苏州工业园区、安徽创新馆等一批高能级创新合作载体；为确保机制灵活有效，《长三角G60科创走廊科技成果转移转化示范基地建设和管理评估办法》出台实施，G60科创走廊科技成果转化已经迈入项目化、清单化、制度化的新阶段。

做优保障服务为创新守好大后方

金融是科创的重要支撑，在三省一市金融监管部门的支持下，长三角G60科创走廊构建起债权、股权、基金等联动的金融服务生态，为科创企业提供全牌照、全产业链、全生命周期的金融服务，打造完善的金融服务体系。

截至2023年6月，九城市联动发行科创债73单、累计发行金额467亿元，绿色债98单、累计发行金额794亿元，占同期全市场发行总量的1/6。开发运行G60综合金融服务平台，吸引有效注册企业 95 万余家，入驻金融机构 526 家，达成授信融资金额超 2.46 万亿元。成立 G60 金融服务联盟，涵盖银行、券商、基金、保险、会计师事务所、律师事务所等头部机构 448 家。

为强化对科创企业的投资，G60 科创走廊设立了长三角首只由国家引导基金参与、九城市共同出资、社会资本投资的跨区域科技成果转化基金。基金总规模 100 亿元，首期募集 20 亿元，已开始投资科创企业。

随着 G60 科创走廊的建设，人才导入效应也开始显现。为解决人才居住问题，松江着力创新土地供给模式，引入市场化主体建设保障性租赁住房。在泗泾镇，一个由 5 幢高楼组成的社区——有巢国际公寓社区泗泾店引人注目。华润有巢相关负责人介绍，这样的公寓模式已在 G60 科创走廊城市复制推广。

科创生态的基础是连接，科创走廊的基础也是连接。G60 科创走廊开启了协同发展的新路径，连接各方，G60 科创走廊建设将继续有力推进，加速崛起。

思考讨论

1. G60 科创走廊从 2016 年启动建设到如今硕果累累，走出一条具有自身特色的高质量发展新路径，所依靠的是什么？

2. 以往的创新园大多是独立的，而 G60 科创走廊为什么会选择跨区域协同发展？这种发展模式对科技创新有哪些影响？

3. 你认为什么是好的科创生态？如何构建好的科创生态？结合本案例谈谈你的看法。

教学建议

本案例主要适用于第六章第一节“完整、准确、全面贯彻新发展理念”部分的辅助教学。本案例主要介绍了 G60 科创走廊自启动建设以来，以新发展理念为指引，坚持市场化、法治化、国际化导向，打破壁垒，坚持科技创新和制度创新双轮驱动，构建协同开放格局，为全国构建优势互补、高质量发展的区域经济布局和国土空间体系发挥先行示范作用。

组织教学建议

第一，为了使学生清晰把握 G60 科创走廊建设发展的过程及具体成就，授课教师可在案例导入环节为学生播放视频《长三角 G60 科创走廊建设七周年系列报道》中的相关内容。该系列报道的内容较多，可以选取具有代表性的、与教学主题和案例内容密切相关的部分展示，使学生系统把握 G60 科创走廊如何一步一步从一条地理上的高速公路蝶变成推动长三角一体化国家战略的重要平台，使其深刻认识到，在 G60 科创走廊崛起的过程中，践行新发展理念的必要性和重要性。

第二，重点引导学生理解驱动 G60 科创走廊快速崛起的“双轮”。科技创新和制度创新是驱动G60科创走廊发展的“双轮”。在科技创新方面，G60科创走廊从平台共建、科研资源共享、关键技术共研、成果转化共投等方面构建科技协同创新体系，在打赢关键核心技术攻坚战上作出突出贡献；在制度创新方面，G60科创走廊打破壁垒，打造跨区域协同创新格局，构建开放共享、共建共生的科创生态，强化要素保障，服务企业创新。在深入分析案例的过程中，授课教师需将以上两点讲清楚。

第三，在组织讨论环节，授课教师可以就什么是“好的创新生态”的问题与学生展开讨论，以G60科创走廊的发展规模和成绩说明构建开放共享的科创环境的重要意义。通过本案例不难发现，以市场化、法治化的方式调配科创资源，是G60科创走廊的一大特色。授课教师可以让学生谈谈这一制度创新的具体做法以及实际效果，并启发他们进一步思考，这一系列举措是如何让G60科创走廊发展走上“快车道”的，进而使其把握创新、协调、绿色、开放、共享的新发展理念的深刻内涵和内在联系。

第四，注意引导学生把握G60科创走廊的服务保障和体系支撑相关举措及其意义。授课教师需以层层深入的方式引导学生把握，G60科创走廊通过构建多维度综合金融服务矩阵，建立互认互通的人才合作机制和质量标准常态化交流机制，改革和创新优化科创环境，为G60科创走廊的高质量发展提供有力支撑。通过本案例要使学生明白，科创生态的基础是连接，科创走廊的基础也是连接，必须基于有机整体的视野去认识和发展科创区。

总结提升建议

第一，理念是行动的先导，以新发展理念引领发展，坚持创新发展、协调发展、绿色发展、开放发展、共享发展，是关乎我国发展全局的一场深刻变革。发展理念的正确与否，从根本上决定着发展的成效、质量乃至成败。创新、协调、绿色、开放、共享的新发展理念，是基于对国内外发展大势的深刻分析、对经济社会发展规律的深刻认识和对我国发展中的突出矛盾和问题的深刻思考而提出的。这五大发展理念是具有内在联系的有机整体，必须统一贯彻，才能实现高质量发展。在本案例中，G60科创走廊的推出和崛起都源自新发展理念的指引。从2016年“G60科创走廊”概念被上海松江区提出开始，沿G60高速公路科技创新及先进制造业的布局便已铺开。2017年，以协调、共享理念为引领，上海与嘉兴、杭州携手，成立跨区域科创走廊，奏响区域协同创新的序曲。2018年，G60科创走廊以开放的发展理念再次扩容，苏州、湖州、金华、合肥、芜湖、宣城的加入，正式开启九城协同创新崛起之路。以新发展理念为引领，G60科创走廊加速腾飞，为全国构建优势互补、高质量发展的区域经济布局和国土空间体系发挥先进示范作用。2021年，G60科创走廊被写入国家“十四五”规划，迎来新的重大发展机遇。

第二，创新是引领发展的第一动力，在国家发展全局中居于核心位置，不断推进科技创新、制度创新等各方面创新，是实现高质量发展的必然要求。在新一轮科技革命和产业变革的浪潮下，坚持创新在我国现代化建设全局中居于核心地位，是掌握发展主动权的关键所在。创新本身是一项系统工程，科技创新是战略博弈的主战场，而制度创新则是基础支撑，是营造有利于科技创新环境的关键一环。因此，必须立足新发展阶段，贯彻新发展理念，构建新发展格局，以满足经济高质量发展的战略需要，实现高水平科技自立自强。

在本案例中，G60 科创走廊能够实现加速崛起主要得益于对科技创新和制度创新双轮驱动的坚持。在科技创新方面，G60 科创走廊实施关键技术联合攻关机制，共建高能级重大科技创新平台，克隆猴、量子通信、人造太阳、大硅片等重大原始创新成果涌现，九城聚焦生物医药、航空航天、人工智能等战略性新兴产业，在关键技术攻关方面作出重要贡献。在制度创新方面，G60 科创走廊深入实施区域协调发展战略，坚决落实长三角一体化发展战略，多部委联合制定顶层规划，建立“央地联动、区域协同”合作机制，推动构建共商、共建、共享的跨区域合作发展格局。

第三，科技创新不是孤立的活动，构建开放共享、共建共生的科创生态，形成协同开放的发展格局，是实现科技自立自强的必要支撑。创新、协调、绿色、开放、共享这五大发展理念是相互贯通、相互促进的有机整体，在实践中必须统一贯彻，如果顾此失彼就会影响发展的质量和速度。实现科技自立自强必须有好的科创生态的支撑，而好的科创环境绝不是孤立、封闭的，而是开放共享、共建共生的，也就是说，在科技创新实践中同时需要践行协调、绿色、开放、共享的发展理念。在本案例中，G60 科创走廊特别强调开放共享、共建共生的科创生态的建设，用市场化、法治化的方式调配科创资源。为了让创新成果加速转化，让创新要素破壁流动，九城成立首批 11 家 G60 科技成果转移转化示范基地、36 家 G60 科技成果转化矩阵、43 家 G60 科创路演中心联合体、“G60 科创云”线上全要素对接平台、G60 科技成果转化促进中心和联盟等。九城联合的行动，使 G60 科创走廊形成协同联动、优势互补、要素对接、资源共享的优质创新生态。

第四，人才是第一资源，科技创新靠人才，营造良好的创新生态同样靠人才。创新驱动本质上是人才驱动，实现科技自立自强，推动高质量发展，必须把人才资源开发放在最优先的位置，大力建设战略人才力量，着力夯实创新发展人才基础。人才的引进、激励、培养和服务都是打造好的创新生态不可或缺的工作。在本案例中，G60 科创走廊通过构建多维度综合金融服务矩阵，建立互认互通的人才合作机制和质量标准常态化交流机制，改革和创新优化科创环境，使其人才导入效应逐渐显现。为解决人才居住问题，松江着力创新土地供给模式，引入市场化主体建设保障性租赁住房。为创新人才、企业做好服务保障，为其守好大后方，才能使人才资源竞争优势不断显现出来。

案例启示

以新发展理念为指引，积极应变，主动求变，是保障数字经济竞争优势可持续的重要砝码。百舸争流，奋楫者先。发展是一个不断变化的过程，发展环境和条件都不是一成不变的，因而发展理念也不是一成不变的。不断探寻新的增长动力和发展路径，消除一切不利于创新的体制机制障碍，充分激发创新潜能和市场活力，构建开放共享的创新生态，才能为创新提供可持续发展动能，才能走上高质量发展之路。G60 科创走廊从一条高速公路蝶变成改革创新的新思维和新能力，再到成为推动长三角一体化国家战略重要平台，正是得益于其立足不断变化的发展环境和发展格局，以新发展理念为引领，不断探索区域高质量协同发展新路径。高质量发展和新发展理念既一脉相承，又内在统一，贯彻新发展理念就是实现高质量发展的必由之路，推动高质量发展是全面贯彻新发展理念的重要体现。

案例 6

合肥“创新高地”养成记

核心阅读

合肥被称为“全球增速最快城市”，其 GDP 从 2005 年的 853 亿元增至 2023 年的 12 673.8亿元，涨幅达到惊人的 1 486%，2023 年，合肥规模以上工业增加值同比增长 10.6%，高于全国 6 个百分点，新增百亿产值工业企业 6 户，总数 22 户。2024 年，合肥 GDP 突破至 13 507.7 亿元，再攀高峰。合肥以其惊人的发展速度被《自然》与《科学》杂志誉为“未来硅谷”。从一批国家实验室及大科学装置全面启动，到“科学岛”的研究成果享誉全球；从一系列激活创新动能的人才政策出台，到新型显示、集成电路、人工智能等在合肥呈集成发展态势，一批重大前沿及产业创新平台建设颇具规模，合肥“创新高地”的形象已然深入人心。科技创新使合肥爆发出巨大生产力，主要创新指标稳居省会城市第一方阵，跻身全球科研城市榜前 20、世界区域创新集群百强、国家创新型城市 10 强。

1952 年，合肥刚成为省会之时，曾自嘲是“中国最大的县城”。合肥的经济总量直到 1984 年才超过芜湖，到 1989 年才超过安庆，2004 年时，合肥在全国城市排名中仅排 76 名。那么，开局不利的合肥是如何一步一步成为“创新高地”的呢?

神秘创新基地“科学岛”的崛起

“科里科气”是合肥人引以为傲的口头禅，说的是合肥无处不在的科创气息。

科技创新的“地基”在 1969 年打下。那年，中国科学技术大学几经周折，最后落户合肥。从此，开启了一座城和一所高校的“双向奔赴”。

中科大的落户，带来的是中国科学院各大科研院所的接连布局。1978 年，中国科学院合肥物质科学研究院在合肥西郊成立“科学岛”，如今已有 7 个研究所，拥有 30 多个装备优良的重点实验室、研究中心以及 10 多个大型技术物理实验平台，先后建成全超导托卡马克核聚变实验装置和稳态强磁场实验装置等两个重大科学装置。

“科学岛”最“出圈”的一次，是“哈佛八剑客”回归——接受“科学岛”召唤，更因为合肥“强磁场”吸引，8 位“哈佛博士后”陆续回国，来到合肥，走进小岛，组建起一个完整的生命科学方向的科研团队，共同攀登科学高峰。科学岛上的“大咖”当然远不止他们。几十年来，一批批心怀梦想的科学家来到岛上，凭借挑战极限、刻苦攻关的精神，一次又一次打破国际技术壁垒，激起惊涛骇浪。

中科院合肥研究院等离子所自主研发的全超导托卡马克核聚变实验装置 EAST（又被称为东方超环，“人造小太阳”），是全球首个非圆截面全超导托卡马克。2017 年，“人造小太阳”在世界上首次实现了 5 000 万度等离子体持续放电 101.2 秒的高约束运行，实现了从 60 秒到百秒量级的跨越；2018 年底，首次实现了 1 亿度等离子体放电，实现加热功率超过 10 兆瓦，等离子体储能增加到 300 千焦；2020 年 4 月，在 1 亿度超高温度下运行了近 10 秒，创造了新的纪录；2021 年 5 月，实验创造 1.2 亿度 101 秒等离子体运行的世界纪录；2023 年 4 月 12 日，“人造小太阳”EAST 创造新的世界纪录，成功实现稳态高约束模式等离子体运行 403 秒。

“人造小太阳”的成功建设和运行，是我国核聚变研究的里程碑式突破，为我国未来独立设计建设运行核聚变堆奠定了坚实的基础，为世界核聚变研究贡献了“合肥力量”“中国力量”。

科学岛上还有另一个大科学装置——稳态强磁场实验装置，相比“人造小太阳”，它的光芒也毫不逊色。与极低温、超高压一样，强磁场也可为科学研究提供极端实验环境，是科学探索的“国之重器”。2008 年 5 月，稳态强磁场实验装置落户科学岛，2017 年 9 月通过国家验收，这也意味着中国成为继美国、法国、荷兰、日本之后，第五个拥有稳态强磁场装置的国家。

稳态强磁场实验装置研制是一项复杂的系统工程，科学岛的强磁场研制团队经过多年自主创新，打破国际技术壁垒，成功克服关键材料国际限制、关键技术国内空白等重大难题，建立了国际领先水平的科学实验系统，实现了我国稳态强磁场极端条件的重大突破。从“一无所有”到“世界第二”，科学岛研制的稳态强磁场实验装置，仅用了 8 年。

固体所研制的“着陆器缓冲拉杆材料”，各方面性能指标均优于技术要求，助力“嫦娥三号”“嫦娥四号”“天问一号”成功着陆；智能所参与研制的“无容器材料实验腔体子系统”，攻克了数个复杂的关键技术，成为“天和”核心舱的核心装置……

“养人”养出创新天地

习近平总书记在考察安徽时曾说道：“合肥这个地方是‘养人’的，培养出了这么多优秀人才，是创新的天地”。

养人首先要“引人”。中国科学技术大学刚落户合肥时，合肥薄弱的产业基础，与中科大的基础性研究成果难以匹配，有人评价为“二线城市一流科研”，中科大的毕业生很少愿意留在合肥。为了留住和引进创新人才，合肥在人才政策上真金白银投入。2017 年 6 月推出“人才新政 20 条”，直接对标沪杭等一线城市。2018 年 4 月 26 日，出台《关于进一步支持人才来肥创新创业的若干政策》。如果说前一个政策是为了吸引人才，那么后一个政策就是为了滋养人才。此外，高层次创新创业人才在医疗服务、子女教育、人才落户等方面享受优待，高达 50 万元的住房或租房补贴、5 年免费人才公寓、买房不限购……在政策高地的支撑下，合肥正朝着人才高地的目标加快迈进。

养人，还要有宽松的科研环境。2018 年 1 月，“聚变堆主机关键系统综合研究设施”

国家大科学装置项目落地合肥，为了保证项目的顺利运行，合肥专门成立大科学装置集中区建设有限公司。这家公司的任务就是给科学家跑腿。过去，一个大科学装置从立项到开工，项目用地、规划建设，科学家样样都要操心，大量时间耗费在填表盖章、报审批上。公司成立后，科学家只管专心做科研，公司派专人跑程序。因此，这个项目在当年的年底即完成用地、配套等审批工作，比以往至少缩短一半时间。

另外，合肥还出台政策鼓励科学家创业。如天使投资基金管理办法，支持高层次人才团队创办科技企业，给予大力度的基金投资，投资允30%的容错率，容错率范围内的正常投资亏损按尽职免责原则处理。为最大程度激发人才创新活力，合肥在全国较早开展国家企业股权和分红激励试点等措施；采用多种投入方式支持各类主体创新创业；成立市委科技创新委员会，出台科技创新条例，组建科创集团……以体制创新推动科技创新，以科技创新带动产业创新。

2022年，合肥新招引高校毕业生超过30万人，新增高技能人才5.5万人，新增外商投资企业140家，常住人口比上一年增长16.9万人，合肥成为人口净流入城市。

让“科研之花”结出“产业之果”

合肥高新区有一条著名的“量子大道”，这里分布着量子测量、量子计算、量子通信等量子技术三大产业化方向的企业。在科研屡攀高峰的同时，量子技术的产业化探索也给未来的生产生活带来无限畅想。量子测量利用量子态对环境非常敏感的特性，可以大幅度提高测量物理量的精度，使检测单个癌变细胞、更准确地测量大脑活动信号、“看清”纳米级芯片内部的电路结构成为可能。国仪量子深耕量子测量产业化，研发的一批高端科学仪器已交付高校、企业、医院等海内外近百家单位。

2021年7月，比亚迪股份有限公司与合肥市“一拍即合”，达成协议，项目一期总投资150亿元，项目达产后可实现年产值超过500亿元。从谈判到签约，23天；从签约到开工，42天。短短几年，合肥就聚集了新能源汽车规模以上企业超过300家，涵盖整车、关键零部件、应用等产业链。

1988年出生的江如海，是合肥中科智驰科技有限公司创始人，一直驰骋在“无人驾驶”的广阔征途上。鲜有人知的是，当年他带领技术团队积累了十余年的无人驾驶技术，却因缺少资金，无法转化。关键时刻，中科院合肥技术创新工程院为其团队提供将技术推向市场的平台和启动资金，以及超过70%的股权激励。一年多时间，中科智驰就实现了从技术成果到量产盈利。像中科院合肥技术创新工程院这样的协同创新平台，合肥与大学大院大所大企累计共建了30个。以平台创新为支点，合肥形成了高效运转的科创产业“加速器”。

2021年合肥平均每天诞生3.4家国家级高新技术企业。截至2022年1月24日，合肥市A股上市公司69家，居省会城市第7；其中科创板上市公司13家，居省会城市第2、全国城市第6。在GDP突破万亿元城市中，国家级专精特新“小巨人”企业数量，合肥位居全国城市第14、省会城市第6。合肥高新区在169家国家级高新区中综合排名升至第8，合肥经开区在217家国家级经开区中综合排名跃居第10。在2012至2022这十年间，安徽GDP连跨3个万亿元台阶，实现了在全国各省市中从“总量居中、人均靠后”向“总量靠前、人均居中”的跨越发展。2022年上半年，安徽省GDP已跻身全国十强，增速居长三角首位。

思考讨论

1. 城市发展有着不同的评价标准，但在众多指标之中，经济总量变化是最重要的指标之一。合肥GDP的增速不仅在全国位列第一，而且被称为“全球增速最快的城市”。你认为合肥经济总量快速成长的秘诀是什么？

2. 为什么习近平总书记认为合肥是个“养人”的地方？合肥“养人”都体现在哪些方面？你认为人才在合肥创新高地养成过程中起到怎样的作用？

3. 你认为合肥的惊人增速是昙花一现还是可持续的？怎样做才能维持甚至加快合肥的高速发展？未来引领合肥发展的动力是什么？

教学建议

本案例主要适用于第六章第一节“完整、准确、全面贯彻新发展理念”和第七章第一节“全面建设社会主义现代化国家的基础性、战略性支撑”部分的辅助教学。案例主要介绍了合肥从资源洼地发展为“创新高地”的过程，合肥以科研为血、以工业为骨、以人才为魂，构筑起城市高速、高质量发展的创新之路。

组织教学建议

第一，在本案例教学的导入环节，可以通过对话等互动的方式使学生快速进入案例情境。可以邀请学生们谈谈对于合肥这座城市的印象，启发学生进一步思考现在的合肥较之过去发生了哪些变化。最好能够选取一些具有冲击力的、抓人眼球的前后对比图片，将学生的注意力吸引到案情中来，按照教学案例的逻辑和思路，主动去思考和追问合肥是如何一步一步变成“创新高地”“全球增速最快的城市”的。

第二，在使用本案例时，可围绕教学主题进行适当的内容延伸和拓展，案例本身更具有丰富性和饱满性。授课教师可在课前布置查阅资料任务，充分调动学生们参与的积极性和主动性，让学生查找和梳理近年来合肥取得的重大科技突破。这一学习整理过程本身能够很好地帮助学生理解和掌握本案例，使其更快地进入教学主题。

第三，注意引导学生从细节上把握合肥“创新高地”养成的过程。通过本案例要使学生明白，无论是基础科学研究，还是城市经济发展，都不是一蹴而就的，都要经历一个从量变到质变的过程。“科学岛”从建成，到基础研究的威力开始释放，再到科研融合促进产业迅速发展，使合肥成为“创新高地”，发展的每一步、每个细节都是成功不可或缺的要素。在使用本案例时，可以从多角度发挥其思想政治教育功能，使学生知道，尽管科技创新是企业、城市乃至国家发展最直接的加速器，但创新发展本身仍需要一个循序渐进的过程，不可急功近利，特别是从事基础性研究工作，必须脚踏实地，通过量的积累实现质的飞跃。

第四，要通过本案例向学生特别说明科研创新成果产业化的意义。科学研究既要追求知识和真理，也要服务于经济社会发展和广大人民群众。创新的意义在于推动社会的高质量发展和人民生活水平的提高，而非研究本身。应当通过本案例的组织讨论，帮助学生形成正确的科研价值观，使其认识到创新成果产业化的必要性和必然性，使科技创新成果真正服务于国家发展和人民美好生活的满足，才是真理与价值的辩证统一。

总结提升建议

第一，创新是经济社会高质量发展的第一动力，必须把发展的基点放在创新上。只有通过创新，才能最大限度地抓住新一轮科技革命带来的发展机遇，从根本上解放和发展生产力，使经济走向高质量发展之路。在本案例中，合肥惊人的发展速度正是来自科技创新所提供的强大驱动力。合肥在1952年刚成为省会之时，还是个“其貌不扬”的“大县城”，经济总量甚至落后于同省的安庆和芜湖。在改革开放大潮来临时，合肥不仅加速其工业化发展进程，而且不断进行创新体制机制改革，瞄准世界前沿做强基础研究，投入大量资金开展综合性国家科学中心建设，并积极推动创新成果产业化。正是科技创新所取得的一系列成就使合肥拥有了“创新高地”“未来硅谷”之美誉。这表明，只有坚持创新，才能使发展拥有源源不断的内生动力，才能使发展的质量更高、速度更快且可持续。

第二，创新发展既要潜心科研，又要注重成果转化，不断把科技创新“关键变量”转化为高质量发展的“最大增量”。科学研究不是投机，不能急于求成、急功近利，而是需要有“十年磨一剑”的坚持和“坐住冷板凳”的定力。与此同时，必须及时将科研成果产业化，使其造福社会。创新驱动发展乃是一个系统工程，科技成果只有同国家需要、人民要求、市场需求相结合，完成从科学研究、实验开发、推广应用的三级跳，才能真正实现创新价值、实现创新驱动发展。在本案例中，一方面，合肥在量子信息、人工智能、可控核聚变等重大基础研究中所实现的突破性创新，离不开科研人员十余年如一日的坚持。合肥正是将科研作为一项长远的工程，持续投入，汇集一切优势科研力量协同攻关，才能收获累累硕果；另一方面，及时将创新成果转化为“产业硕果”也是成就合肥的关键性因素。合肥市与中科院合肥物质科学研究院等科研机构开展合作，积极促成创新成果落地，加大产学研融合，并为科学家创业出台多项鼓励政策，以体制创新推动科技创新，以科技创新带动产业创新。

第三，国家战略科技力量是世界科技强国竞争的着力点，要成为科技强国，就必须拥有世界一流科研机构、研究型大学、创新型企业。科研是创新之血，一流的科研机构、大学和创新型企业则是活血之源，是重大原创性科学成果得以涌现的动力源。合肥的崛起，离不开产学研的深度融合，正所谓“巧妇难为无米之炊”，如果没有源源不断的科研创新成果的输送，合肥的产业化发展也不会如此迅速。正是有中国科学技术大学、中科院合肥物质科学研究院等大院大所的坐镇，合肥才能在科技创新资源上享有得天独厚的优势，才能在产业发展中抢占先机。

第四，战略性新兴产业具有先导性，代表新一轮科技革命和产业变革的方向，是引领国家未来产业发展的决定性力量。同基础研究相似，对未来产业的投入并不能看到立竿见影的效果，它不会在短期内体现在GDP的增速上，但是对于城市乃至国家的经济结构优化和长远发展都具有不可替代的重要意义。作为“全球增速最快的城市”，合肥能够一直保持其增速，为城市发展续航，同它抢抓机遇提前布局未来产业有着直接关系。合肥瞄准量子技术、类脑智能、靶向药等对未来经济社会变迁起到关键性、引领性作用的产业，顺势而为，目光长远，提前布局，在战略性新兴产业的竞争中抢占先机。尽管发展未来产业具有一定的风险和不确定性，同时意味着放弃一些短期收益，但创新发展从来都不是以一事一项目论成败，用舍得的精神抓创新，以开放的胸怀抓产业，才能真正通过创新为我国高质量发展续航。

第五，人才引领驱动是经济社会发展和国家现代化的基本规律，开放优厚的人才政策和创新创业环境，是创新发展重要的前提保障。要想用好科研人员，要想推动企业家积极投身创新事业，既要用事业激发其创新勇气和毅力，也要重视必要的物质激励，使他们“名利双收”。合肥能够成功汇聚天下英才搞创新，与其推行的一系列“养人”政策和举措有着密切关系。不断加大对基础科研和未来产业的培育力度，在示范应用、资金支持、政府重视和包容的创新创业环境上同时发力，是合肥经济高速发展的重要法宝，正是给予了创新创业者极大的政策扶持，才进而形成强大的人才集聚效应。“养人”的合肥在其创新基因的不断裂变中释放潜能，为城市的高速、可持续、高质量发展提供无限动能。

案例启示

教育、科技、人才是全面建设社会主义现代化国家的基础性、战略性支撑。必须坚持科技是第一生产力、人才是第一资源、创新是第一动力，才能不断开辟发展新领域新赛道，不断塑造发展新动能新优势。合肥之所以能够从资源洼地摇身一变成为创新高地，正是因为其坚定不移地走创新发展的道路。一方面，立足当下，不仅推行一系列“养人”政策，依托当地科研机构、大学和创新型企业专注科技研发，而且及时让科研成果落地，完成成果产业化，不断使高精尖创新成果“裂变”为接地气的产业；另一方面，目光长远，富有战略思维，着眼全局，谋定而后动，布局未来产业，为创新发展持续开辟新赛道。

案例7

携“世”之手与“世”偕行

——“入世”20多年，中国与世界共赢的故事

核心阅读

2001年12月11日，历经15年谈判，中国正式加入世界贸易组织（WTO），成为其第143个成员。中国加入WTO是中国深度参与经济全球化的里程碑，标志着中国改革开放进入历史新阶段。加入WTO以来，中国积极践行自由贸易理念，全面履行“入世”承诺，大幅开放市场，实现互利共赢，在对外开放中展现了大国担当。中国经济发展离不开以WTO为基础的多边贸易体制，WTO的发展也离不开中国的参与和贡献。“入世”20多年来，中国经济总量从世界第6位上升到第2位，中国对世界经济增长的平均贡献率接近30%。面向未来，中国将一如既往坚持对外开放的基本国策，坚定奉行互利共赢的开放战略，不断以中国新发展为世界提供新机遇，推动建设开放型世界经济。

在中国共产党历史展览馆，陈列着一柄小木槌，通体红褐色，长32.2厘米，宽10.5厘米，厚6.3厘米。在党的百年奋斗历程中，它或许并不引人注目，但却见证和亲历了我国对外开放具有里程碑意义的一件大事——加入WTO。

2001年11月10日，卡塔尔多哈喜来登酒店萨尔瓦会议大厅座无虚席。WTO第四届部长级会议在卡塔尔首都多哈举行。大会主席，卡塔尔财政、经济和贸易大臣卡迈勒敲响木槌，标志着中国正式加入WTO的决定获得通过。2001年12月11日，历经15年谈判，中国正式加入WTO，成为其第143个成员，这是中国深度参与经济全球化的里程碑。

20多年间，“入世”带给中国什么？又带给世界什么？中国将如何助力WTO改革？又将如何引领经济全球化？

一张“A+”成绩单的背后：发展自己，造福世界

中国加入WTO，对中国和世界来说，这都是一件大事。20多年来，中国用一份亮眼的“A+”成绩单，讲述了中国与世界共赢的故事。

7.4%——关税总水平从15.3%降至7.4%，远低于“入世”承诺的10%，更低于其他主要新兴经济体。

120——“入世”时我国承诺在2007年开放服务领域9大类100个分部门，如今中国

实际开放接近120个分部门。

2 000——“入世”以后，中央政府清理法律法规和部门规章2 000多件，地方政府清理的地方性政策、法规19万多件。

143家——2002年，全球500强企业只有11家中国企业，如今飞速发展，变成了143家。

98%——世界500强公司中，约490家在华投资，约占总体数量的98%。

1——“入世”20多年，中国货物贸易从世界第6位上升到第1位，利用外资稳居发展中国家首位，对外直接投资从世界第26位上升到第1位。

2——20多年，中国经济总量从世界第6位上升到第2位。

17%——中国GDP全球占比从2001年的4%发展到2022年的18.5%。

30%——中国对世界经济增长的贡献率超过30%。

“入世”20多年，就中国自身改革发展来说，“入世”对中国在促进经济增长、产业转型升级、进出口等领域产生了深远影响；对世界而言，中国全面履行“入世”承诺，不断扩大开放，以自身稳健发展成为世界经济增长的“动力源”和“稳定器”。

一家民营车企上升之路的背后：扩大开放催发中国产业巨变

中国“入世”时，弱小的中国车企面对外资品牌的冲击，“狼来了”的呼声不绝于耳，中国加入WTO，让很多外资品牌下决心到中国投资。当时，中国车企实力弱小，外资和合资车企凭借产品、技术、品牌和人才优势，占据了中国90%以上的市场份额，外国车企也很傲气，引入中国的都是老车型、老技术。

就在这时，一家民营汽车企业——吉利诞生了，吉利与“入世”相伴相生的20多年间，走出了一条超出想象的上升之路：2001年，吉利获得了汽车准入牌照，成为中国首家获得轿车生产资格的民营企业；2010年，吉利控股集团完成对沃尔沃轿车的全部股份收购，成为中国首个跨国汽车并购案；2023年，吉利汽车出口量再创新高，全年累计出口27.4万辆，同比增长超38%。截至2023年底，吉利汽车在全球70个国家布局了533个销售及服务网点，实现了在欧洲、非洲、拉美、中东、亚太全球五大区域的业务布局。吉利是“入世”后中国企业成长壮大具有说服力的典型。改变的不仅是汽车行业：2009年，安踏收购意大利百年运动品牌FILA在中国部分地区的商标运营权；2010年，中石化收购Repsol公司巴西子公司；2013年，双汇国际并购全球最大的猪肉食品企业美国史密斯菲尔德食品公司；2019年，伊利集团全资子公司香港金港商贸控股有限公司收购新西兰第二大乳品合作社威士兰100%股权。一系列的“品牌大动作”推动着中国品牌的腾飞。加入WTO 20多年来，海外并购对我国产业资源配置和产业链优化产生了积极影响。

在WTO角色变化的背后：中国开放的大门只会越开越大

1993年，在乌拉圭回合多边谈判中，中国代表王磊举起CHINA桌牌要求进行发言。发言结束后，美方代表却傲慢地说：“主席先生，我请各位注意，中国现在还不是总协定成员，无权对协议谈判发表意见。”王磊回忆那次经历时说：“被否定话语权的场景不会再出现了，今天中国在WTO说话，全场都在听，听得认真，听有所思。”

2013年中国积极参与了WTO在印尼巴厘岛召开的贸易部长会议，促成了贸易便利化协议，将全球贸易的成本、贸易的费用降低了14%左右。2015年，中国积极参加在内罗毕召开的WTO贸易部长会议，推动达成了关于农产品出口补贴取消的协定、关于信息技术产品的扩围协议。除此之外，对WTO一些新议题的谈判，包括投资便利化、电子商务、中小企业等，中国也积极参与并发挥重要作用。

20多年里，WTO本身也发生了深刻变化。WTO一直是世界多边贸易体制的组织和法律基础，是多边贸易谈判的场所，为世界贸易争端提供解决机制。然而近年来，WTO争端解决机制遭遇了功能停摆——2019年，美国籍法官托马斯·格雷厄姆届满卸任后，美国拒绝提名，使得上诉机构无法达到最低三人的议事和审查人数。当逆全球化声浪袭来、美国等对WTO态度发生变化时，中国挺身而出，成为WTO的主要维护者。和美国只顾抱怨、单纯破坏不同，中国的主张都是建设性的。2019年5月13日，中国向WTO提交了《中国关于世贸组织改革的建议》，支持对WTO进行必要改革，解决其面临的生存危机，增强其权威性和有效性，增加其在全球经济治理中的相关性。

中国是引领经济全球化的实干家和行动派。党的十八大以来，中国积极推进更高水平的对外开放：放宽市场投资准入、加快自由贸易区建设、扩大内陆沿边开放、建设海南自由贸易港，完善市场准入和监管、产权保护、信用体系建设等方面的法律制度，出台外商投资准入负面清单，出台《外商投资法》，共建“一带一路”，举办中国国际进口博览会。此外，2021年9月16日，中国正式申请加入《全面与进步跨太平洋伙伴关系协定》（CPTPP）；11月1日，中国正式申请加入《数字经济伙伴关系协定》（DEPA）；2022年1月1日，十五国《区域全面经济伙伴关系协定》（RCEP）正式生效，带动全球近一半的人口和近三分之一的贸易量，区域内90%以上的货物最终实现零关税，建成全球最大的自贸“朋友圈”……中国以实际行动告诉全世界：中国开放的大门不会关闭，只会越开越大！

加入WTO的20多年，是中国深化改革、全面开放的20多年，是中国把握机遇、迎接挑战的20多年，是中国主动担责、造福世界的20多年。正如习近平总书记所说：“加入世界贸易组织以来，中国不断扩大开放，激活了中国发展的澎湃春潮，也激活了世界经济的一池春水。”

思考讨论

1.“入世”之初，美国出版了一本畅销书《中国即将崩溃》，作者认为中国加入WTO意味着中国传统的经济体系即将崩溃，整个经济将被全球的跨国公司彻底冲垮。“入世”一段时间以后，又有一种声音说：“‘入世’带动中国成为全球出口大国，只有中国从中受益，中国是‘搭便车’、‘捡便宜’。”请结合案例，驳斥这两种论调，并谈一谈，“入世”20多年来，中国是如何与世界共赢的？

2.对WTO持消极态度的声音认为，随着全球化格局大转折和区域自贸协定的推进，WTO将走向灭亡。你认同这种说法吗？为什么？

3.习近平总书记多次强调：“中国开放的大门不会关闭，只会越开越大。”开放的大门越开越大仅仅是鼓励越来越多的商品进入中国吗？其深刻内涵是什么？

教学建议

本案例主要适用于第六章第一节“完整、准确、全面贯彻新发展理念”中开放理念部分的辅助教学。开放带来进步，封闭必然落后。2001 年加入 WTO，是中国深度参与经济全球化的里程碑，标志着中国对外开放进入历史新阶段。本案例从中国和世界两个视角、从质和量两个方面描述了中国入世 20 多年的成就，同时也展现了中国为维护 WTO 核心价值做出的努力，彰显了中国推进经济全球化、推动形成更高水平开放格局的决心和行动。

组织教学建议

在案例导入环节，教师可以给学生推送更多关于“入世”谈判内容的资料，例如 2021 年第 23 期《环球人物》杂志：《专访复关、入世谈判亲历者“我有幸见证开放的历史时刻”》、百集微纪录片《百炼成钢：中国共产党的 100 年》第 61 集“加入世贸”等资料，让学生更详细了解艰难、漫长的“入世”谈判过程。WTO 的前身是 1948 年临时生效的《关税与贸易总协定》(GATT)。1986 年，中国正式提出恢复“缔约方地位”的申请，开始了长达 15 年的“复关”和“入世”谈判。在这一过程中，引导同学思考中国加入 WTO 的国际国内背景。20 世纪 90 年代，经济全球化高潮初现，也正逢中国明确提出建立社会主义市场经济体制、深化改革开放之时。21 世纪之初，在经济全球化扩张加速之时，中国加入了 WTO，全面融入经济全球化的大潮。

第二，在案例阅读时，引导学生多角度思考中国“入世”20 多年所取得的成就、所作出的贡献。中国加入 WTO 以来，既是多边贸易体制最大的受益方，也是多边贸易体制最大的贡献者，同时还是当前 WTO 遭遇发展困局时维护 WTO 的中流砥柱。2023 年，中国进出口总值 5.94 万亿美元，连续 7 年保持全球货物贸易第一大国地位；其中，出口和进口国际市场份额分别为 14.2%和 10.6%，连续 15 年保持全球第一和第二，“入世”令中国发展受益匪浅，中国经济的腾飞也造福全世界。中国已成为 50 多个国家和地区的最大贸易伙伴、120 多个国家和地区的前三大贸易伙伴。过去 20 多年，中国对世界经济增长的平均贡献率接近 30%，成为拉动世界经济复苏增长的最重要引擎。

第三，在讨论环节，引导学生理解“入世”20 多年间中国角色的变化。中国是多边贸易机制的受益者，但绝非“躺赢者”。从狼来了，到与狼共舞，从下海呛水，到挺立潮头，中国“入世”20 多年，就是一个无惧挫折，在游泳中学会游泳的过程。在以往全球化进程中，发展中国家往往是被动地卷入全球化进程，中国致力于引领新型全球化，即发展中国家将通过不断提高自主创新能力和主体治理能力，主动参与到全球化进程中，实现全球经济的可持续发展。

总结提升建议

第一，中国经济的发展离不开以 WTO 为基础的多边贸易体制，WTO 的发展也离不开中国的参与和贡献。中国“入世”历程表明，发展与开放相伴相生，相辅相成，彼此成就。得益于更宽领域、更大范围的市场准入和开放，中国深度嵌入全球价值链，更多中国企业突破旧的藩篱，独立参与国际贸易与投资。同时，中国敞开怀抱、迎接更多高品质国际商品进入国内市场，与世界各国分享“中国红利”，货物进口额年均增长率超过两位数。立足新发展格局，中国的对外开放是全面的对外开放，要推进同世界各国的互利合作，推进贸易和投资自由化便利化，维护产业链供应链稳定顺畅。中国的对外开放是共赢的对外开放，要推进高标准市场体系建设，推动重要领域和关键环节改革取得新进展，打造高水平、制度型对外开放格局。中国的对外开放是双向的对外开放，要把“引进来”与“走出去”更好地结合起来，拓展经济发展空间。中国的对外开放是包容的对外开放，要坚定维护多边贸易体制，拓展对外贸易多元化。坚持开放包容，中国的“朋友圈”不断扩大。20多年来，中国对全球经济增长的年均贡献率接近 30%，成为 50 多个国家和地区的最大贸易伙伴，120 多个国家和地区的前三大贸易伙伴。在保护主义抬头之际，中国以世界和平的建设者、全球发展的贡献者、国际秩序的维护者身份，高扬多边主义旗帜，向国际社会持续贡献中国红利、中国机遇、中国方案，成为世界贸易的增长引擎和活力之源，为构建开放型世界经济释放了正能量。

第二，深度参与全球产业分工和合作，维护多元稳定的国际经济格局和经贸关系不仅是中国对外开放走向更高水平的重要保障，也是推动经济全球化健康发展、构建新型国际经济关系的重要保障。习近平总书记指出：“要积极参与全球经济治理，促进国际经济秩序朝着平等公正、合作共赢的方向发展。”平等公正、合作共赢的国际经济秩序是我国建设现代化强国和实现中华民族伟大复兴的需要，要多层次、多方位、多内容地积极主动参与全球经济治理，发挥建设性作用，开拓我国全面开放的新方位。近些年来，伴随贸易保护主义、逆全球化思潮以及国际格局的巨大变动，WTO 三大支柱均面临诸多困境：多哈回合谈判停滞不前，上诉机构停摆等，WTO 亟待改革。中国积极参与 WTO 多边贸易谈判与争议解决，支持对 WTO 进行必要的改革，以期增强 WTO 的有效性和权威性。今后，中国要在国际规则制定中发出更多中国声音、注入更多中国元素，发挥中国在新全球经济治理体系中的大国核心作用，这是中国的责任担当，也是世界对中国方案和中国声音的期待。

第三，把握新发展阶段、贯彻新发展理念、构建新发展格局，要依托我国超大规模市场优势，以国内大循环吸引全球资源要素，增强国内国际两个市场两种资源的联动效应，提升贸易投资合作质量和水平。我国经济已经深度融入世界经济，国内外市场相互依存、相互影响。经济全球化虽然遭遇逆流，但仍是世界生产力发展的大方向，没有哪个国家能够完全离开世界市场而发展。以习近平同志为核心的党中央，全面审视国内国际新形势，总结中国对外开放的实践经验，深刻回答了中国特色社会主义对外开放的内在原因，指出对外开放既是中国特色社会主义的本质要求，也是中国特色社会主义不断发展的必然，成为当代中国的鲜明标识。因此，中国构建新发展格局，是开放的国内国际双循环，不是封闭的国内单循环。要保持国民经济循环的开放性，打通国内国际双循环的堵点，使两个循环相互促进、相得益彰。中国通过更高水平的对外开放，逐步提升在全球产业分工格局中的地位，从而提升带动国内循环的质量，同时也给各国发展创造更多机遇。

启示意义

推进高水平对外开放是中国加快构建新发展格局、着力推动高质量发展的重要战略举措。改革开放40多年的实践证明，以开放促改革、促发展、促创新，是中国特色社会主义现代化建设不断取得新成就的重要法宝。当前，面对外部环境更加不稳定不确定带来的挑战，面对实现高质量发展的要求，我们要在提高对外开放水平上下功夫，努力实现更大范围、更宽领域、更深层次的对外开放，形成全方位、多层次、多元化的开放合作格局。在推进更高水平的对外开放中，要坚持共商共建共享的全球治理观，主动承担与自身能力和地位相适应的国际责任和义务，创造性、高质量地提供全球治理公共产品，形成开放、包容、协调的全球治理机制和规则体系。

案例 8

六年进博会：与世界共享美好未来

核心阅读

2023 年 11 月 5 日，第六届中国国际进口博览会在上海开幕。作为世界上首个以进口为主题的国家级展会，进博会是由习近平亲自谋划、亲自部署、亲自推动的全球贸易盛会，是中国主动向世界开放市场的重大举措。六年来，进博会充分发挥国际采购、投资促进、人文交流、开放合作四大平台作用，规模越来越大，溢出效应越来越强。来自 154 个国家、地区和国际组织的来宾齐聚“四叶草”，72 个国家和国际组织亮相国家展，128 个国家和地区的 3 486 家企业参加企业展，世界 500 强和行业龙头企业达 289 家，集中展示 442 项代表性首发新产品、新技术、新服务，按一年计意向成交金额 784.1 亿美元，比上届增长 6.7%。越办越好的进博会，成为中国构建新发展格局的窗口、推动高水平开放的平台、全球共享的国际公共产品。

2023 年 11 月 5 日，国家主席习近平向第六届中国国际进口博览会致信，围绕进博会“三大定位”提出新要求——希望进博会加快提升构建新发展格局的窗口功能，以中国新发展为世界提供新机遇；充分发挥推动高水平开放的平台作用，让中国大市场成为世界共享的大市场；更好提供全球共享的国际公共产品服务，助力推动构建开放型世界经济，让合作共赢惠及世界。

自 2018 年以来，习近平连续六年在进博会开幕式上发表主旨演讲或致辞致信。六年来，习近平亲自谋划、亲自提出、亲自部署、亲自推动的进博会年年如约而至，届届客商云集。

进博会，“惠”全球

从首届进博会的累计意向成交额 578.3 亿美元，到第六届的 784.1 亿美元，六年来一场场签约、一笔笔订单，汇聚起共创未来的进博力量。“六年级生”，进博会上的这一徽章，被一些连续六年参展的展商佩戴在胸前，十分抢眼。进博会上参展的，既有企业，也有国家、地区和国际组织；既有发达国家，也有发展中国家乃至最不发达国家；既有展现全球领先科技的高精尖医疗器械和技术装备，也有聚焦美好生活的消费品、农产品。

2023 年 9 月启用的墨子巡天望远镜的镜面基材——肖特零度微晶玻璃首次亮相第六届进博会；欧莱雅以“双展台”方式展出近 270 款产品，并首次亮相创新孵化专区；年年都出现、年年都进步的欧姆龙乒乓球教练机器人今年已进化到第八代……令人印象深刻的当然不只是引领产业潮流的世界 500 强，还有那些尚不知名却想让世界看到的“家乡珍宝”：洪都拉斯、多哥、马里、几内亚比绍等 11 个国家首次参加国家馆的展览，马里参展商带来了西非最重要的农产品之一——芝麻。2023 年，在共建“一带一路”合作框架下，133 吨来自马里的进口芝麻运抵上海，有望通过进博会这一全球平台飘香世界；来自菲律宾的咖啡公司，准备用进博会上的收入帮助遭遇火山爆发和受流行病困扰的农民改善生活；来自阿富汗的小伙儿背负“全村的希望”，每卖出一张地毯，就能为一个阿富汗的普通家庭提供一年的生活费；来自哈萨克斯坦的骆驼奶厂，通过进博会进入中国市场，为当地特色农产品打开销路……第六届进博会参展的世界 500 强和行业龙头企业数达 289 家，超过之前历届水平。

进博会，不只是“会”，还是智慧

进博会，不只是展示与交易。随着第六届中国国际进口博览会拉开帷幕，第六届虹桥国际经济论坛也如期而至：聚焦“携手促发展 开放赢未来”这一主题，22 场分论坛围绕“开放发展”“开放合作”“开放创新”“开放共享”四个板块开展深入研讨；重磅发布旗舰报告《世界开放报告 2023》，公布最新世界开放指数并举办专题研讨会。发言嘉宾阵容强大，诺贝尔奖和图灵奖得主 6 人，境内外院士（学部委员）8 人，知名专家学者 22 人，世界 500 强和行业龙头企业高管 118 人，政商学等各界发言嘉宾共计 345 位。举办“投资中国年”系列活动，包括高峰会议暨上海城市推介大会、自贸试验区专场投资促进活动、外资企业圆桌会议等。多场分论坛围绕推介营商环境、促进贸易投资对接等开展深入研讨，放大论坛综合效应。各方参与度大幅提升，虹桥论坛参会人数超过 8 000 人，为历届之最。虹桥经济论坛作为进博会的配套论坛为全球政商学界嘉宾提供高端对话平台，为促进世界经济增长、助推经济全球化贡献“虹桥智慧”，提供“虹桥主张”。

进博会，不仅有看得见的展品，还有看不见的红利

“中国市场这么大，欢迎大家都来看看。”“中国开放的大门只会越开越大。”“距离近了，交往多了，难免会有磕磕碰碰。面对矛盾和摩擦，协商合作才是正道。”“我们应该坚持以开放求发展，深化交流合作，坚持‘拉手’而不是‘松手’，坚持‘拆墙’而不是‘筑墙’，坚决反对保护主义、单边主义，不断削减贸易壁垒，推动全球价值链、供应链更加完善，共同培育市场需求。”“中国愿同各国一道，践行真正的多边主义，凝聚更多开放共识，共同克服全球经济发展面临的困难和挑战，让开放为全球发展带来新的光明前程!”“希望进博会加快提升构建新发展格局的窗口功能，以中国新发展为世界提供新机遇”，习近平总书记在每一届进博会上的主旨演讲和致信都金句频出，为世界经济提振信心。

提振信心的同时，更有务实举措：进一步缩减外资准入负面清单，有序扩大电信、医疗等服务业领域开放；实施好新版《鼓励外商投资产业目录》；积极推进加入《全面与进步跨太平洋伙伴关系协定》和《数字经济伙伴关系协定》，扩大面向全球的高标准自由贸易区网络，批复同意在上海市开展“丝路电商”合作先行区创建工作，历届进博会上宣布了多项开放举措，并稳步推进、落地生根、结出硕果，彰显出中国建设开放型世界经济的信心和决心。

进博会，不只6天，还有365天

在上海有很多“6＋365”平台，365天每天都能买到进博会好物。在上海虹桥国际中央商务区独家会展中心旁打造的进博会6天＋365天常年交易服务平台——绿地全球商品贸易港，已经吸引来自76个国家、地区的180家企业及组织入驻。其中，有60％来自“一带一路”共建国家，这些国家的客商都是全年驻扎在贸易港，无论是6天的进博会，还是365天全国的商品的推广、订货、销售，都全程参与。

还有更多的企业从参展商变成投资商。世界领先的生物制药公司诺和诺德也是一位“进博会六年级学长，参展进博会六年间，诺和诺德六次加码投资中国，升级全产业链布局。2023年4月，诺和诺德递交了每周注射一次的胰岛素Icodec上市申请，这是诺和诺德首次在中国、欧盟与美国同步完成临床试验，同步递交新药上市申请，在业内具有突破性。

进博会被业界人士称为“永不落幕”的展会。2024年4月18日，在第七届进博会开幕倒计时200天之际，第一批参展商名单正式公布，包括252家签约较早、参展面积较大的企业和机构。中国国际进口博览局的数据显示，第七届进口博览会企业展签约展览面积超24万平方米，进度快于去年同期，签约世界500强及行业龙头企业近200家。

思考讨论

1. 进博会是世界上第一个以进口为主题的大型国家级展会，结合案例请谈一谈，除了参展商的卖卖卖和采购商的买买买，进博会的魅力还体现在哪些环节？如何理解更高水平的对外开放？

2. 有人说，对于跨国公司而言，进入中国市场“不是想不想去”的问题，而是“必须要去”的问题，因为“只有进入中国才能成为全球性选手”。结合案例谈谈进博会如何让世界共享“中国机遇”？

3. 举办进博会展现了中国扩大高水平对外开放的坚定决心。请谈一谈扩大高水平对外开放对于中国构建国内国际双循环新发展格局的作用。

教学建议

本案例主要适用于第六章第一节“完整、准确、全面贯彻新发展理念”部分的辅助教学。作为世界上第一个以进口为主题的国家级展会，进博会自举办以来，积极联通中国和世界，推动经济全球化朝着更加开放、包容、普惠、平衡、共赢的方向发展。案例全方位展示了进博会国际采购、投资促进、人文交流、开放合作的四大功能平台作用，突出了进博会的溢出效应和对世界经济复苏的推动作用，展现了中国高水平对外开放的理念、决心和实际行动。

组织教学建议

第一，在案例教学之前，引导学生了解进博会举办的国际国内背景。2017 年 5 月 14 日，习近平在首届“一带一路”国际合作高峰论坛上宣布，中国将从 2018 年起举办中国国际进口博览会。作为世界第一个以进口为主题的博览会，进博会的举办是在世界百年大变局的背景下，站在历史正确一边，是对“世界怎么了，我们怎么办”的“世界之问”的回应。当今世界，保护主义、单边主义抬头，经济全球化遭遇波折，多边主义和自由贸易体制受到冲击，不稳定不确定因素依然很多，风险挑战加剧。在这一背景下，中国极具创造性地举办了世界上第一个以进口为主题的国家级展会，而且一届比一届红火，成为经济全球化一道不可复制的独特风景线。进博会上的热闹场面，是世界共享中国发展红利的生动现实。作为世界第二大经济体、日益靠近世界舞台中央的中国，不可避免地要直面挑战，也有信心应对挑战，进博会表达了中国以开放合作求共同发展的决心和信心。

第二，为了加深学生对进博会内涵和意义的理解，建议课前给学生推送习近平在历届进博会开幕式上的主旨演讲，并对经典金句进行适当解读。例如，“中国经济是一片大海，而不是一个小池塘。大海有风平浪静之时，也有风狂雨骤之时。没有风狂雨骤，那就不是大海了。狂风骤雨可以掀翻小池塘，但不能掀翻大海。经历了无数次狂风骤雨，大海依旧在那儿！经历了 5 000 多年的艰难困苦，中国依旧在这儿！面向未来，中国将永远在这儿！”“中国国际进口博览会由中国主办，世界贸易组织等多个国际组织和众多国家共同参与，不是中国的独唱，而是各国的大合唱。”一个国家、一个民族要振兴，就必须在历史前进的逻辑中前进、在时代发展的潮流中发展。中国扩大高水平开放的决心不会变，同世界分享发展机遇的决心不会变，推动经济全球化朝着更加开放、包容、普惠、平衡、共赢方向发展的决心不会变。

第三，引导学生理解案例展示思路。由于篇幅所限，案例不能收录从第一届到第六届进博会所有创新与亮点内容，案例在素材选取时兼顾了会场内外、展会前后几个要点。其中，第一部分展示了进博会不仅为各国商品提供了展示与交易的大市场，还日益成为各国合作的大平台。第二部分介绍了虹桥国际经济论坛通过高端论坛交流思想、达成共识、凝聚智慧的重要作用。第三部分主要介绍了自 2018 年第一届进博会以来中国政府在创新开放体制、释放开放红利方面的具体措施。第四部分着眼于进博会的溢出效应，通过进博会常年展示交易平台——绿地全球商品贸易港，建立了“展品变商品、参展商变投资商”的最短链路。

第四，在学生讨论环节，注意引导学生从世界和中国两个方面进行思考。对世界而言，进博会是“中国搭台，世界合唱”。参加进博会不仅是企业层面进入中国市场、扩大对华出口的一次契机，也是国家间促进多边经贸关系发展，融入全球产业链、价值链，实现优势互补、互利共赢的一个机遇。对中国而言，一方面，优质商品和服务的进口，将为国内消费者提供更多供给，满足人民日益增长的美好生活需要，助力打造高品质生活；另一方面，国外先进技术、标准和管理经验的引入，也能促进国内产业升级，提升中国企业竞争力。因此可以说，办好进博会，是世界各国的机遇，也是中国自己的机遇。

总结提升建议

第一，开放是当代中国的鲜明标识。党的二十大报告指出，中国坚持对外开放的基本国策，坚定奉行互利共赢的开放战略，不断以中国新发展为世界提供新机遇，推动建设开放型世界经济，更好惠及各国人民。连续举办进博会是中国推动各国各方共享中国大市场机遇、推动各国各方共享制度型开放机遇、推动各国各方共享深化国际合作机遇的全新探索，是以开放纾发展之困、以开放汇合作之力、以开放聚创新之势、以开放谋共享之福的重要举措。六年来，通过进博会的平台，中国进一步创造全球需求，培育发展动能，激发创新潜能，使开放这一当代中国的鲜明标识更加亮眼。

第二，全面把握更高水平对外开放的内涵。更高水平对外开放意味着更大的开放力度，中国将实施更加积极主动的开放战略，使开放的大门越开越大。更高水平对外开放意味着更高的开放质量。过去以商品和要素为主的开放红利释放得比较充分，开放型经济规模不断扩大，国际份额不断提高。未来的开放要在有利于开放发展的制度建设上下功夫，在迈向全球价值链中高端上下功夫，在开放的内外联动上下功夫。更高水平对外开放意味着更强的开放包容。秉持共商共建共享的全球治理观，积极倡导和而不同与和合共生，坚决反对封闭保护和孤立排他，推动全球贸易投资自由化便利化。更高水平的对外开放还意味着更强的国家“软实力”，把更多的中国理念、中国思想、中国主张向世界展示。进博会集展览、论坛、外交、人文于一体，实现了一流服务、一流保障，成效超出预期，在全球产生了广泛影响，进博会的成功举办，展现出中国扩大开放的强大自信，成为新时代高水平对外开放的里程碑。

第三，更高水平对外开放是构建新发展格局的要求。新发展格局包含“以国内大循环为主体”和“国内国际双循环相互促进”两个方面的目标要求。实现“以国内大循环为主体”的目标，必然要求加快建设全国统一大市场，进而畅通国内大循环；而实现“国内国际双循环相互促进”的目标，则蕴含着实现高水平对外开放，充分利用两个市场、两种资源的内在逻辑。改革开放四十多年来，外资、外贸在我国经济发展过程中发挥了不可替代的作用。进博会的举办，彰显了中国坚定扩大开放、构建开放型经济新体制的信心和决心，从而保持和增强我国市场对全球企业和资源的影响力与吸引力，以实现国内国际双循环相互促进。

第四，开放是人类文明进步的重要动力，是中华民族走向伟大复兴的必由之路，也是世界繁荣发展的必由之路。从国内看，对外开放是实现“两个一百年”奋斗目标的必然选择。习近平指出，“中国越发展，就越开放”。推进更高水平对外开放，将伴随中华民族伟大复兴的全过程。从国际看，对外开放是应对百年未有之大变局的必然选择。六年前，习近平宣布举办进博会，就是要扩大开放，让中国大市场成为世界大机遇。近年来，尽管经济全球化遭遇逆流，但中国办好进博会的决心坚定不移，扩大高水平对外开放的决心坚定不移，同世界分享发展机遇的决心坚定不移，维护和引领经济全球化的决心坚定不移。六年进博时光，绘就了一幅中国与世界各国互学互鉴、互利互惠、共同进步的激荡画卷。

启示意义

经济全球化是生产力发展的必然要求，是人类社会发展规律，人类可以认识、顺应、运用历史规律，但无法阻止历史规律发生作用。中国始终坚持经济全球化正确方向，致力于共同培育全球发展新动能。经济全球化以来，各个国家尤其是贸易大国都谋求贸易出口，因而举办各式各样的出口博览会，从没有国家专门举办进口博览会，主动扩大进口。举办进博会是国际贸易史上的一项创新，作为世界上第一个以进口为主题的国家级展会，举办进博会既体现了中国站在新的历史方位对开放发展内涵的深化理解，也体现了中国在逆全球化思潮抬头的情况下，以实际行动助推全球经济合作发展的大国担当。“一花独放不是春，百花齐放春满园。”举办中国国际进口博览会，是中国着眼于推动新一轮高水平对外开放作出的重大决策，是中国主动向世界开放市场的重大举措。充分体现了我国支持多边贸易体制、发展自由贸易的一贯立场，明确释放了反对保护主义、建设和维护开放型世界经济的积极信号。六年来，进博会的成功实践向世界证明了开放是人类文明进步的重要动力，是世界繁荣发展的必由之路，唯有开放才能为全球发展带来新的光明前程。

案例 9

看福建如何下好数字经济发展先手棋

核心阅读

2000 年，福建在全国率先启动“数字福建”建设，不仅深刻影响了福建的发展，更成为数字中国建设的探索源头。时任福建省省长的习近平亲自担任建设工作领导小组组长，高起点谋划，高质量推进，不断汇聚振兴发展的磅礴力量。20 多年来，福建省坚持一张蓝图绘到底，持续以“数字+”激活各方面的创新和转型，不仅为当地高质量发展持续注入新动能，也让群众切实享受到数字化带来的“红利”。20 多年来，福建向“新”提质，不断催生新产业、新业态和新模式，数字经济建设取得了长足进展，数字政府服务指数全国第一，多项数字应用全国首创，已成为国家数字经济创新发展试验区。2024 年，福建省数字经济增加值突破 3.2 万亿元，对 GDP 贡献率超 55%。在数字经济的带动下，福建省地区近十年生产总值连跨 3 个万亿元台阶，居民人均可支配收入连跨 3 个万元台阶。福建在数字经济新“赛道”上跑出了“加速度”，为数字中国贡献了越来越多实践和经验。

从数字经济的“敲门人”到“引领者”

20 年多前，人们尚不知晓数字经济为何物，时任福建省省长的习近平高瞻远瞩，提出建设“数字福建”的宏伟蓝图。他亲自担任建设工作领导小组组长，明确攻占数字化、信息化战略制高点的建设目标，作出了加强顶层设计、资源整合、科技创新、数据共享、数据安全等一系列战略部署。20 多年来，从技术创新到广泛应用，覆盖福建省数字经济关键核心领域的多项政策叠加效应持续释放。

2022 年 8 月发布的《福建省数字经济发展指数评价报告（2022 年）》显示：全省数字经济发展指数达 73.4，数字经济规模超 2.3 万亿元，占全省 GDP 比重 47.6%；2024 年 1 月公布的福建省人民政府工作报告显示，2023 年度，福建省数字经济增加值达 2.9 万亿元，占据福建省 GDP 总值的 50%以上。2024 年 4 月 30 日福建印发《2024 年数字福建工作要点》，明确新培育 5 个左右省级数字经济核心产业集聚区，要力争数字经济规模突破 3.2 万亿元。2024 年福建省数字经济增加值达 3.2 万亿元，占 GDP 比重超 55%。这些实实在在的数据为福建成为数字应用第一省和中国数字经济引领者增添了坚实的底气。

排头兵的示范作用对我国数字经济发展的引领效应十分明显。截至 2023 年底，有 20 多个省份成立了专门的数据交易机构。数据产量快速增长。2023 年，全国数据生产总量达 32.85ZB（1 个 ZB 约等于 10 万亿亿字节），同比增长 22.44%。数字经济规模由 2012 年的 11.2 万亿元增长至 2023 年的 53.9 万亿元，11 年间规模扩张了 3.8 倍。数字经济已经成为经济发展中创新最活跃、增长速度最快、影响最广泛的领域，对培育发展新质生产力、提升产业链供应链韧性具有强大支撑作用。

乘数字中国建设峰会之东风而起

自 2018 年开始，每年在福州召开的数字中国建设峰会，成为我国信息化发展政策的发布平台、数字中国建设最新成果的展示平台、电子政务和数字经济理论经验和实践的交流平台、汇聚全球力量推动数字中国建设的重要合作平台。

2024 年 5 月 24 日至 25 日，第七届数字中国建设峰会在福建福州拉开帷幕。本次峰会聚焦“释放数据要素价值，发展新质生产力”主题，是国家数据工作体系优化调整后首次举办的数字中国建设峰会。一系列创新成果与应用集中亮相，展现出数字经济的活力。自 2018 年首届峰会以来，已有超 1 800 家单位参展，促成近 2 600 项数字经济项目签约落地，一大批数字经济领域的头部企业、专精特新企业纷纷在福州落地布局。

福州市作为数字峰会的东道主，早已乘此东风而起，在这个百舸争流的数字时代抢占一席之地。自首届峰会举办以来，福州市共签约数字经济重点项目 796 个，总投资额 7 026亿元。在一批又一批招商签约项目的带动下，福州市数字经济规模已经从 2018 年的 2 800亿元，增长到2023 年的超 7 100 亿元，占 GDP 比重从 36%提高到超 55%，5 年增长了 153.6%，年均增速 20.7%，规模和增速居全省第一。

以数字经济为引擎优化产业结构

成为数字经济的引领者，福建的底气很大一部分源于数字产业化持续提速以及产业数字化不断升级。“十三五”以来，福建深入实施工业互联网“十百千万”工程，强力推动制造业数字化、网络化、智能化转型升级，形成一批优势特色平台和数字化集成服务商，全省通过国家两化融合管理体系贯标的企业达 2 000 多家，位居全国第二，上云企业数超过 4.7 万家。

“白海豚 1 号”是一艘由宁德时代新能源科技股份有限公司研发的智能渔业辅助船，2022 年 1 月下海首航，配备纯电动“心脏”，与传统柴油船舶相比，“白海豚 1 号”能耗降低一半以上。“白海豚 1 号”动力电池来自宁德时代。2021 年，这家全球新能源动力电池龙头企业，不仅出货量持续稳居全球第一，还不断扩展新能源动力电池应用“版图”，宁德锂电新能源产业集群已迈入千亿级规模。

在龙头企业的引领下，福建做大做强做优制造业，不断筑牢现代化经济体系基础。数据显示，2023 年福建省工业战略性新兴产业产值占规模以上工业产值比重 28.3%、提高 3.4 个百分点；全省战略性新兴产业百强企业营业收入总额为 5 063.1 亿元，同比增长 35.5%。

截至 2024 年 8 月，福建已培育 5 个国家级、34 个省级工业互联网平台和 301 个省级数字化转型标杆企业，关键业务环节全面数字化企业占比居全国前列。

福建不仅将数字经济作为新的增长点，而且将其作为改造提升传统产业的支点。2022年初，辽宁省大连市金普新区无人驾驶测试路段，驶入了首批无人驾驶公交车。这款由厦门金龙联合汽车工业有限公司研发的智能公交车，搭载了毫米波雷达等先进感知系统，定位精度达厘米级，可以自动行驶跟车、智能进站出站、避让车辆行人等。作为无人驾驶领域领跑者，金龙汽车生产的智慧车辆已遍布30多个城市，服务乘客超过14万人次。

以政产学研深度融合为科技创新续动力

大院大所大实验室扎堆落户助力创新，亦是福建在数字经济赛道上大展拳脚的底气所在。近年来，福建加快推进福建光电信息科学与技术创新实验室、中科院海西研究院、数字中国研究院（福建）等产学研创新平台建设，推动清华—福州数据技术研究院、百度人工智能实验室、福州物联网开放实验室等重点产业创新服务平台建设。围绕产业链布局创新链，福建大力推动政产学研深度融合。

在福州高新区的闽都创新实验室，量子云码专利发明人程烨展示着一片具有“隐形身份证”的特殊玻璃，“这是福耀集团生产的汽车前挡风玻璃，玻璃右上角隐约闪现的黑点，就是量子云码。”程烨说，“与传统的条形码、二维码相比，量子云码单个码点直径仅30微米，却可生成不可篡改的纹理图像，赋予每个产品独特的身份标识，在玻璃破碎、损失90%以上面积的情况下，依然可以进行信息识别，可应用于商品防伪、食品追溯等领域。”

程烨曾一度为产品应用发愁，如何将量子云码喷涂到实际商品上？

2021年9月，在高新区帮助下，程烨与闽都创新实验室合作，依托实验室化学材料领域的技术优势，不到一年便成功实现在玻璃、陶瓷等材料上赋码。如今，量子云码技术已服务于福耀玻璃、九牧卫浴、中粮集团等500多家企业。

在福建，科技创新并非发生在科研院所，专精特新企业也是科技创新的主力军。单2021年，福建就新增国家级专精特新“小巨人”企业104家，累计达221家；新增国家制造业单项冠军产品企业10家，累计达37家。

“便利福建”让人民共享数字化红利

打造能办事、快办事、办成事的“便利福建”，是“数字福建”建设追求的目标之一。

新冠疫情期间，覆盖全省中小学的教育“班班通”，为“停课不停学”提供保障；在医疗领域，远程医疗覆盖多数基层医疗卫生机构，帮助患者实现“隔空”就诊……“数字福建”建设释放的红利深刻改变群众生活。此外，交通出行、医疗卫生、住房保障等数百项政务服务已实现掌上“一键办理”。近年来，通过推进“12345”便民服务平台、闽政通App等系统应用建设，福建省已构建起省、市、县、乡、村多级联动的网上政务服务体系，97%的行政审批和服务事项都可以在网上办理。

近年来，福建省充分发挥作为数字中国建设思想源头和实践起点的优势，还创新开展“数据最多采一次”“无证明省份”建设，推动在更多领域更大范围实现“高效办成一件事”，最大限度利企便民。截至2024年9月，全省已推出1 800多个“一件事”集成服务事项，精简申请材料53%，减少跑动次数75%，压缩办理时限62%，审批服务事项“一趟不用跑”和“最多跑一趟”占比达98%。一体化政务服务能力连续两年位列全国第一梯队，“一件事”改革成效获全国推广。

“鼠标一点，就能看到全省的数据”，福建电子政务持续走在全国先进行列；坚持“让数字贴近社会、贴近群众、贴近生活”，老百姓“一部手机走遍福建”正成为现实。

思考讨论

1. 福建省是如何取得如此耀眼的硕果，一步步走向中国数字经济引领者的？

2. 为什么说数字经济既是新的经济增长点，又是改造提升传统产业的重要依托？结合本案例举例说明。

3. 福建数字经济建设对数字中国建设有哪些启示意义？

教学建议

本案例主要适用于第六章第四节“建设现代化经济体系”部分的辅助教学。案例主要展示了福建省乘着数字中国建设峰会的东风，大力发展数字经济，并以数字化驱动各方面改革创新，持续优化产业结构，推动政产学研深度融合，加速推进现代化经济体系建设。

组织教学建议

第一，要通过本案例引导学生把握数字经济的内涵，了解其在建设现代化经济体系中的重要支撑作用。数字经济是继农业经济、工业经济之后的主要经济形态，是以数据资源为关键要素，以现代信息网络为主要载体，以信息通信技术融合应用、全要素数字化转型为重要推动力，促进公平与效率更加统一的新经济形态。数字经济不仅是新的经济增长点，而且是传统制造业转型升级的支撑力量，是我国建设现代化经济体系的重要引擎。在这里，需要注意引导学生从产业数字化、数字产业化中把握发展数字经济的重大意义。授课教师可以围绕数字峰会的召开，启发学生一步一步认识数字福建对数字中国建设的意义。

第二，要引导学生认识和把握从数字福建到数字中国建设的时代背景，特别是科学技术发展的背景。20多年来，数字福建的建设伴随着从互联网、计算机刚刚普及到如今移动互联网、人工智能、大数据、物联网等高新技术的强势崛起。正是因为对新一轮科技革命发展趋势及其对社会生活影响的正确研判，习近平总书记提出了建设数字福建这一充满战略眼光的战略规划，自此，福建大规模推进信息化建设，在电子政务、数字经济、社会体验、智慧生活等方面率先探索，并开启了从数字福建到数字中国建设的征程，叩开了以数字经济为引领的高质量发展之门。

第三，在导入环节，授课教师可对相关理论知识做一定铺垫，并简要介绍从数字福建到数字中国建设的发展路径，使学生快速进入案例情境。主要引导学生从逻辑与历史相统一的视角把握数字福建的建设历程及其对数字中国建设的奠基性意义。也可以以宁德时代、福耀玻璃等耳熟能详的科技龙头企业为切入点，通过对话的方式和学生一起盘点数字福建建设以来的成就，启发和引导学生主动查阅资料，组织内容和语言，以潜移默化的方式将其带入案例语境中，进而达到案例视域、学生视域和教师视域的快速融合。

第四，在组织讨论环节，可以从学生切身的生活学习出发，总结梳理数字经济的发展给我国整个经济体系和社会生活带来的变化，以使其认识到大力发展数字经济的重要性和必要性。今天的中国，不仅仅是福建，全国大部分地方都已实现工作、生活和服务的数字化，人们能够切实感受到数字中国建设给生活带来的便利与美好，公共服务的网上办理、疫情期间的网络授课以及招标采购效率的全面提升等等，无不得益于数字化、信息化发展带来的社会红利。

第五，要引导学生思考数字福建发展之路所带来的启示，以及在新一轮科技革命来临时下好数字经济发展先手棋的意义。20 多年来，数字福建作为国家试点工程，结出累累硕果，而“福建样本”为数字中国战略的推进起到了很好的示范作用，使数字化、信息化改革在神州大地宏阔铺展，要使学生从国家战略的高度把握本案例，并启发其思考未来我国数字化发展如何提质升级。

■ 总结提升建议

第一，数字化是新的时代特征，数字化转型是实现实体经济提质增效的主要抓手，坚持内生式创新是数字经济高质量发展的核心动力。数字化、信息化、智能化转型乃是大势所趋，是生产力发展的必然结果。制造业和农业等生产领域的数字化转型能够在很大程度上提升全链条资源配置效率，数字化消费不断向新领域延伸不仅催生了新消费形态，而且变革着整个社会的消费格局。数字技术和数字应用已然改变了人们的生产方式、生活方式以及经济社会发展模式，而想要在数字化浪潮中脱颖而出，就必须坚持内生创新这一续航力。福建在其数字经济发展过程中，乘着数字峰会的东风，不仅引进了一大批数字经济龙头企业，打造了一大批数字经济特色产业集聚区，依靠这些项目实现了本地数字经济的跨越式发展，而且将建设成果向外辐射。数字峰会所展示的成果以及签约的项目对我国的制造业数字化转型、工业互联网平台建设以及在线教育、远程办公、在线医疗等新业态发展都起到极其重要的推动作用。“白海豚 1 号”、无人驾驶汽车、量子云码……都是数字福建建设过程所取得的科技创新成果，如今已被应用到多个领域。福建一直坚持自主创新，不仅攻克了很多诸如电子胶粘剂等长期依赖进口的“卡脖子”技术，而且已经形成以电子信息制造业为基础，以软件和信息技术服务业、通信服务业为增长点，以移动互联网、大数据、物联网、人工智能等应用产业为支撑的数字经济发展格局。“福建样本”成为中国数字经济高质量发展的重要参照。

第二，推动数字经济创新发展，必须加强规划引领、顶层设计和全面布局。信息化建设不是一个单向的活动，而是一项复杂的系统工程，创新链、产业链、资金链、政策链相互交织、相互支撑，因此，必须全面部署，并坚定不移推进。科技创新、制度创新要协同发挥作用，两个轮子一起转。在本案例中，时任福建省省长习近平亲自担任建设工作领导小组组长，定下数字化、网络化、可视化和智能化的数字福建建设目标，同时作出一系列相关战略部署。从那时起，福建就开始建设统一的政务网络、信息交换体系和信息安全体系等基础支撑平台，如今的福建已构建了覆盖全省市县乡村五级、统一架构、多级协同联动的一体化网上政务服务平台。在产业转型发展方面，福建坚持将基础性产业发展与特色产业打造并行，特别是率先布局引领性产业，与此同时，积极研究制定具有创新性的综合政策以及聚焦具体产业的专项政策。正是这些前瞻性的、全方位的数字经济发展布局，使得今天的数字福建取得举世瞩目的成就。

第三，要以新质生产力赋能数字经济创新发展，充分发挥企业创新主体作用，推动政产学研深度融合。新质生产力以高科技、高效能、高质量为主要特征，强调原创性、颠覆性科技创新。企业不仅是科技和经济紧密结合的重要力量，更是技术创新、研发投入、科研组织、成果转化的主体，因而，发展数字经济必须突出企业的创新主体作用，以切实的政策支持和鼓励企业技术创新，强化企业创新倒逼机制，推动企业与科研院所在技术创新及成果转化上的合作，引导企业加快发展研发力量。福建一直坚持围绕产业链布局创新链，推动政产学研深度融合，创新成果覆盖光电信息、能源材料、化学工程、能源器件等战略性新兴产业领域。在本案例中，量子云码的发明者程烨曾一度为如何将量子云码喷涂到实际商品上而发愁，在高新区政府的牵线搭桥和帮助下，程烨与闽都创新实验室合作，依托实验室在化学材料领域的技术优势，不到一年便成功实现在玻璃、陶瓷等材料上赋码，现已服务于福耀玻璃、九牧卫浴、中粮集团等龙头企业。在数字福建建设过程中，像量子云码产业化的案例还有很多，它们的成功得益于优渥的创新创业环境、政产学研的深度融合。

第四，发展数字经济必须始终坚持以人民为中心的宗旨，让人民群众充分享受信息化带来的获得感、幸福感。科技创新、发展数字经济的根本目的是造福社会、造福人民。数字信息技术崛起使社会生产力全面提升，人民生活质量也得到大幅度提高，与此同时，我国社会仍然存在着人民日益增长的美好生活需要和不平衡不充分的发展之间的主要矛盾，而这一矛盾在数字红利释放的过程中体现得尤为明显。在数字中国建设实践的推进过程中，如何进一步提升公共服务均等化、普惠化、便捷化水平，不断提升人民群众的安全感、获得感和幸福感，让数字技术持续赋能人民的美好生活，是需要重点关注和解决的现实问题。一直以来，数字福建建设以改善人民生活质量为目标，全面打通数据连接，实现数据共享，不断加快政府治理和公共服务的数字化转型。疫情期间的线上教学、线上就诊、交通出行、住房保障等数百项政务服务的“一键办理”，“12345”便民服务平台和闽政通 App 等系统的应用，都使人民群众切身感受到数字化、信息化发展带来的便利便捷，有了更多更实在的获得感与幸福感。

案例启示

在推进中国式现代化的征程上，只有把握时代脉搏，顺应时代潮流，在先行先试中抢占未来发展制高点，率先布局，下好先手棋，才能在经济高质量发展中赢得历史主动。新一轮科技革命与产业革命为社会经济的跨越式发展带来了契机，在机遇面前，谁能够精准把握大势，从整体性、全局性、前瞻性的战略思维出发，提前布局，科学规划，谋定而后动，谁便能在数字经济发展的道路上抢占先机。无论是数字经济的先行者还是后来者，都需具备这样的战略眼光，顺应新兴科技与社会发展的总趋势，抓住机遇，让数字技术和信息技术释放更多社会红利，为数字经济高质量发展持续赋能。

案例 10

四川：在数字经济的赛道上蹄疾步稳

核心阅读

作为 6 个国家数字经济创新发展试验区之一，四川从国家发展数字经济全局出发，紧紧抓住新一轮科技革命和产业革命带来的发展机遇，切实落实探路重任，不断夯实数字经济基础设施，通过数字化全面激发经济发展新动能，使其数字经济创新试验成效不断显现。2020 年，四川数字经济规模已超过 1.6 万亿元。2022 年 2 月，“东数西算”工程正式全面启动，编织着一张高效率的“算力网”。2022 年，四川省数字经济核心产业增加值达 4 324.1 亿元，同比增长 6.5%，数字经济核心产业增加值占全省的比重为 6%；2023 年，四川省数字经济核心产业实现增加值 4 899.07 亿元，占 GDP 比重提升至 8.1%，让人们惊喜地看到这个内陆省份换道超车的活力与潜力。四川立足基础优势，不断加快促进数字经济与实体经济深度融合，加强数字基础设施建设，以数字化完善社会治理体系，使数字经济新高地在川蜀大地上雄起。

眼下的巴蜀大地，生机盎然

四川成都川菜产业园内，智能阳光晒场整齐地排列着郫县豆瓣发酵池，郫县豆瓣酱是很多人餐桌上不可缺少的调味品。数字化、智能化的发展，让郫县豆瓣晒场温度、湿度、含氧量等实现了实时自动监控，智能生产线上理瓶、洗瓶、灌装、旋盖、贴标等一气呵成。

郫县豆瓣，被称为“川菜之魂”，乃是传承 300 多年的国家级非物质文化遗产。数字技术的赋能，使其拥有了更稳定的品质和更高效的产能。

数字技术对四川经济的革命性影响可不仅局限于郫县豆瓣的加工。2022 年，四川省数字经济核心产业增加值达 4 324.1 亿元，同比增长 6.5%，数字经济核心产业增加值占全省的比重为 6%。数字经济已然开启川蜀经济雄起之路。

夯实数字经济基础设施

“将目前气象预测网格的空间分辨率从 9×9 公里提升到 1×1 公里，频率从每 6 小时一报缩短到每 1 小时一报。”2021 年，成都超算中心与成都气象部门达成合作，成都超算中心提供的超强算力，极大提升了天气预报的准确性和及时性。

无论是气象预报、航空航天、宇宙演化模拟，还是自动驾驶、精准医疗，抑或动漫渲染、影视制作，超级计算机已潜移默化地融入百姓生活的方方面面，即时即地为百姓提供优质服务。

成都超算中心是西部第一家建成投运的国家级超算中心，其最高运算速度可达 10 亿亿次/秒，它的建成将加速人工智能、大数据分析、大数据处理产业聚集。超算中心相当于科学家手中的算盘，有了超算中心，科学家和科创企业就会随之而来。成都超算中心相关负责人表示，截至 2023 年 3 月，中心已和 900 多个用户建立合作，涵盖基础科学、人工智能、城市治理等 30 余个领域，累计完成了超 3 500 万个作业数。

在一段时间内，我国东西部地区存在着数字新型基础设施布局不平衡的问题。东部地区数据资源丰富，但能用于新建算力基础设施的资源相对紧张。国家通过“东数西算”工程建设，把东部的数据传输到西部存储、计算，改善东西部新型基础设施不平衡的布局。

完善新型基础设施，是《国家数字经济创新发展试验区实施方案》赋予四川的重要试验任务。四川从数字经济发展需求出发，在加强既有基础设施建设的基础上，不断开发完善新型基础设施，给新技术、新模式、新形态提供落地生长的基座，拓展数字经济发展的空间。

云锦天府大数据中心、川西大数据产业园、长江上游区域大数据中心等一批超大规模大数据中心建成，全国一体化大数据中心国家枢纽节点已落地，四川初步构建起全国领先的先进数算中心体系，将成为我国“东数西算”工程的重要支撑。

四川率先将卫星互联网纳入新基建范围，省内国星宇航公司已成为商业卫星互联网领头羊，“星河”智能卫星互联网工程进展顺利，成功研制并发射 9 颗 AI 卫星，全球首颗 6G 试验卫星“电子科技大学号”成功发射，开启了太赫兹通信在空间应用场景下的全球首次技术验证。

产业融合激发经济新动能

四川将数字经济作为变道超车的产业支撑，已经形成明显优势。那么，地处西部内陆地区的四川有何底气？四川拥有坚实的产业基础和雄厚的人才队伍，大力发展数字经济是缩小与东部地区差距的最优选择。

早在“一五”时期，成都就被列为全国重点建设的 3 个电子工业基地之一；“三线建设”时期，国家又在四川布局了很多重要的电子信息企业。后来，成都大力发展 IT 产业，成为我国软件名城。经过多年的积累与完善，四川在集成电路、光电显示、网络通信、软件服务和信息安全等领域形成比较完整的产业体系。

2018 年，中共四川省委十一届三次全会提出构建“5＋1”现代产业体系。其中，“5”指的是电子信息、装备制造、食品饮料、先进材料、能源化工等 5 个万亿元级传统优势产业，而“1”指的就是数字经济。

2021 年初，四川印发《国家数字经济创新发展试验区（四川）建设工作方案》，对试验区建设工作进行全面部署安排，将探索数字产业集聚发展模式，全力打造具有全球竞争力的世界级电子信息产业集群。

数字产业已在四川呈集聚加速发展之势，“芯屏端软智网”产业集聚集群效应凸显。天府新区聚焦新技术、新基建、新场景，以海康威视、中科曙光、商汤科技等数字经济龙头企业为引领，加快发展数字经济产业，吸引各细分行业创新企业 3 000 余家集聚。

2022 年，四川高新技术产业实现营业收入 2.6 万亿元、同比增长 11.8%，规模以上科技信息服务业实现营业收入 4 645 亿元，同比增长 11.7%。

四川作为试验区的另一个重要试点任务，就是以智能化应用为重点，促进互联网、大数据、人工智能和实体经济深度融合。四川积极发展数字经济，着力点也在于发挥“1”的撬动作用，推动数字经济与实体经济融合发展，形成新的经济优势。

在成都、德阳、绵阳、宜宾、攀枝花等城市，聚集着众多传统工业企业，“数字+”进一步挖掘出传统工业企业的增长潜力。即使自动化程度比较低的农业生产，也借由数字经济的东风，焕然一新。

在装备制造重镇德阳，装备制造业数字化研发设计工具普及率已达 40%。东方电机数字化车间每年可为企业带来约 1.5 亿元的直接经济效益，成为行业智能制造数字化车间建设的示范引领工程。

四川以数字技术赋能制造业，推动智能制造单元、智能产线、智能车间建设，提升生产效率、产品质量和安全水平。截至 2022 年 3 月，四川制造业关键工序数控化率达 54.6%，数字化研发设计工具普及率达 80.9%。

在国家数字乡村试点县大邑县，“天空地”一体化的水稻生产物联网测控系统、水稻生产过程管理系统、精细管理及公共服务系统，精准监控土壤墒情、作物苗情、病虫害情、自然灾情等信息，让农户的成本降低 20%～30%，管理效率提高 40%～50%。

四川省组织龙头企业、重点企业参加国家数字化转型伙伴行动倡议，推动全省 173 家组织机构提出 300 余条具体举措，积极支持中小企业数字化转型。

《四川省“十四五”数字经济规划》提出，到 2025 年，全省数字经济总量超 3 万亿元，占 GDP 比重达到 43%，建成具有全国影响力的数字经济科技创新中心和数字化转型赋能引领区，高水平建成国家数字经济创新发展试验区，初步建成全国数字经济发展新高地，形成富有活力、创造力的数字经济新生态和数字经济引领经济高质量发展的新格局。

2022 年 6 月，习近平总书记赴四川考察，他强调，要深入贯彻新发展理念，主动融入新发展格局，推动治蜀兴川再上新台阶，在全面建设社会主义现代化国家新征程上奋力谱写四川发展新篇章。

截至 2024 年 5 月，四川已聚集 1 100 余家人工智能企业，27 所高校已开设人工智能本科专业。在服务器、传感器及终端、机器人、无人机、工业母机等四川优势产业领域，一批人工智能产业攻关项目也已全面启动。

数字赋能公共服务体系

打开天府通办 App，立刻映入眼帘的是“百姓大小事，天府通通办”的标语。天府通办是四川政务服务的品牌，是全省政务服务全域可办、一网通办、一次办成的先行平台。医疗健康、公积金、司法服务、交通出行等近 200 个高频便民服务只要轻轻一点，都可立刻办理。天府通办已累计注册用户超过 2 960 万，办理政务服务事项超 2.5 亿件，群众满意率达 99%。

四川不断深化政务数据高水平共享交换、公共数据开放利用和政企数据互通共享试点，以线上倒逼线下业务改革，实现依申请类事项 98.9%“网上可办”、99.9%“最多跑一次”、62.7%“全程网办”、92.97%政务服务事项“一窗办”，承诺时限较法定时限压减 68.9%。

四川已逐步形成以省一体化平台为枢纽，覆盖 49 个省直部门、贯通省市县乡村五级 4.47 万个站点的网上政务服务体系，1 451 个政务服务事项在全省范围内“无差别受理、同标准办理”。

四川多个城市以数据赋能理念建设智慧治理中心，将之打造成城市管理大脑、应急指挥中枢、社会诉求总客服、社会治理总平台。通过融合政府、企业和社会数据，“城市大脑”越来越聪明，除了政务服务，疫情防控、防灾应急、交通疏导等都有了有力支撑，服务群众能力和社会治理效能显著提高。

2021 年以来，成都依托大数据分析，实施城市通勤效率提升工程，中心城区建成区的平均通勤时间由 39 分钟缩短至 35 分钟，同时通过针对性的通勤场景营造植入，市民在回家的路上就能解决超过 80%的日常生活和社交需求。

思考讨论

1. 四川为何将数字经济作为其变道超车的产业支撑？四川在这一过程中都推行了哪些举措？

2. 为什么要构建“东数西算”工程？这对于我国数字经济乃至新发展格局的构建有着怎样的意义？

3. 与过去政务服务相比，智慧政务的优势体现在哪些方面？请结合本案例谈谈数字赋能公共服务体系的意义。

教学建议

本案例主要适用于第六章第四节“建设现代化经济体系”部分的辅助教学。本案例主要展示的是，作为 6 个国家数字经济创新发展试验区之一的四川以数字经济为变道超车的产业支撑，通过体制机制、政策标准和治理模式的不断创新，在川蜀大地打造数字经济创新高地的过程。

组织教学建议

第一，要通过本案例使学生了解发展数字经济给四川产业格局和社会生活带来的变化。在导入环节，可以使学生们谈谈自己印象中的四川，特别是四川的经济发展状况。以讨论和对话的方式让学生比较四川启动数字经济创新前后的变化，进而使其深刻认识到，发展数字经济不仅是顺应新一轮科技革命的大势，更是从根本上提升了社会生产力水平和人民的生活质量。

第二，注意引导学生理解和把握四川加快发展数字经济的原因。从外因方面，要使学生准确把握我国数字经济产生和发展的时代背景，特别是科技背景，基于历史唯物主义的视角，使其认识到发展数字经济是适应生产力发展的必然选择；从内因方面，启发学生从地理位置、人才队伍、产业布局等多个维度归纳和总结四川在数字化转型过程中的优势和劣势，引导学生深入思考四川发展数字经济的内生动能是什么。

第三，引导学生把握我国“东数西算”工程建设的意义。为了使学生更好地理解该问题，可以将教学内容进行适当的拓展，向学生简要介绍一下我国数字经济的发展状况和整体布局，重点强调东部沿海地区和西南地区数字经济在发展条件、侧重点和发展水平上的差异。在组织讨论环节，可以抛出为什么我国要建设类似于“西气东输”的“东数西算”工程，以层层深入的方式使学生把握我国发展数字经济的整体思路和布局。

第四，引导学生把握数字赋能公共服务的真正意义。首先，授课教师可以在四川数字赋能政务服务改革案例的基础上，让学生们结合自身经历举例谈谈近几年公共服务数字化给自己的学习生活带来的变化，让学生以自身切实感受理解智慧治理给人民社会生活带来的高效与便利；其次，也要引导其看到政务服务数字化以来存在的不足，并尝试提出解决方案和优化路径；最后，要通过本案例帮助学生树立正确的价值观，即数字经济发展必须坚持以人民为中心，无论是产业的数字化转型还是公共服务的数字赋能，根本目的都是为服务人民，满足人民对美好生活的需要。

总结提升建议

第一，加快发展数字经济是适应新质生产力发展需要的必然选择。新质生产力是创新起主导作用，摆脱传统经济增长方式、生产力发展路径，具有高科技、高效能、高质量特征，符合新发展理念的先进生产力质态。它由技术革命性突破、生产要素创新性配置、产业深度转型升级而催生。移动互联网、大数据、云计算、物联网、人工智能等高新技术的蓬勃发展和广泛应用，从根本上改变了社会生产与生活方式，在一定程度上使得世界经济格局重新洗牌，能否抓住新一轮科技革命带来的发展机遇是关乎实现中华民族伟大复兴的大事。数字经济发展速度之快、辐射范围之广、影响程度之深前所未有，正推动生产方式、生活方式和治理方式深刻变革，成为重组全球要素资源、重塑全球经济结构、改变全球竞争格局的关键力量。“十四五”时期，我国数字经济转向深化应用、规范发展、普惠共享的新阶段。在本案例中，四川正是抓住新一轮科技与产业革命的重要机遇，将自身的转型发展和变道超车融入国家发展数字经济的总体战略之中。作为6个国家数字经济创新发展试验区之一，四川从多个维度肩负起探路数字经济转型的责任，并在数字经济创新试验中成果颇丰。从数字技术赋能郫县豆瓣提升产能到成都超算中心将人工智能、大数据分析和处理产业聚集，再到“东数西算”工程的建设实施，都展现了四川发展数字经济的战略部署和创新实践。

第二，基础设施是经济社会发展的重要支撑，发展数字经济必须夯实基础设施根基，以数字化激活经济发展新动能。谋求数字经济高质量发展的前提是夯实数字经济发展根基，而根基除了关键核心技术以外，还包括数字信息基础设施。因而，在发展数字经济的过程中，应重点完善智能化综合性数字信息基础设施，构建算力、算法、数据、应用资源协同的全国一体化大数据中心体系，建设全国一体化算力网络国家枢纽节点，全面发展智能高效的融合基础设施，从而进一步打通经济社会发展的信息“大动脉”，夯实数字经济发展的物质基础和技术支撑。在本案例中，四川紧跟国家大政方针，从数字经济发展总需求出发，在不断加强已有基础设施建设的基础上，不断开发完善新型基础设施，为新技术、新模式、新形态打造落地发展的基座，拓展数字经济发展的空间，为国家“东数西算”工程建设夯实基础。产业数字化和数字产业化是构建数字经济产业集群的关键性内容，也是推动数字经济高质量发展的内生动能。在本案例中，四川通过积极探索数字产业集聚发展模式，实现产业融合为经济发展源源不断地注入活力。数字产业已在四川呈集聚加速发展之势。与此同时，四川以智能化应用为重点，大力推进互联网、大数据、人工智能和实体经济深度融合，通过推动数字经济与实体经济融合发展，形成新的经济优势。

第三，发展数字经济，建设现代化产业体系，既要从全局出发，又要因地制宜。发展数字经济不仅是一个长期的战略任务，更是一项全局性的、复杂的系统工程。从我国数字经济发展全局来看，我国在较长一段时期内存在东西部地区数字新型基础设施布局不平衡的问题。东部地区数据资源丰富，但能用于新建算力基础设施的资源却比较紧张。推动“东数西算”工程建设，把东部的数据传输到西部存储、计算，能够有效改善东西部新型基础设施不平衡的布局。那么为什么四川适合呢？四川经济虽与东部地区有一定差距，但其拥有坚实的产业基础和雄厚的人才队伍，这就是四川通过发展数字经济实现变道超车的优势。作为国家数字经济创新发展试验区的四川交出了满意的答卷，以实践验证了我国数字经济发展战略布局的科学性与正确性，同时也说明了发展数字经济必须因地制宜，必须基于不同地区的发展优势和不足选择赛道。

第四，加强数字化公共服务的普惠性，使数字技术更好地为人民服务。发展数字经济的重要目标之一就是满足人民的美好生活需要，因此，应当使数字基础设施广泛融入生产生活，对政务服务、公共服务、民生保障、社会治理的支撑作用进一步凸显，电子政务服务水平进一步提升，网络化、数字化、智慧化的利企便民服务体系不断完善，数字鸿沟加速弥合。在本案例中，四川通过一系列切实的举措实现数字赋能公共服务，以规范服务事项和优化服务流程，天府通办 App 的普及、“城市大脑”的有序运行等，都为人民群众的工作、出行、生活带来实实在在的便利，进而提升了政府的执行力和公信力。发展数字经济并不仅仅是为了经济的高速增长，而是要使人民真正享受到数字红利，使科技更好地服务社会。

■ 案例启示

经济发展的模式、速度和格局都不是一成不变的，只要选对了方向和道路，变道超车并非不可实现。数字经济正在成为新一轮国际竞争的重点领域。在新一轮科技革命和产业革命到来之际，与国家经济发展方略保持高度一致，充分利用自身的发展优势，抓住机遇，便能够化被动为主动、化劣势为优势，从后进者变为领跑者。四川正是立足于数字经济发展机遇，准确把握经济高速增长的着力点，夯实数字新型基础设施，促进数字技术与实体经济、公共服务的深度融合，才能将数字经济做优做大做强，使之雄起川蜀大地，实现经济发展的变道超车。

案例 11

辽宁：夯基蓄能　向“新”而行奔振兴

核心阅读

辽宁地处中国东北地区的南部，作为老工业基地，有着“共和国长子”的美誉，是整个东北的领航者。党的十八大以来，习近平总书记已先后三次来辽宁考察调研，两次参加全国两会辽宁代表团审议，对新时代东北、辽宁振兴发展作出全面部署。2018 年 9 月，习近平总书记在考察东北三省时明确指出，新时代东北振兴，是全面振兴、全方位振兴；2022 年 8 月，习近平总书记来辽宁考察，为东北振兴再启新篇领航指向。同年 10 月，总书记在党的二十大报告中进一步提出“推动东北全面振兴取得新突破”的发展要求。牢记总书记殷殷嘱托，辽宁以滚石上山、爬坡过坎的勇气部署全面振兴新突破三年行动，奋力谱写新时代东北全面振兴、全方位振兴的辽宁篇章。2023 年，辽宁地区生产总值增长 5.3%，十年来首次超过全国增速，经济总量站上 3 万亿元台阶。2024 年，辽宁地区生产总值 32 612.7 亿元，同比增长 5.1%，新质生产力发展呈现出更强的韧性、活力和创造力。

2024 年初春时节，乍暖还寒，项目建设的热潮已在辽沈大地涌动。在位于盘锦辽滨沿海经济技术开发区的华锦阿美精细化工及原料工程项目施工现场，1 500 余名建设者正争分夺秒施工；在大连长兴岛恒力新材料科创园建设现场，2 万余名施工人员加紧作业……火热的场景，折射的是辽宁聚力高质量发展，加快推动新旧动能转换、培育发展新质生产力的生动实践。

党的十八大以来，习近平总书记高度关注东北、辽宁振兴发展，先后三次来辽宁考察调研，对新时代东北、辽宁振兴发展作出全面部署。牢记总书记的殷殷嘱托，辽宁以滚石上山、爬坡过坎的勇气推进振兴发展，营商环境加快改善，结构调整稳步推进，具有辽宁特色的现代化产业体系初步建立，在发展新质生产力上奋勇争先，谱写出新时代东北全面振兴、全方位振兴的辽宁篇章。

下好优化营商环境的“先手棋”

“投资不过山海关”，曾经犹如一把达摩克利斯之剑，威胁着东北、辽宁经济的可持续发展。近年来，辽宁直面营商痛点，在优化营商环境上下大功夫。

为让“办事不找关系”成常态、见实效，辽宁积极开展“办事不找关系”改革，组织编制《办事不找关系指南》，共核定全省高频热点权力事项 47.3 万项，核定违规禁办事项近 12.5 万项、违规禁办情形 27.8 万种，被国办作为政务服务效能提升典型经验和有效制度机制在全国推广。

为推动“一件事一次办”改革，辽宁围绕企业从设立到注销、个人从出生到身后两个全生命周期，选定 35 个高频事项推行“一件事一次办”。截至 2024 年 3 月，全省 35 个“一件事”已完成统一标准建设并在各地区上线运行，累计办理 190 余万件，企业、群众获得感持续增强。

一流的政务服务是良好营商环境的关键。2023 年以来，辽宁大力推进政务服务“一网通办”。全省一体化政务服务平台提供 12 万项“网上办”服务，累计办理 3.1 亿件。“辽事通”手机 App 提供医保、社保、公积金等 3 384 项服务，月活 200 多万人次，推动政务服务“从办事看脸面到办事看界面”转变。

创造性开展“12345 热线＋网格”管理体制改革。辽宁着力打造新时代“枫桥经验”辽宁篇。建立格内问题“一键直达”＋格外问题“提级办理”的问题解决机制，制定《12345 政务服务便民热线管理与规范》。辽宁 12345 热线先后荣获“中国地方政府创新奖”“优化营商环境典型案例（十佳）”等称号。

以创新为动力，做好结构调整“三篇大文章”

曾经，“工业一柱擎天，结构单一”是辽宁乃至东北的产业结构之弊。进入新时代，辽宁强化创新驱动，“老字号”“原字号”“新字号”三篇大文章开篇破题，创新活力不断增强。

——改造升级“老字号”。在沈鼓集团透平公司转子车间内，一台台数字化工位机在有条不紊地工作，图纸、工艺流程、物料等生产信息在显示屏幕上一目了然。通过构建数字化系统，沈鼓呈现新面貌。近年来，辽宁在改造升级“老字号”中数字化转型、智能化改造成绩亮眼。

——深度开发“原字号”。2021 年 8 月，辽阳石化年产 30 万吨高性能聚丙烯装置正式进入生产运营阶段，这将延伸辽阳石化炼油和化工下游产业链，增加产品附加值。辽宁对石化、冶金等“原字号”实施“减油增化”。辽宁有“油头”少“化尾”的产能结构正在改变。

——培育壮大“新字号”。近年来，辽宁加快“新”转型步伐。2023 年，辽宁省高技术制造业增加值增长 8.8%，高于全国 6.1 个百分点，新能源汽车、工业机器人、碳纤维及其复合材料等新产品产量分别增长 29.2%、4.4%、146.1%，一批“专精特新”企业在辽宁快速成长。

加快绿色低碳转型

近年来，辽宁牢固树立绿水青山就是金山银山的理念，协同推进降碳、减污、扩绿、增长，不断厚植全面振兴的绿色底色。

——做强做大能源产业。这是加快绿色低碳转型的前提。辽宁充分发挥在能源装备、能源科研等领域的优势，做强做大核能、输变电、氢能、储能等能源装备产业，做好锂电、全钒液流、压缩空气、钠电等新型储能试点，积极构建氢能制备、储运、应用等产业链，为保障国家能源安全提供全方位支撑。

——在源头上控碳降碳。针对化石能源消耗比重大的实际问题，辽宁集约高效用好风、光等资源优势，加快建设清洁能源强省。截至2024年4月，辽宁清洁能源装机已占到全省发电总装机容量的49.5%，年内将超过50%；到“十四五”末期，清洁能源装机容量的比重将达到56.8%。

——在存量上减碳降碳。2023年，辽宁累计完成钢铁企业超低排放改造重点项目537个，全省化工精细化率达到了46.2%，较2022年提高了1.2个百分点。同时，辽宁严把准入关，坚决遏制“两高”项目盲目发展，加快推进建筑节能改造，促进交通运输绿色低碳转型，全力推动产业结构更“轻”、经济形态更“绿”、发展质量更“优”。

构建具有辽宁特色的现代化产业体系

辽宁现有114所高校大所、61位院士，科技资源丰富。辽宁将锚定打造重大技术创新策源地这个目标，以创建具有全国影响力的区域科技创新中心为抓手，坚持科技创新和制度创新双轮驱动，因地制宜发展新质生产力，构建具有辽宁特色的现代化产业体系。

一是统筹布局创新体系建设，夯实科技创新“四梁八柱”。以全新体制机制组建、运行4家辽宁实验室，探索重大创新平台建设的新模式。

二是推进高水平科技自立自强，强化关键核心技术攻关。支持龙头企业牵头组建创新联合体，重点围绕高端数控机床、储能与氢能等方向实施科技重大专项，在化学、材料、能源等重点方向突破一批“从0到1”的重大科学问题，在高端装备、新能源、集成电路装备等领域攻克一批“卡脖子”难题。

三是改革创新体制机制，打通科技成果转化通道。进一步完善科技成果转化服务体系，推动更多成果从实验室走进车间，融入产业链，走向市场，构建覆盖全省的中试公共服务网络体系，打造科技成果转化的“中间站”。

四是培育壮大科技企业，持续激发创新活力。支持企业牵头组建实质性产学研联盟600个，汇聚2 000多家高校、科研机构和骨干企业开展协同创新。

在发展新质生产力上奋勇争先

作为老工业基地，辽宁近年来向“新”转型步伐加快。“科技创新”“未来产业”成为发展热词。

聚焦重点领域开展攻关，辽宁解决了一批“卡脖子”难题。如鞍钢研发的新型极寒环境海洋装备用钢，实现了3项产品全球首发，6项产品国内首发，为全球首座超深水钻井平台“蓝鲸1号”等重大海洋工程提供材料保障。

用改革的办法更高效率集聚创新要素，辽宁协同开展重大技术创新验证和重大创新示范应用，打通创新和应用的“任督二脉”。如以“揭榜挂帅”的方式支持大型央企开展减排降碳科技攻关，降低吨钢综合能耗1.9%，减少人工成本43.6%，节约国外软件授权费用上千万元。

近年来，辽宁着力推进新材料、航空航天、低空经济、机器人等战略性新兴产业融合集群发展，前瞻性布局未来产业。2024 年辽宁省政府工作报告显示：辽宁省将要实施科技型企业培育壮大工程，新增高新技术企业 1 500 家、科技型中小企业 6 000 家；同时实施科技成果转移转化创新改革试点，科技成果本地转化率力求达到 57%，为新质生产力厚植创新沃土。

高技术制造业增加值增长 15.5%，电子及通信设备制造业增加值增长 33.3%，计算机及办公设备制造业增加值增长 29.5%……2024 年上半年，辽宁高质量发展亮点频现。

奋进之声激荡新征程，辽宁正着力打造发展新质生产力实践地，不断开辟发展新领域新赛道，塑造发展新动能新优势，在东北全面振兴中奋力开创高质量发展、可持续振兴新局面。

思考讨论

1. 党的十八大以来，习近平总书记多次赴辽宁考察调研，为辽宁振兴发展取得新突破描画路径、指明方向。辽宁是如何落实习近平总书记重要讲话精神，“滚石上山”奔振兴的？

2. 2018 年 9 月，习近平总书记明确指出，新时代东北振兴，是全面振兴、全方位振兴。这一论断提出的背景如何？应如何理解这一论断？

3. 习近平总书记强调，“要牢牢把握高质量发展这个首要任务，因地制宜发展新质生产力。”结合本案例，谈谈你对这一科学论断的理解。

教学建议

本案例主要适用于第六章第四节“建设现代化经济体系”部分的辅助教学。案例主要展示的是党的十八大以来辽宁在以习近平同志为核心的党中央的殷殷嘱托下，以优化营商环境为基础全面深化改革，以创新为动力做好结构调整“三篇大文章”，加快绿色低碳转型，构建具有辽宁特色的现代化产业体系，在发展新质生产力上奋勇争先，在振兴发展进程中取得显著成果的典型事例。

组织教学建议

第一，要引导学生将辽宁振兴发展置于东北振兴战略全局中加以审视。可沿着如下思路加以分析：一是东北振兴的战略地位。在共和国版图上，东北举足轻重，它是我国重要的工业和农业基地，维护国家国防安全、粮食安全、生态安全、能源安全、产业安全的战略地位十分重要，关乎国家发展大局。二是党和国家对东北振兴的高度关注。早在 2003 年，党中央就作出实施东北地区等老工业基地振兴的重大战略决策。党的十八大以来，习近平总书记多次到东北地区考察调研，召开专题座谈会，对新时代东北振兴作出部署。三是辽宁振兴在东北振兴战略中的关键性地位。东北老工业基地包括辽宁、吉林、黑龙江和内蒙古部分地区。辽宁是东北三省当中实力最强的省份，是整个东北地区的领航者，在国家东北振兴战略中占据重要地位。辽宁也是东北经济发展的晴雨表，辽宁兴则东北兴，辽宁弱则东北弱。辽宁能否实现全面振兴、全方位振兴关系新时代东北振兴战略发展全局。

第二，引导学生把握新时代深入推进东北振兴战略的实施背景。新时代，以习近平同志为核心的党中央高度重视东北振兴，实施深入推进东北振兴战略，为新时代东北振兴谋篇布局、指明方向。其重要实施背景，在于东北经济发展再度遭遇较大的下行压力。以辽宁为例，辽宁是我国最早建立的工业基地之一，其以能源原材料和装备制造的独有优势，一度支撑和引领着中国的工业化进程，被称为“共和国长子”。但改革开放以来，随着中国工业化总体进入中后期，从高速增长阶段转向高质量发展新阶段，仍在唱“工业一柱擎天，结构单一”二人转的黑土地，经济增长动力减弱，新动能明显不足。2003—2012年，在东北振兴战略实施的第一个十年里，辽宁发生较大变化。但到了2013年，正值研究新一轮振兴规划时，辽宁经济增长明显减速，下行压力较大。2015年GDP增速3%，全国倒数第一；2016年，伴随着数据“挤水分”，更是达到－2.5%的经济负增长。新时代东北、辽宁振兴方略就生成于这一背景之下。

第三，要引导学生把握新时代辽宁推进全面振兴、全方位振兴的重要进展。可以着重从三个方面加以分析：一是辽宁推进以优化营商环境为基础全面深化改革的进展。辽宁的国有经济比重长期过大，随着社会主义市场经济大潮的来临，其市场经济意识薄弱、计划色彩较强的弊病限制了市场发展的活力。近年来，辽宁进行了大刀阔斧的改革，案例文本提供了不少例证。二是辽宁以创新为动力深化产业结构调整的进展。作为“共和国长子”，“工业一柱擎天，结构单一”，这是辽宁乃至东北的产业结构之弊。为此，辽宁强化创新驱动，改造升级“老字号”，深度开发“原字号”，培育壮大“新字号”，积极扶持新兴产业加快发展，加快构建多点支撑、多业并举、多元发展的产业发展新格局，取得重要成果。三是辽宁在加强民生保障方面的主要进展。党的十八大以来，辽宁坚持把民生保障落到实处，还欠账、补短板、惠民生。在教育、稳岗就业、老旧小区改造、脱贫攻坚、生态环境治理等诸多方面采取切实举措，做实民生保障，擦亮幸福底色。

第四，引导学生把握辽宁在推进全面振兴、全方位振兴过程中加快形成新质生产力的深刻意涵。其一，良好的营商环境是发展新质生产力的重要基础。近年来，辽宁直面营商痛点，在优化营商环境上下大功夫。这是发展新质生产力的内在要求。其二，科技创新是发展新质生产力的核心要素。辽宁以创新为动力，加快结构调整，“老字号”“原字号”“新字号”三篇大文章开篇破题，创新活力不断增强。这是加快形成新质生产力的生动体现。其三，绿色低碳是新质生产力的重要特征。辽宁加快绿色低碳转型，协同推进降碳、减污、扩绿、增长，厚植全面振兴的绿色底色。这是辽宁加快形成新质生产力的重要表现。其四，以实体经济为重心的现代化产业体系是新质生产力的主要载体和发生场域。辽宁锚定打造重大技术创新策源地这个目标，努力开辟新领域新赛道，构建具有辽宁特色的现代化产业体系。这是其发展新质生产力的关键布局。其五，新质生产力不能停留于理论层面，重要的是落实于发展实践。近年来，辽宁在发展新质生产力上奋勇争先，在2024年辽宁省政府工作报告中就有生动体现。这将有力保障辽宁在加快形成新质生产力方面行稳致远。

总结提升建议

第一，东北振兴关乎国家发展战略全局。东北地区是我国重要的工业和农业基地，维护国家国防安全、粮食安全、生态安全、能源安全、产业安全的战略地位十分重要，关乎国家发展大局。东北是新中国工业的摇篮和我国重要的工业与农业基地，拥有一批关系国民经济命脉和国家安全的战略性产业，资源、产业、科教、人才、基础设施等支撑能力较强，发展空间和潜力巨大。加快东北全面振兴，是推进经济结构战略性调整、提高我国产业国际竞争力的战略举措，是促进区域协调发展、打造新经济支撑带的重大任务，是优化调整国有资产布局、更好发挥国有经济主导作用的客观要求。与此同时，加快东北全面振兴，也是完善我国对外开放战略布局的重要部署，是维护国家粮食安全、打造北方生态安全屏障的有力保障。“五大安全”是对东北振兴的时代定位。要把维护“五大安全”作为政治使命，从统筹推进“五位一体”总体布局、协调推进“四个全面”战略布局的角度去把握振兴定位。作为东北的领航者，辽宁紧紧把握新时代发展机遇，“滚石上山”奔振兴，是关乎国家发展战略全局的重要选择。

第二，促进区域协调发展，是贯彻新发展理念的重要内容，也是实现高质量发展的必然要求。发展是解决我国一切问题的基础和关键。新时代新阶段的发展必须坚定不移贯彻创新、协调、绿色、开放、共享的新发展理念，这是新时代我国发展壮大的必由之路。协调发展是贯彻新发展理念、实现持续健康发展的内在要求，协调发展注重的是解决发展不平衡的问题。习近平总书记指出，“我国幅员辽阔、人口众多，各地区自然资源禀赋差别之大在世界上是少有的，统筹区域发展从来都是一个重大问题”。作为我国区域发展“四大板块”之一，东北振兴意义重大；而作为整个东北的领航者，辽宁是东北经济发展的晴雨表，承担着与兄弟省份共同实现东北全面振兴的重要使命。2021 年 10 月，《东北全面振兴“十四五”实施方案》正式印发。当前和今后一段时期贯彻落实好《东北全面振兴“十四五”实施方案》成为辽宁推进全面振兴、全方位振兴的重要工作。

第三，新时代东北振兴，是全面振兴、全方位振兴。2018 年 9 月，习近平总书记考察东北三省时明确指出，新时代东北振兴，是全面振兴、全方位振兴。要重视以“全面”和“全方位”的概念理解东北振兴。“全面振兴、全方位振兴”远远超出并深化了“老工业基地振兴”战略的内涵和外延，“全面”已不仅仅局限于老工业基地振兴的范围，其包含着产业、城市、基础设施、生态建设、外贸、人才等各行各业的振兴发展，体现了经济社会发展的“全面”。“全方位振兴”是立体的振兴，既有工业振兴，包含制造业、装备制造业、能源业等的振兴发展，也有农业、服务业的振兴发展。振兴不仅是工业振兴，也是三次产业的协调发展；不仅是国有经济振兴，也是民营经济的发展；不仅是少数大中企业振兴，也是大量小微企业的发展；不仅仅是城市振兴，也是城乡统筹，实现县域经济、农村经济的全面提升；不仅是经济振兴，也是经济社会文化生态的协调和持续发展。新时代辽宁在实践中始终秉持着“全面振兴、全方位振兴”的核心要义，取得了可喜的振兴进展。

第四，要以新质生产力增强辽宁全面振兴新动能。2023 年 9 月，习近平总书记在黑龙江考察期间首次提出“新质生产力”这一重要概念。新质生产力是习近平总书记深刻洞察新一轮科技革命和产业变革趋势，从破解新时代社会主要矛盾、实现高质量发展的内在需求出发提出的原创性概念。从驱动要素看，新质生产力是创新起主导作用，以劳动者、劳动资料、劳动对象及其优化组合跃升为基本内涵的先进生产力质态。从发展路径看，它是摆脱传统经济增长方式和生产力发展路径，由技术革命性突破、生产要素创新性配置、产业深度转型升级而催生的先进生产力质态。从发展结果看，它是具有高科技、高效能、高质量特征，以全要素生产率大幅提升为核心标志，符合新发展理念的先进生产力质态。“新质生产力”这一概念的提出，为新时代辽宁全面振兴、全方位振兴指明了重要方向。从近年来辽宁推进振兴发展的实践来看，诸多举措与习近平总书记关于发展新质生产力的倡导高度契合，也取得了显著的发展成效。这也折射出发展新质生产力的科学性与实践性。作为老工业基地，辽宁省正在加快步伐向“新”转型。2024 年辽宁省政府工作报告对进一步加快形成新质生产力提出了明确要求。这无疑为辽宁加快全面振兴、全方位振兴提供了重要政策保障。

启示意义

先进与落后是相对的，也是不断转化的。在计划经济年代，“辽老大”“共和国长子”承载着人们对经济强省辽宁的赞誉。当时的辽宁，资源丰富，工业基础雄厚，产出能力强。但是改革开放之后，资源的日趋枯竭和国企沉重的历史包袱不断制约着辽宁的发展。在市场经济条件下，产品销路要自主开发，可辽宁由国家统筹安排产品分配几十年，一时间很难适应市场经济的节奏，发展逐步滞后。新时代，辽宁要真正实现全面振兴、全方位振兴，推动东北全面振兴取得新突破，必须抛弃保守僵化的旧思维，拒绝躺在“功劳簿”上“吃老本”，要把习近平总书记重要讲话和指示批示精神特别是关于发展新质生产力的倡导作为破解辽宁振兴发展难题的“金钥匙”，立足新时代新的发展要求，全面深化改革，这样才能在振兴发展的道路上谱写出崭新篇章。事实上，发展从来没有“天花板”，有“天花板”的是我们的思维。

案例 12

东阳花园村："浙江第一村"这样炼就

核心阅读

彻底打破城乡二元结构，走城乡融合发展之路是实现乡村振兴、实现城乡居民共同富裕的客观要求。浙江省东阳市南马镇花园村几十年来一直坚持"创业富民、创新强村"战略，敢为人先，敢闯敢干，走出了一条"就地推动农村城市化"的共同富裕之路，被誉为"浙江第一村"，是全国首个"村域小城市"，被授予中国十大最美乡村、中国十大名村、中国十大国际名村等上百项省级以上荣誉称号。2019 年 12 月，浙江省委、省政府正式批复同意花园村为唯一的浙江省乡村振兴综合改革试点。如今的花园村，乡村风光和城市文明高度融合，成为产业兴旺、生态宜居、乡风文明、治理有效、生活富裕的"全国乡村振兴示范村"，擘画了"未来乡村"的美丽图景，为我国今后农村城镇化建设提供了成功范本。

从"千村示范、万村整治"工程到新时代美丽乡村建设，再到启动未来乡村建设，浙江一直引领着全国新农村建设事业的发展。浙江众多新乡村中，哪个被称为"浙江最好的村庄"呢？是浙江最大的村庄——东阳花园村。这里不仅富有，更令人惊讶的是，它竟然是 4A 级风景区，是中国十大名村之一，是全国首个"村域小城市"，是浙江省首批未来乡村，花园人书写了一幅乡村蝶变的美丽画卷。

改革之花 越开越大 越开越美

已有将近 700 年历史的花园村，曾是一个资源极度贫瘠的穷山村，连日常生活用水经常还得去隔壁村打。直到 1978 年，花园村村民年人均收入仅为 87 元，不通公路，也没有电。

20 世纪 80 年代初，乡镇企业开始萌芽。村里的能人邵钦祥大胆地迈出了"以工富农，以工强村，以工兴村"的步伐。1981 年 5 月，他筹集 1 500 元资金办起了蜡烛坊。10 月，邵钦祥筹资 9 000 元，办起了花园村真正意义上的第一家工厂——花园服装厂。

1986 年，邵钦祥当选为村党支部书记。1991 年，他以自己旗下的 8 家企业，联合村里的 46 家企业成立了金华市首家村级工业公司，即花园工业公司，花园村村民实现了

100%就业。

1993年7月，一家集科、工、农、贸于一体的花园工贸集团公司正式成立，并于1995年被确认为首批国家级乡镇企业集团。

1996年开始，花园村又把产业发展锁定在高科技项目上，与中科院共同合作开发维生素D3项目并取得成功，打破国际垄断，填补国内空白。进入21世纪以来，花园村开拓多种新兴产业并助力企业做大做强。花园集团名列2021年中国民营企业500强第321位、中国制造业企业500强第283位、浙商全国500强第66位。花园村形成以生物与医药、新能源与新材料、红木家具与木制品、新建材与建筑、教育卫生与旅游文化为核心的五大产业，拥有全球最大维生素D3、世界最大宽幅铜板带等生产企业，花园红木家具城已多年稳坐全球红木家具专业市场“头把交椅”。

2004年底，东阳市调整行政村区划，将花园村与周边的9个村合并，组建新花园村。花园村将全村划为村民平安居住区、高效生态农业区、第三产业服务区、高科技工业园区；原10个村改为10个小区，整体搬迁4个村、整体拆建2个村、旧村改造3个村。2017年3月，花园村迎来第二次“1+9”并村，周边又有9个村并入花园村。并村后，新的花园村以“强党建、抓工业、兴产业、惠民生、善治理”为重点，成为产业兴旺、生态宜居、乡风文明、治理有效、生活富裕的乡村振兴样板。花园村连续两次“一村并九村”，开启了“村域小城市”培育探索的新路子。

开放之园 越建越兴 越建越强

花园村有今天的建设成就，离不开人才的贡献。

2018年10月，花园村正式发布《关于引进高级人才落户花园村相关政策的通知》，在引才、聚才、育才等多方面，设立优厚的福利政策。2020年初，花园村还发布开放的落户政策，吸引更多人共享乡村振兴发展成果。

2022年春节前夕，花园村为142名符合享受高级人才奖励政策的正高级专业技术职称人才、博士研究生、其他各类高级专业技术职称人才、硕士研究生、“双一流”高校本科生发放奖金237万元。

根据花园村的人才新政，符合条件人员不仅可以落户，还能同时享受身为花园村村民的31项福利待遇，如回乡创业的大学生有创业基金，村民看病自费部分村里支付一半，村内开通免费公交车，村民子女实行上学16年免费教育制，村里每年发放1万元至6万元不等的奖金……此外，人才还能领到花园集团发放的30万元至60万元不等的人才购房券，甚至安排300平方米以上的别墅一幢。

花园人以开放的眼光建设人人共享的大花园，40多年的开放发展引来人流、物流、商流、资金流、信息流、技术流……

2023年，花园村全村实现营业收入725亿元，村民人均年收入达17.6万元，全村拥有个体私营工商户3 000多家。

2024年，花园村主要经济指标数据再创新高，全村实现营业收入786亿元，同比增长8.41%，村民人均年收入达18.2万元。

振兴之村 越治越和 越治越富

40多年来，花园村广大党员干部坚持“奉献、公正、公平、公开”的办事原则，坚持“党委领导、党员带头”不动摇，充分发挥党员的先锋模范作用和农村基层党组织的战斗堡垒作用。2016 年 7 月，花园村党委被中共中央授予“全国先进基层党组织”荣誉称号。2020 年 8 月，花园联合党委揭牌，开创了以“全领域建强、全区域提升”为目标的基层党建工作新模式。

花园村积极探索“党建＋”乡村治理模式，构建基层社会治理新格局，完善群众参与基层社会治理的制度化渠道。周边 18 个村被并入花园村，村域面积达 12 平方公里，数万外来人口涌入村庄。这样一个“超级大村”，没有一名公务员，只有 30 多名村干部“治村”，村庄治理井井有条，已经连续 40 多年实现“矛盾不上交、纠纷不出村、选举不拉票、村民零上访”。在花园村，《村规民约》作出规定：倘若党员干部与普通村民有纠纷，先从党员干部身上找原因；倘若村民与外来人员发生争执，先从村民身上找原因。

并村并非简单叠加，而是通过“先富带后富、强村帮弱村”的方式，做大花园模式，做强花园样本。

花园村“党建＋”乡村治理模式，治出了社会和谐、经济发展、百姓幸福。

现代之城 越造越新 越造越智

2019 年 12 月，浙江省政府批复同意《东阳市花园村乡村振兴综合改革试点总体方案》。通过试点，力争把花园村建成为乡村文明与城市文明高度融合的实践典范、乡村未来社区的实践典范、新时代乡村振兴的实践典范，为全省、全国乡村振兴提供经验和样板。

2020 年 6 月，全国首个村级市政管理委员会在花园村挂牌成立，市政管委会下设规划建设管理处、电气管理处、供水管理处、环境卫生管理处、督查处等 7 个部门，所有工作人员从全体村民中选拔担任。市政管理委员会成为花园村城市化建设的“大管家”。

2020 年 10 月，花园村被列入浙江省第四批小城市培育试点，标志着全国首个“村域小城市”在之江大地诞生。“中国农村第一城”，这几个大字出现在村口。

花园村虽远离城市，徜徉其间却更像身处一座现代化城市：道路宽敞整洁，红绿灯就有近 30 处，高楼鳞次栉比。仅一个红木家具专业市场就吸引 2 300 多家商家入驻，花园外国语学校是 16 年一贯制的国际化学校，花园田氏医院被确定为二级甲等骨科医院。想看电影，这里有国际影城；想购物，这里有大型商场。此外，还有国际化的超五星酒店、大型摩天轮以及会展中心、生态公园、博物馆、体育馆、图书馆、车辆检测中心以及共享汽车和电动车等。

作为浙江唯一的乡村振兴综合改革试点，花园村在数字化进程中一马当先，着力构建引领数字生活体验、呈现未来元素、彰显江南韵味的乡村新社区。2020 年，花园村与华为合作，联合中国移动建设全感知、全连接、全场景、全智能的“智慧花园”项目。花园村数字乡村智慧大厅，有一块宽 11.55 米、高 3.42 米、面积达 39.5 平方米的曲面大屏幕，这是“智慧花园”的指挥中心，也是花园村的“乡村大脑”。花园村将公安、医保、交通等 10 余个部门数据纳入“乡村大脑”，并通过整合、挖掘用户现有数据资源，实现智慧安防、智慧卫生、资产可视化、应急调度、智慧交通等服务。

花园村还对接村务线上办理流程，建立高效便捷、传播面广、互动性强和社会影响力大的村务公开网络平台，从 2020 年起，花园村便民服务中心能代办的各类事项达 600 多项，村民基本实现“办事不出村”。

2022年5月27日，在浙江省共同富裕现代化基本单元建设推进会上，花园村被命名为“浙江省首批未来乡村”。2023年8月31日，由中国国土经济学会研究室等单位指导发布的2022/2023村庄影响力（CPPC指数）报告显示，花园村以93.92高分荣登全国第一，并给予“联创头雁 共富范本”的评价。

“村民比市民富、村容比城市美、生活品质比城市高、田园风光和城市文明高度融合”的“花园经验”，为乡村振兴提供了鲜活样本。

思考讨论

1. 改革开放以来，浙江省东阳花园村从一个资源极度贫瘠的穷山村转变为全国首个“村域小城市”、全国乡村振兴示范村，导致这一变化的深层次原因是什么？

2. 作为“中国农村第一城”，东阳花园村已经由一个传统意义的“村”，演变为一个富有现代气息的“市”。花园村在促进城乡融合发展方面有哪些成功经验值得推广？

3. 入选“浙江省首批未来乡村”的花园村擘画了“未来乡村”怎样的美丽图景？对实施乡村振兴战略有何启示？

教学提示

本案例主要适用于第六章第四节“建设现代化经济体系”部分的辅助教学。案例主要介绍了浙江省东阳花园村经过几十年的发展，从一个资源极度贫瘠的穷山村转变为“村民比市民富、村容比城市美、生活品质比城市高、田园风光和城市文明高度融合”的全国乡村振兴示范村、全国首个“村域小城市”，描绘出中国“未来乡村”的美丽图景，彰显了走城乡融合发展道路对推动乡村振兴战略的重要意义。

组织教学建议

第一，在讨论本案例之前，要注意进行必要的理论铺垫，可以引导学生阅读2019年4月15日发布的《中共中央 国务院关于建立健全城乡融合发展体制机制和政策体系的意见》，使学生深刻理解走城乡融合发展道路对推动乡村振兴战略的重要性，从而为课堂案例讨论打下良好基础。教师也可以在课堂讨论前播放由浙江日报浙江在线全媒体视频影像部出品的《了不起的乡村》第二季第一期《这个村 更像是一座城》。该视频展示了浙江省东阳花园村乡村振兴发展的成就，刻画了浙江乡村的美好生活，勾勒出浙江美丽乡村五彩斑斓的画卷。通过观看短视频，让同学们真切地感受被誉为“浙江第一村”、被评为“中国十大名村”和“中国十大优秀国际乡村旅游目的地”的花园村的美丽和魅力。

第二，在讨论中引导学生分析花园村几十年来取得的发展成就，加深理解乡村振兴的总要求。40多年来，浙江省东阳花园村从穷到富、从小到大、从弱到强、从村到城，实现了从“两创”（创业富民、创新强村）到“两富”（物质富裕、精神富有），再到“两美”

（美丽乡村、美好生活）的华丽转型，成为乡村振兴样板村和美丽乡村建设示范村。如今，花园村基础设施配套完善，公共服务应有尽有，百姓生活和美幸福，家家是新房，户户是小康，人人有保障，村民、员工有了更稳定的工作，有了更好的教育、更满意的收入、更可靠的社会保障、更高水平的医疗服务、更舒适的居住条件、更丰富的精神文化生活，甚至拥有国家 4A 级旅游景区。党的十九大报告提出："按照产业兴旺、生态宜居、乡风文明、治理有效、生活富裕的总要求，建立健全城乡融合发展体制机制和政策体系，加快推进农业农村现代化。"花园村环境优美、物产丰饶、老有善养、文明和谐、安居乐业、吉祥幸福，实现了经济发展高质量、村庄建设高质量、村民生活高质量、文化繁荣高质量、社会和谐高质量，成为全国首个"村域小城市"培育试点。花园村用惊人的发展成就证明自己无愧于全国乡村振兴示范村和美丽乡村示范村的美名。

第三，引导学生总结花园村快速发展的经验与启示，大力弘扬以改革创新为核心的时代精神。很多人感到花园村从一个资源贫瘠、吃不饱饭、交通闭塞的小村逆袭为今天的乡村振兴示范村，简直是个不可思议的奇迹。花园村一没有肥沃的土地，二没有可供开采的资源，三没有雄厚的资本，四没有地理交通优势，怎么可能由普普通通的穷乡僻壤的小村子，白手起家，发展成为浙江最大、最富的村庄呢？面对种种"不可思议"，花园村的致富带头人邵钦祥给出了答案："路，是靠自己走出来的。创业创新，最能凝聚人心。"经过 40 多年的创业创新，花园村形成以高科技产业为主导，新兴产业和传统产业相配套并带动全村经济的发展格局。作为全国首个"村域小城市"，浙江省东阳花园村敢为人先，走出一条"就地推动农村城市化"的城乡融合发展之路，符合中国式现代化的本质要求。

总结提升建议

第一，城乡融合发展是中国式现代化的必然要求。城乡是互促互进、共生共存的。能否处理好城乡关系，关乎社会主义现代化建设全局。平等、双向和共同繁荣富裕的城乡融合发展是中国式现代化一个重要维度，更是体现中国式现代化和人类文明新形态优越性、先进性的一个突出标志。改革开放特别是党的十八大以来，我国在统筹城乡发展、推进新型城镇化方面取得了显著进展，但城乡要素流动不顺畅、公共资源配置不合理等问题依然突出，城乡区域发展和收入分配差距仍然较大，影响城乡融合发展的体制机制障碍尚未根本消除。城乡发展不平衡、农村发展不充分仍是我国社会主要矛盾的集中体现。建立健全城乡融合发展体制机制和政策体系是实施乡村振兴战略的重要制度保障。2019 年 4 月 15 日《中共中央 国务院关于建立健全城乡融合发展体制机制和政策体系的意见》正式发布。最终目标是到 21 世纪中叶，城乡融合发展体制机制成熟定型，城乡全面融合，乡村全面振兴，全体人民共同富裕基本实现。党的二十大报告提出全面推进乡村振兴，强调"坚持农业农村优先发展，坚持城乡融合发展，畅通城乡要素流动"，为继续做好乡村振兴这篇大文章指明了方向、提供了遵循。2024 年 7 月党的二十届三中全会通过的《中共中央关于进一步全面深化改革 推进中国式现代化的决定》再次强调要完善城乡融合发展体制机制，并将新型城乡关系提升到一个前所未有的新高度，指出："城乡融合发展是中国式现代化的必然要求。必须统筹新型工业化、新型城镇化和乡村全面振兴，全面提高城乡规划、建设、治理融合水平，促进城乡要素平等交换、双向流动，缩小城乡差别，促进城乡共同繁荣发展。”花园村宜居宜业和美乡村的图景，正是我国推进城乡融合发展的生动缩影。

第二，花园村模式为我国今后农村城镇化建设提供了一个鲜活的样本。城市与农村的差别，关键在于基础设施、公共服务以及社会保障的差别。城镇化是一项系统工程，绝非简单地引导农村人口进入城市，更重要的是鼓励和引导基础好、实力强的农村承担一部分城镇所需的功能，加快完善城乡发展一体化体制机制建设。40多年来，花园村以新农村建设为依托，通过完善基础设施、优化公共服务以及健全社会保障等方式，助推了农村经济，增进了民生福祉，解决了村民的后顾之忧，同时兴起了农村城镇化的热潮，成为全国中心村建设的典范。花园村“不像一个村，更像一座城”，走出了一条“就地推动农村城市化”的共同富裕之路。花园村已基本消除了城乡差别，实现了城乡一体化。花园村通过乡村振兴综合改革，多元融合的乡村产业体系逐步形成，经济发展跃上新台阶；协同高效的社会治理体系逐步完善，基层治理达到较高水平；普惠共享的综合服务管理体系逐步健全，公共服务得到新提升；常态长效的生态文明建设体系逐步建立，生产生活生态实现新融合；要素平等流通的保障支撑体系逐步建立，发展动能取得新突破。花园村模式实现了“四个结合”：传统与创新相结合，一二三产业发展相结合，集体经济与多种经济成分发展相结合，本村经济与外来经济相结合。几十年的发展实践证明，这种花园村模式具有可持续性，是我国今后农村城镇化建设的一个参考范本。

第三，花园村的快速发展为乡村振兴提供了宝贵的经验。“村民比市民富、村容比城市美、生活品质比城市高、田园风光和城市文明高度融合”的“花园经验”，为乡村振兴提供了鲜活样本，更留下了值得大力推广的两条最为宝贵的经验。一是以改革创新为脱贫致富、快速发展的强劲动力。回顾花园村的发展历程，就是一部改革创新史。在改革开放之初，在邵钦祥这位不断创新、乐于奉献、善于管理的带头人领导下，花园村迈出了“以工富农，以工强村，以工兴村”的步伐，迅速脱贫致富。花园村没有“小富即安”，而是与时俱进，发展高科技产业，把传统企业升级为现代企业。通过改革创新，花园村连续两次“一村并九村”，开启了“村域小城市”培育探索的新路子。二是以党建为核心，以治理为基石，推进乡村振兴。花园村以“强党建、抓工业、兴产业、惠民生、善治理”为重点，坚持党委领导、党员带头不动摇；坚持依法治村、民主管理不动摇；坚持发展工业实体经济不动摇；坚持为民利民、惠民富民不动摇。积极探索“党建＋”乡村治理模式，构建基层社会治理新格局。花园村广大党员干部坚持“奉献、公正、公平、公开”的办事原则，在党委领导下，充分发挥党员的先锋模范作用和农村基层党组织的战斗堡垒作用，使花园村各项事业走在全国农村前列。自治、法治、德治相结合的乡村治理体系，使花园村成为社会和谐、经济发展、百姓幸福的和美乡村。

第四，未来乡村建设的立足点是城乡区域协调发展。全面实施乡村振兴战略是一项艰巨复杂的事业，必须统筹谋划、科学推进。从花园村的实践来看，“未来乡村”是一种可以落地的乡村振兴范式，将为乡村振兴提供更多值得借鉴的宝贵经验。2021年，浙江省在全省开始系统地开展“未来乡村”建设工作，这是浙江省在新时代“示范窗口”背景下乡村建设的全新探索。“未来乡村”是一个全新命题。广义上讲，“未来乡村”是“美丽乡村”建设的升级版，是在美丽田园、美丽乡村、美丽环境、美丽经济之上叠加的新形态；从狭义上分析，“未来乡村”是指立足乡村资源特色、地域禀赋、产业优势和人文特征等元素，打造特色鲜明、功能完善、产业突出、环境优美、服务便捷、智慧互联、整体智治、共同富裕的，引领乡村发展方向的生态、生产、生活共同体。未来乡村建设将继续走具有中国特色的城乡融合发展道路，对乡村生产生活生态进行全方位、系统性重塑。花园村积极抓好小城市培育试点，探索“党建＋”小城市治理新机制，以“智慧花园”项目为重点，加快数字网络基础设施建设，持续推进村民共同富裕，实现村民向市民转变。构建宜居宜业宜游的城镇发展环境，将花园村打造成为乡村文明与城市文明高度融合的实践典范。花园人的目标是要把花园村打造成为中国乡村全面振兴的榜样以及“花园城市、世界名村”，进一步推进农村现代化和持续实现共同富裕，为实施乡村振兴战略提供更多更好的值得推广的经验。

■ 启示意义

第一，创新创业与经济社会发展深度融合，为推动高质量发展提供有力支撑。创新是引领发展的第一动力，是建设现代化经济体系的战略支撑。创业是推进经济社会发展、改善民生的重要途径。改革开放为我国经济的发展带来了活力，也为花园村的发展提供了重要机遇。发展需要一个良好的政策环境，但更需要一个有担当、善作为的领导班子，一个适合村情的发展思路，一种强烈的创新创业意识。花园村在村支书邵钦祥的带领下，筹资创办企业，通过创业带领农民走向富裕之路。后来又因时因势不断转型升级，通过发展高科技产业，实现企业创新升级。透过花园村 40 多年发展脉络不难看出，花园村的快速发展得益于几十年来一直坚持“创业富民、创新强村”战略，敢为人先，敢闯敢干。新时代中国青年富有想象力和创造力，思想解放、开拓进取，探索未知劲头足，接受新生事物快，勇于参与日益激烈的国际竞争，应该努力成为创新创业的有生力量，勇立时代潮头，争做时代先锋。

第二，发展理念是发展行动的先导，贯彻新发展理念是新时代我国发展壮大的必由之路。发展理念对头不对头，从根本上决定着发展的成效乃至成败。乡村振兴是一项关乎数亿农民生产生活的重要战略部署，需要全面贯彻新发展理念。东阳花园村的发展历程充分彰显了创新、协调、绿色、开放、共享“五大发展理念”。40 多年间，花园村在经济、政治、文化、社会、生态文明五个方面推动协调发展，促进农业一二三产业的融合发展，加快推动美丽乡村建设，构建自治、法治、德治相结合的乡村治理体系，不断完善农村的公共基础设施建设，不断推动人才、资本向农村地区聚集，在医疗卫生、教育、养老等方面满足农民需求，推动城乡融合发展。创新推动发展，绿色带来和谐，协调构建平衡，开放迎来繁荣，共享实现共富。新时代中国青年要胸怀“国之大者”，把新发展理念内化于心、外化于行，让新发展理念在干事创业实践中得到精准、高效的落实。

案例 13

三涧溪村：打造全国第一个党建引领的乡村振兴示范村

核心阅读

实施乡村振兴战略是新时代加快构建新发展格局、着力推动高质量发展、建设现代化经济体系的重要一环，而组织振兴是乡村振兴的保障条件。山东省济南市章丘区三涧溪村是乡村振兴项目中的“齐鲁样板”。这个前些年还破旧落后、负债累累的村庄，通过党员领办合作社的模式，已经“蝶变”成远近闻名的乡村振兴样板村。2018 年 6 月 14 日，习近平总书记到三涧溪村考察。三涧溪人牢记习近平总书记嘱托，坚持以党建为引领，不断强化基层党组织的政治功能和组织力，围绕树立基层党建标杆、乡村振兴样板、敢闯敢创先锋的总体目标，走出了一条以党建引领、发展特色产业带动乡村振兴的新路子，探索出一条可复制、可推广、可借鉴的乡村治理新路径，成为全国第一个党建引领的乡村振兴示范村。

沿着济南经十路东行百余里，入章丘城郊，就来到三涧溪村。多年来，三涧溪村坚持以党建为引领，夯实发展根基，勾画出产业兴旺、生态宜居、乡风文明、治理有效、生活富裕的新图景。三涧溪村因此成为全国第一个党建引领的乡村振兴示范村。

党建筑基：由穷到富

2018 年 6 月 14 日，习近平总书记来到三涧溪村看望干部群众。高标准的敬老院、花园式的卫生所、宽敞的文化大院……眼前的一切，令人很难与昔日的“落后村”相联系。

三涧溪村曾经是出了名的“问题村”。“以前乱与穷，根子就在于党组织作用发挥不充分，老百姓对党组织没信心了。”高淑贞回忆，自己 2004 年就任三涧溪村党支部书记时，该村是远近闻名的贫困村，党支部早已“名存实亡”。村内环境脏乱差，几乎家家都是破房子、旧院墙。村集体还负债 80 多万元。有村民调侃“就是神仙来了也治不了”。

“农村富不富，关键看支部。”面对曾经六年换了六任村党支部书记的三涧溪村，高淑贞从 2004 年担任村党支部书记的那一天开始，就把抓党建作为固本强基、富民强村的关键之举。从落实好“三会一课”等制度抓起，每月 15 日主题党日活动雷打不动，严格签到制度，每名党员都不能缺席；实施“五个一工程”（“一面旗帜”带动群众、“一线通”

连接群众、“一张卡”便利群众、“一支队伍”服务群众、“一个职介所”致富群众），在联系服务群众中使党支部的组织力大幅提升。

三涧溪村党群服务中心有这样一块展板，全村每个党员的名字、要发挥的作用都明确标注在展板上，向村民公开。三涧溪村制定了“党旗飘飘映四邻、四邻联动党放心”和“亮出党员身份、接受群众监督”等工作机制。创造性地实行“捆绑式、积分制”考评办法，把每位党员家属的表现也列入党员个人积分，每半年组织街坊四邻对“党员家庭”进行民主评议，让党员家属参加党员点评活动，起到“一人带全家、全家带四邻”的效果。三涧溪村正是从这些“小事”“实事”入手，以党风带家风、以家风促民风，形成了充满活力、团结和谐的社会风气。

党建工作理顺了，班子威信树起来了，村“两委”就把工作重心放在改善民生上。先是修路，村“两委”成员带头筹集资金。为保证工程质量，村“两委”成员天天顶着烈日在现场监工，嗓子发炎说不了话，就在纸上写字与施工方沟通……修完路，村“两委”又想着让村民喝上自来水。由于村里私搭乱建严重，自来水管道没法走，村“两委”就率领党员干部到群众家里耐心做工作。就这样，一条条民心路修好了，一座座连心桥架好了，一股股甘甜的自来水流进了群众心间。

高淑贞常说，党建引领就是要引正道、领正气。对不觉悟的人和事，特别是歪风邪气，她一斗到底，大家都叫她“泼辣支书”。

围绕中心：由富到强

“产业增长点在哪里，合作社就建在哪里，党组织就延伸到哪里”是三涧溪村一直遵循的发展思路。2016年，三涧溪村党支部借升格为党总支的时机，提出了“把支部建在产业上”，成立个体私营企业、创业青年、康养服务三个党支部。随着党员队伍的壮大，三涧溪村党总支升格为党委，增设物业管理、古村旅游两个党支部。五个党支部书记均由合作社或股份有限公司的主要负责人担任，以确保党建引领在各个产业中发挥主导作用。

“每个产业都是一列运行的‘小火车’，党支部是火车头，党建是铁轨，党的方针政策是方向，要带着全村老百姓向幸福的目标不断向前。”高淑贞说。“农业农村工作，说一千、道一万，增加农民收入是关键。”近年来，三涧溪村牢记习近平总书记的谆谆叮嘱，大力调整产业结构，拿出了一份令人振奋的成绩单：2018年到2021年，村民人均可支配收入从2.6万元增长到3.1万元，村集体年收入从263万元增长到829万元。

三涧溪村通过开展“资源变资产、资金变股金、农民变股东”的“三变”改革，整个村域空间都变成了集聚人才创业、吸纳村民就业的大平台，凝聚起了推进高质量发展的强大势能，形成了“南工、北农、中旅”的发展格局。

利用村里流转出的4 000余亩土地建设而成的集约型工业园，吸引了70多家企业在此落户，为村里800多名劳动力提供了就业岗位；新近开发的美食街、古村游等产业项目，以“群众参与、出资入股、年底分红”的方式，带动580户村民进入产业化链条，成为撬动村民增收的新支点；为返乡创业人员量身打造的绿涧农创园，在科技孵化、租金减免、市场销售、品牌打造、小额担保贷款以及后期融资等一系列服务的加持下，吸引了越来越多的年轻人回乡创业。

三涧溪村投资建起农业创业园、乡村振兴学院，为青年创业搭建平台载体，招募“乡村振兴合伙人”，推广“合作社＋农民”“合作社＋企业”“企业＋农民”等多种合作模式，为各类人才提供舞台。

“三变”改革＋平台建设，把三涧溪的资源、资金、劳动力真正盘活利用起来，让村民就业有门路、创业有出路。如今，三涧溪的村民享有入股分红、工资性收入、经营性收入、财产性收入等多重保障，村里的老年人、困难户还享受村集体的福利，村民的共同富裕道路越走越宽。

党员带动：由强到美

三涧溪村致力于打造幸福家园，彻底关停小锻打、小煤矿等“四小”产业，腾出来的土地，适合做工业项目的就办工厂，不适合的就搞苗圃、做绿化。党群服务中心、村史馆、篮球场、笼式足球场、文体广场等一应俱全，路网、管网、绿化、路灯、污水处理等基础设施配套完善，环村道路整洁亮丽，新能源充电桩驻村服务，村子的污水集中处理率和垃圾收集处理率均达到100％，绿化覆盖率高达50％以上。1 868套安置房已建设完成。

“经济发展乘上了动车，思想观念不能还坐大牛车。”高淑贞认为，党建要渗透到乡村治理的细节中，渗透到精神文明建设中，渗透到民风、家风中。三涧溪村发挥“红白理事会”的作用，主动服务促进移风易俗，实现了“六个不见”，即不见薄养厚葬，不见披麻戴孝，不见大操大办，不见奢侈浪费，不见互相攀比，不见赌毒黑恶。在文明乡风建设中，三涧溪村充分发挥党员带头作用，抓住党员家庭这个细胞，带动群众向上、向善、向好。通过党组织开展“平安家庭”创建、设立“善行义举四德榜”以及十星级文明户、五好家庭、孝德人家、好媳妇好婆婆、好家长好儿童等评选活动。三涧溪村里有各种文明称号的村民已经超过了三分之二。

为了发挥党员带动作用，将治理延伸到末梢，三涧溪村实行“党建＋居民自治”的网格化管理，其中，一个网格就是一栋楼，楼长、管理员、安全员、信息员4人共同管理和服务网格内居民，激发了村民参与乡村治理的积极性。

“家是最小国，国是千万家。”三涧溪村创建了“家”字型平安建设管理体系，村民在经营好自己小家庭的同时，如同石榴籽一般团结在村集体的大家庭中，以“小家”联“大家”、以“大家”促“小家”，形成了“一个家庭延伸四邻，一家平安连成一片”的帮扶格局。“家”字头上这一点就是党组织，其他各项工作都要在党的领导下进行。

在“家”文化的基础上，三涧溪村深挖“夯”字精神内涵，以“夯”字铸就新时代推进农村发展的务实之魂、求真之魂、稳进之魂。

“‘夯’表示劳动时需要出大气力，做事情需要多付出，下的力量越大，基础就越实。”高淑贞解释说，“这和我们做好农民农村工作的道理是一致的，只有站在农民的角度上，花大力气、下大功夫做好农村发展的基础工作，才能避免走弯路，真正实现乡村振兴与共同富裕。”

通过“家”字聚力、“夯”字铸魂以及文明创建和移风易俗的推进，三涧溪村村民们的精神面貌焕然一新，文明的乡风沁润了每一个三涧溪人。三涧溪村先后荣获全国文明村、全国民主法治示范村、全国乡村治理示范村等国家级荣誉。

思考讨论

1. 从“神仙也治不了的三涧溪”到乡村振兴样板村，山东省济南市章丘区三涧溪村实现了华丽蝶变。三涧溪村成功的“基因密码”到底是什么？

2. 三涧溪村是全国第一个党建引领的乡村振兴示范村，也是乡村振兴项目中的“齐鲁样板”。三涧溪村能为其他乡村发展带来怎样的经验和启示？

3. 你认为基层党组织在实施乡村振兴战略中有怎样重要的作用？应如何充分发挥这些作用？

教学提示

本案例主要适用于第六章第四节“建设现代化经济体系”部分的辅助教学。案例展示的是山东省济南市章丘区三涧溪村在高淑贞书记带领下，坚持党建引领，深入推进乡村振兴，把组织优势转化为乡村发展优势，以组织担当绘就乡村振兴美丽画卷的生动实践。

组织教学建议

第一，在运用本案例之前，教师应引导学生阅读 2021 年 1 月 4 日发布的《中共中央国务院关于全面推进乡村振兴加快农业农村现代化的意见》，深刻理解乡村振兴是一项关乎民生大计的重要战略部署，体现了历史与现实的统一，是建设现代化的必然要求，是夯实现代化经济体系的重要基础，是新时代乡村发展的新动力。农业农村农民问题是关系国计民生的根本性问题，解决好“三农”问题始终是全党工作的重中之重。实施乡村振兴战略，是解决新时代我国社会主要矛盾、实现“两个一百年”奋斗目标和中华民族伟大复兴中国梦的必然要求，是实现全体人民共同富裕的必然选择，是新时代“三农”工作的总抓手。学生对实施乡村振兴战略的必要性、重要性有了较深刻的认识，将为课堂案例讨论顺利进行做好必要的理论铺垫。

第二，在讨论中应注意引导学生对比高淑贞上任三涧溪村党支部书记之前与之后，三涧溪村发生的巨大变化，进而探究三涧溪村从“神仙也治不了的三涧溪”到乡村振兴样板村蝶变的“基因密码”，总结三涧溪村快速发展的成功经验和现实启示。可以播放由济南市委宣传部、济南市文明办、济南广播电视台共同策划推出的大型公益宣传平台《榜样》第 1 期《三涧溪村的领路人——高淑贞》，加深学生对三涧溪村乡村振兴领路人、三涧溪村党委书记高淑贞的了解。高淑贞曾荣获最美奋斗者、全国优秀党务工作者、全国三八红旗手标兵等荣誉称号。带着对党的忠贞和对百姓的真情，用担当、奉献、创新、务实谱写了一曲荡气回肠的为民赞歌，在她的带领下，三涧溪村从出了名的穷村乱村，成为享誉全国的乡村振兴样板村。

第三，引导学生结合全国第一个党建引领的乡村振兴示范村三涧溪的发展历程，分析组织振兴在乡村振兴中的重要作用。乡村振兴是一盘大棋，要把这盘大棋走好，必须坚持走中国特色社会主义乡村振兴之路，而中国共产党领导是中国特色社会主义最本质的特征和中国特色社会主义制度的最大优势。乡村振兴取得积极进展，是多种因素同向发力、合力推进的结果，其中基层党组织的建设是重中之重。三涧溪村曾经是出了名的“问题村”，根子就在于基层党组织作用发挥不充分，人心涣散。近年来之所以能实现由乱到治、由治到富的变化，正是因为始终坚持党的领导不动摇，以党建引领乡村振兴。习近平总书记考察三涧溪村时，强调要加强基层党组织建设，选好配强党组织带头人，发挥好基层党组织战斗堡垒作用，为乡村振兴提供组织保证。

总结提升建议

第一，乡村组织振兴，决定着乡村治理能力和内生发展能力，是乡村振兴的“第一工程”。实施乡村振兴战略是建设现代化经济体系的重要一环。党的二十大报告强调全面推进乡村振兴在加快构建新发展格局，着力推动高质量发展中的重要性。乡村振兴包括产业、人才、文化、生态、组织五个方面的全面振兴。这五个方面的振兴相辅相成，相互促进，其中，组织振兴是保障，是乡村振兴的“第一工程”。高质量党建是组织振兴核心所在。全面推进乡村振兴，难度不亚于脱贫攻坚，必须充分发挥党建引领作用，为更好实施乡村振兴战略提供政治保证。党建引领乡村振兴，关键在于加强基层组织体系的建设，强化农村基层党组织职能。2018年6月14日，习近平总书记到三涧溪村考察时强调，乡村振兴，基层党组织至关重要。农村基层党组织是农村各项工作的领导核心，是党的理论和路线方针政策的直接执行者，是党联系广大农民群众的桥梁和纽带，是实施乡村振兴战略的组织者、推动者和实践者，是推进乡村振兴战略走好“最后一公里”的关键。只有打造千千万万个坚强的农村基层党组织，把基层党组织的战斗堡垒作用及组织优势、组织功能、组织力量充分发挥出来，才能把广大基层党员和群众的积极性、主动性、创造性调动起来，从而形成乡村振兴的强大合力。三涧溪发展历程证明：基层党组织软弱涣散，乡村振兴将步履维艰；基层党组织坚强有力，乡村振兴会蹄疾步稳。

第二，三涧溪村从“神仙也治不了”到乡村振兴样板村的华丽蝶变是党建引领乡村振兴的生动实践。党建领航、产业领富、文化领魂是三涧溪乡村振兴的主要经验。首先，党建引领是三涧溪乡村振兴的动力之源。三涧溪村的成功离不开党支部由小到大、由弱到强的发展转变，离不开党员干部的统筹谋划、艰辛付出。三涧溪村重视树立党组织、党组织书记、党员干部队伍三面旗帜，让党的声音“强”起来、让党员身份“亮”起来。其次，产业兴旺是三涧溪村发展之基。三涧溪村从过去的小锻打、小煤矿等“四小”产业发展到今天的工业园、农创园、美食街、古村游等一个个大平台，正是产业与人才互促共进的结果。三涧溪村通过产业领富，平台带动，推动三产良性互动，筑牢富民强村基石，走出富民强村新路。最后，文化领魂，文明带动，打造“家”文化、“夯”字精神等品牌，筑牢美好家园风尚，为群众提供丰富多彩的精神文化生活。在三涧溪乡村振兴的“基因密码”中，党建领航是关键。高淑贞上任三涧溪村党支部书记后做的第一件事就是召集村“两委”班子成员开会。她深知要治村，必须抓好班子带好队伍，树立党组织的威信。通过党建引领，三涧溪村这个“问题村”打了漂亮的翻身仗，在村“两委”的带领下，改善民生，由穷到富；“把支部建在产业上”，引领产业发展，由富到强；在党员带动下，三涧溪村文明乡风建设取得扎扎实实的成效。三涧溪人牢记习近平总书记嘱托，继续坚持以党建为引领，筑牢党建之基，抓组织固本提升引领力，不断强化基层党组织的政治功能和组织力，围绕树立基层党建标杆、乡村振兴样板、敢闯敢创先锋的总体目标，凝心聚力，砥砺奋进。

第三，农村基层党组织要在强化功能、担当作为中彰显战斗堡垒作用。党建引领乡村振兴，重点是增强基层党组织的引领群众和服务群众功能。2018 年 6 月 14 日，习近平总书记在三涧溪村调研乡村振兴时强调：“农业农村工作，说一千、道一万，增加农民收入是关键。要加快构建促进农民持续较快增收的长效政策机制，让广大农民都尽快富裕起来。”三涧溪村通过抓党建促发展，把乡村基层党组织力量与推动发展、解决实际问题紧紧结合起来，实现党建与中心工作的深度融合，使农村党的基层组织成为推动振兴、服务群众的坚强堡垒，让党员群众拧成一股绳，使村里每个党员真正地发挥了先锋模范作用。三涧溪村遵循“产业增长点在哪里，合作社就建在哪里，党的基层组织就延伸到哪里”的发展思路，把支部建在产业上，坚持党建引领、生态优先、科技赋能、绿色发展，推动农村产业融合发展，以土地、资金等形式入股，组建多个合作社，推行“党建＋产业”模式，积极探索“支部领办、合作经营”路子，推动基层党组织上产业链、进合作社、入种养基地，加强对生产、加工、销售全产业链的组织领导，实现村集体经济持续增收，村民收入大幅度提高。每个合作社都是党员带头先干，蹚出路子后，再把村民吸收进来，带领广大群众共同致富奔小康，让党群联动下新时代乡村振兴图景焕发出强大魅力。

第四，农村基层党组织要在完善基层治理中彰显战斗堡垒作用。三涧溪村由乱到治、由治到富的变化，彰显了加强党对基层治理的全面领导的重要性。基层治理的领导核心是基层党组织，健全乡村治理体系必须在农村基层党组织坚强有力的领导下开展工作。三涧溪村在基层治理上求实效，牵住基层党建“牛鼻子”，推动基层治理从“粗放型”向“精细型”转变，让基层治理有力有效，营造安定祥和的乡村发展环境。三涧溪村有一个“家”字形管理体系：“家”字头上这一点就是党组织，其他各项工作都要在党的领导下进行。以家风带民风。三涧溪村以党建为引领、家国天下、共建共享的治村理念，以群众之心为心、一管到底、四邻联动的服务体系，为深入探索在乡村振兴中加强党的基层组织建设的实施路径，提供了现实参考。三涧溪村先后荣获“全国乡村治理示范村”等荣誉称号。基层党组织是乡村振兴的主心骨，抓实基层党建就抓住了乡村振兴的“牛鼻子”。在推动实施乡村振兴战略的进程中，必须把农村基层党组织建设摆在更加突出的位置来抓，使之成为宣传党的主张、贯彻党的决定、领导基层治理、团结动员群众、推动改革发展的坚强战斗堡垒，实现党建工作和乡村治理的同频共振。

启示意义

第一，基层党组织是党的全部工作和战斗力的基础。党的十八大以来，以习近平同志为核心的党中央坚定不移推进全面从严治党向基层延伸，坚持以提升组织力为重点，突出政治功能，推动各领域基层党组织全面进步全面过硬，基层党组织凝聚力战斗力显著增强。近年来，在脱贫攻坚、乡村振兴、疫情防控等急难险重任务中，各领域基层党组织积极发挥战斗堡垒作用，引领广大党员发挥先锋模范作用，在大战大考中交出合格答卷。实践证明，基层党组织和党员始终是广大群众最可靠、最坚强的主心骨。三涧溪村从抓党建入手，通过抓班子带队伍，发挥党员带动作用、以党风带家风促民风，不断提升基层党组织的凝聚力、战斗力，短时间内实现了由“乱”到“治”的蝶变。三涧溪村所发生的变化得益于党建引领，得益于基层党组织的坚强有力。

第二，事业成败，关键在人，根本在干。乡村要发展得好，很重要的一点是要有好班子和像高淑贞这样的好带头人。“农村富不富，关键看支部；支部强不强，要看领头雁。”三涧溪村所发生的变化，得益于基层党组织负责人心中有党、心中有责、记民于心，得益于基层党员干部立足实际、为民尽责、精准引领、踏实肯干。那些政治能力强、综合素质高、攻坚能力强的党员干部，在乡村振兴工作的前沿发挥着至关重要的领路人作用。乡村振兴必须有强有力的党组织做保障，必须持续强化“领头雁”工程建设，抓好支部书记这个“关键少数”，培养千千万万名组织能放心、群众能认可的优秀的农村基层党组织书记，强化村两委班子力量，多措并举锻造一支靠得住、信得过、顶得上的党员干部队伍。基层有广阔天地，青年当志存高远，深入基层找到建功立业、实现梦想的发展舞台。

案例
14

西部大开发：新世纪的决策　新时代的格局

核心阅读

改革开放以来，全国各地经济都有很大发展，但由于发展速度不同，西部和东部地区的差距不断扩大。党中央、国务院高度重视西部地区经济发展，于1999年作出西部大开发战略的重大决策，由此拉开了被称为人类历史上“规模最大、难度最大”的大开发战略序幕。自此，西部地区进入了历史上经济增长最迅速、社会进步最显著、人民生活改善最快速的发展期。2019年3月，习近平总书记主持召开十九届中央全面深化改革委员会第七次会议，会议审议通过了《中共中央 国务院关于新时代推进西部大开发形成新格局的指导意见》，擘画新时代的更高目标。2022年10月，推进西部大开发形成新格局被写入党的二十大报告中。5年春华秋实，西部地区产值已从2019年的20.5万亿元增长至2023年的26.9万亿元，年均增长4.9%，增速居四大板块之首。2024年4月23日，习近平在重庆主持召开新时代推动西部大开发座谈会并发表重要讲话，为进一步推进西部大开发形成新格局谋篇布局。一个更具活力、更加开放、更加美丽的中国西部，正在新起点上乘势谱写高质量发展的新篇章。

我国西部地区涵盖内蒙古、广西、重庆、四川、贵州、云南、西藏、陕西、甘肃、青海、宁夏、新疆等12个省、自治区、直辖市，拥有全国72%的国土面积、27%的人口，地域辽阔，资源富集，具有独特的区位优势，在维护国家生态安全、水安全、能源资源安全、国防边境安全等方面具有重要战略地位。

大战略：为西部地区跨越式发展擘画蓝图

早在1952年拟定第一个五年计划的时候，中央就重点关注了西部发展问题。1956年，毛泽东在《论十大关系》中阐明了沿海和内地的关系，提出“新的工业大部分应当摆在内地，使工业布局逐步平衡。”1988年，在改革开放的新形势下，邓小平提出，沿海地区要加快对外开放，从而带动内地更好地发展，“这是一个事关大局的问题。内地要顾全这个大局”。他同时强调，发展到一定时候，又要求沿海拿出更多力量来帮助内地发展，“这也是个大局”。

2000年1月，国务院西部地区开发领导小组在北京召开会议指出，加快中西部地区发展的条件已经基本具备，时机已经成熟。一场被称为人类历史上“规模最大、难度最大”的战略大开发，在占据中国版图三分之二的西部大地拉开帷幕，范围包括渝、川、贵、云、藏、陕、甘、青、宁、新、蒙、桂等12个省、自治区、直辖市。

党的十八大以来，习近平总书记先后30多次深入西部考察调研，足迹遍布西部12个省、自治区、直辖市，为新时代西部地区发展把脉定向、擘画蓝图。2019年3月，十九届中央全面深化改革委员会第七次会议召开，审议通过了《中共中央 国务院关于新时代推进西部大开发形成新格局的指导意见》，党的二十大报告提出“促进区域协调发展”“推动西部大开发形成新格局”，从新世纪的新决策到新时代的新格局，西部大开发迎来了“升级版”。2024年4月，习近平总书记在重庆主持召开新时代推动西部大开发座谈会，强调要进一步形成大保护大开放高质量发展新格局，进一步为西部地区发展擘画新图景。

大创新：激活发展新动能

“2024你好”，绿光闪烁间，脉冲宽度极窄的飞秒激光在火柴头上刻下了这几个字。这种令人叹为观止的场景，在西安中科微精光子科技股份有限公司十分常见。走进激光加工车间，一台台高速运转的设备，正在用飞秒激光进行各种精细加工，“雕刻”出一条创新发展的生动曲线。光子产业是21世纪最具革命性、基础性、先导性的战略高技术产业之一。作为国内首个布局光子产业的省份，陕西正向具有全球影响力的光子产业生态高地的战略目标加速前进，打造千亿级光子产业集群。

放眼西部，以创新孕育新动能的画卷正徐徐展开：川渝联合打造电子信息、汽车、装备制造、消费品等4个万亿级产业；宁夏中卫建成西部云基地，已有大型超大型数据中心14个，标准机架6.7万个；陕西光子产业总产值两年多来以每年超过50%的速度递增，企业数量从不足100家增至320余家……西部地区已打造新材料、生物医药等9个国家级战略性新兴产业集群和电子信息、航空等5个国家级先进制造业集群，工业增加值由2019年的5.8万亿元增长到2023年的8.1万亿元。持续优化重大生产力布局，充分发挥比较优势，西部地区高质量发展迈出更大步伐，地区生产总值从2019年的20.5万亿元增长至2023年的26.9万亿元，年均增长4.9%，增速居四大板块之首。

大保护：走绿色发展新路

广阔西部地区涵盖12个省、自治区、直辖市，占我国国土面积七成多，既是我国许多大江大河的发源地，也是森林、草原、湿地等生态资源的集中分布区和重要的生物多样性聚集区，还是我国水土流失、土地石漠化荒漠化最严重的地区。国家重要的生态安全屏障的独特地位，决定西部大开发必须格外重视生态文明建设。

甘肃祁连山生态保护由乱到治，陕西秦岭群山巍峨、林木葱茏，内蒙古“一湖两海”重现生机，云南苍山洱海风光更加绮丽……党的十八大以来，特别是党中央对新时代推进西部大开发形成新格局作出部署以来，西部地区生态环境保护修复取得重大成效，高质量发展能力明显提升。

从《西部地区重点生态区综合治理规划纲要（2012—2020年）》到《三江源国家公园总体规划（2023—2030年）》，我国在西部地区实施了水土保持、退耕还林、退牧还草、天然林保护、三北防护林、湿地保护与恢复、野生动植物保护及自然保护区建设等一批重点生态保护和建设工程，使得西部地区生态环境保护和治理取得明显成效。风吹草低的内蒙古，牧民们接回觅食的牛羊，迎来一年一度的休牧期；铝资源丰富的广西不断向“绿”探索，以技术改造大幅降低耗电量；川渝两地加强区域联防联控提高污染天气应对能力……西部大开发战略实施以来，累计实施退耕还林还草超过 3.2 亿亩，森林覆盖率显著提高；长江干流、黄河干流全线达到Ⅱ类水质；汾渭平原 2023 年 $PM_{2.5}$ 浓度较 2019 年下降 18.8%。

在开发中保护、在保护中开发，是西部大开发的题中之义。西部省份守护好上游生态安全，不仅展现出大美西部新面貌，也为国家的长远发展、可持续发展奠定了坚实基础。

大开放：打造开放新高地

以重庆为坐标，中欧班列向西直抵欧洲，“渝满俄”铁路向北到达俄罗斯，长江黄金水道向东联通中部地区和长三角。一条条通道辐射八方，象征着开放的道路越走越宽。

重庆是西部大开放的一个缩影。重庆国际物流的铁路集装箱中心站昼夜吞吐不息，过去这里是个不起眼的小站，如今因中欧班列和西部陆海新通道联通世界。在重庆国际物流枢纽园区大屏幕上的地图，以重庆为坐标点，绘就了联通世界的“大动脉”：向西，中欧班列直抵欧洲；向北，“渝满俄”铁路纵贯南北；向东，长江黄金水道联通中部地区和长三角；向南，西部陆海新通道跨山越海。立足西部，列车轰鸣声替代古代驼铃，一个个国际大通道由此生发，联结起区域开放发展之路。从 2018 到 2023 年，西部地区累计开行中欧班列 3.5 万列，占全国总数的 50.5%；2023 年西部地区进出口总额达 3.7 万亿元，较 2019 年增长 37%；布局建设 6 个自贸试验区和 40 个综合保税区。2023 年西部地区进出口总额较 2019 年增加了四成。

2023 年 11 月 1 日，我国在西北沿边地区设立的首个自贸试验区——中国（新疆）自由贸易试验区揭牌成立。抢抓机遇，趁势而上。揭牌成立仅 3 个月后，新疆自贸试验区新增企业便达到 3 000 余家。

此外，西部各省份积极融入“一带一路”建设，着力构建内陆多层次开放平台。川渝自由贸易试验区协同开放示范区、“一带一路”对外交往中心加快建设；新疆以重点开放平台为抓手，推动“一带一路”核心区建设迈上新台阶；内蒙古深度参与中蒙俄经济走廊建设……突破曾经的区位劣势，陆海内外联动、东西双向互济的开放格局正在西部形成。

如今，一个更加开放、更加美丽、更具活力的西部正加速呈现。

思考讨论

1. 习近平总书记在重庆考察并主持召开新时代推动西部大开发座谈会，强调：“推动西部大开发是一项世纪工程。我们要保持战略定力，继续脚踏实地、埋头苦干、稳扎稳打，在中国式现代化建设中奋力谱写西部大开发新篇章！”请你结合案例谈谈，西部地区是如何通过大开发战略推进高质量发展的？

2. 在推进西部大开发战略中，习近平总书记多次强调要牢牢守住发展和生态两条底线。如何理解和坚持这两条底线？

3.“千钧将一羽，轻重在平衡。”习近平总书记一直高度重视区域协调发展，党的十八大以来，从京津冀到粤港澳，从长江之滨到成渝地区，区域重大战略和区域协调发展战略深入实施，为我国经济高质量发展提供了不竭动力。除了西部大开发战略，我国还实施了哪些区域协调发展战略？请谈谈这些战略在推进中国式现代化中的重要作用。

教学建议

本案例主要适用于第六章第一节“建设现代化经济体系”中的协调部分的辅助教学。促进区域协调发展，是关乎全局的重要战略举措，是贯彻新发展理念、建设现代化经济体系的重要组成部分。本案例围绕西部大开发战略出台和实施过程，以推进西部大开发形成新格局为主线，采用了微观和宏观相结合的方式，以点带面，分别从大创新、大保护、大开放等方面介绍了近年来西部大开发取得的重大成就。

组织教学建议

第一，在案例讲授之前，可以提前将《中共中央 国务院关于新时代推进西部大开发形成新格局的指导意见》发送给学生，为进一步学习案例做理论准备。党的十八大以来，在以习近平同志为核心的党中央坚强领导下，西部地区经济社会发展取得重大历史性成就，扩展了国家发展的战略回旋空间。但同时，西部地区发展不平衡不充分问题依然突出，与东部地区发展差距依然较大，维护民族团结、社会稳定、国家安全任务依然繁重，仍然是实现社会主义现代化的短板和薄弱环节。新时代继续做好西部大开发工作，对于增强防范化解各类风险能力，促进区域协调发展，开启全面建设社会主义现代化国家新征程，具有重要现实意义和深远历史意义。

第二，在案例引入环节，可以通过播放歌曲《天路》，或者轮播青藏铁路、南水北调、西电东送、西气东输等重大工程的图片，请学生回答这些工程建设的时代背景是什么？从而勾勒出20年来西部大开发取得的重大成就，引入案例文本。

第三，注意引导学生理解案例文本结构。案例第一部分“大战略：为西部地区跨越式发展擘画蓝图”勾勒了新中国成立后到今天，国家在不同发展阶段对西部发展的构想和措施。第二至四部分依据《中共中央 国务院关于新时代推进西部大开发形成新格局的指导意见》中提出“形成大保护、大开放、高质量发展的新格局”的要求，分别从“大创新：激活发展新动能”“大保护：走绿色发展新路”“大开放：打造内陆开放高地”三方面进行了阐述。

第四，在案例讨论过程中，注意引导学生学习习近平总书记关于西部大开发的重要论述和指示批示精神，例如2021年2月，习近平总书记在贵州考察调研时强调，坚持以高质量发展统揽全局，守好发展和生态两条底线，统筹发展和安全工作，在新时代西部大开发上闯新路，在乡村振兴上开新局，在实施数字经济战略上抢新机，在生态文明建设上出新绩。2022年7月12日至15日，习近平在新疆考察调研时强调“随着共建‘一带一路’

深入推进，新疆不再是边远地带，而是一个核心区、一个枢纽地带”。2024 年 4 月在重庆考察调研时强调，建设成渝地区双城经济圈是党中央作出的重大战略决策，重庆、四川两地要紧密合作，不断提升发展能级，共同唱好新时代西部“双城记”。通过学习相关讲话精神，引导学生站在国家战略全局和时代发展高度认识和理解新时代的西部大开发。

总结提升建议

第一，促进区域协调发展是高质量发展的必由之路。强化举措推进西部大开发形成新格局，是党中央、国务院从全局出发，顺应中国特色社会主义进入新时代、区域协调发展进入新阶段的新要求，是统筹国内国际两个大局作出的重大决策部署，是中国经济社会高质量发展的必由之路。西部地区经济社会发展水平与沿海地区相比还有不小差距，是实现“两个一百年”奋斗目标的重点和难点。西部地区各省区市必须立足省域实际、发挥比较优势，围绕新发展理念打造西部发展新引擎，推动西部地区产业现代化、制度与治理现代化，探索高质量发展的西部路径。新时代西部大开发肩负的战略使命包括：促进区域协调发展，破解西部地区发展不平衡不充分的问题；巩固国家生态安全屏障，促进西部地区可持续发展；促进陆海内外联动和东西双向互济，提升西部地区开放水平；增强内生增长动力，推动西部地区高质量发展；保障和改善民生，实现西部地区民族团结和边疆稳定。

第二，促进区域协调发展是立足新发展阶段构建新发展格局的战略决策。全面建成小康社会、实现第一个百年奋斗目标之后，我们要乘势而上开启全面建设社会主义现代化国家新征程，向第二个百年奋斗目标进军，这标志着我国进入了一个新发展阶段。在新发展阶段，区域协调发展战略也进入新的时期。从国内形势来看，中国经济由高速增长阶段转向高质量发展阶段，需要以国内大循环为主体，疏通生产、分配、流通、消费各环节的堵点、痛点、难点。从国际来看，近年来，经济全球化遭遇逆流，国际经济循环格局发生深度调整。在这样的背景下，党中央提出加快构建以国内大循环为主体、国内国际双循环相互促进的新发展格局，这是一项关系我国发展全局的重大战略任务。加快西部地区开放发展既是我国实现均衡发展、缩小区域差距的需要，也是扩大内需市场，实现以内循环为主体、外循环相协调的新发展格局的必然要求。

第三，促进区域协调发展必须筑牢生态底线，走绿色发展之路。习近平总书记多次强调，把生态环境保护作为区域发展的基本前提和刚性约束。西部大开发是以“大保护”为前提的大开发。以大保护为前提的开发，就是不搞破坏性开发，走生态优先、绿色发展之路。一方面，随着时代条件与社会主要矛盾的变化，要求西部大开发既不能重蹈牺牲环境换发展的覆辙，也不能简单复制照搬其他地区的发展经验，必须在新发展理念指引下，主动求变，创新治理手段与治理策略；另一方面，西部地区的发展基础、自然地理条件等客观现实迥异于其他地区，发展基础薄弱、生态约束较大的特点更为明显，这也要求新时代西部大开发必须积极探索更加务实、科学的治理方式。中央对于西部地区的高质量发展给出了方向：要以高水平保护支撑高质量发展，优化国土空间开发保护格局，强化生态资源保护；大力推动传统产业节能降碳改造，有序推进煤炭清洁高效利用；完善生态产品价值实现机制和横向生态保护补偿机制。西部大开发战略实施 20 多年来，特别是党的十八大以来，西部省份坚定贯彻绿水青山就是金山银山理念，努力走出了一条生态优先、绿色发展的新路。

第四，促进区域协调发展必须以开放发展为动力。40 余年来，中国对外开放与区域协调发展相互促进、相得益彰。区域开放布局优化将有助于解决区域、城乡发展不平衡问题，促进区域协调发展。西部大开发是以“大开放”为牵引的大开发。西部地区地域广大，既是我国资源禀赋丰富的地区，也是内外开放潜力巨大的区域，既是我国与周边邻国边界最长的地区，也是我国边境口岸最多的地区，陆上交通战略地位十分突出，在经济发展和对外开放方面，有许多可待挖掘的潜力。《中共中央 国务院关于新时代推进西部大开发形成新格局的指导意见》中，支持新疆加快丝绸之路经济带核心区建设，形成西向交通枢纽和商贸物流、文化科教、医疗服务中心。支持重庆、四川、陕西发挥综合优势，打造内陆开放高地和开发开放枢纽。支持甘肃、陕西充分发掘历史文化优势，发挥丝绸之路经济带重要通道、节点作用。支持贵州、青海深化国内外生态合作，推动绿色丝绸之路建设。支持内蒙古深度参与中蒙俄经济走廊建设。提升云南与澜沧江—湄公河区域开放合作水平。按照中央作出的系列部署，地处内陆深处的西部省份，携手共进，在西部大开发新格局中进一步走向开放前沿。

第五，促进区域协调发展必须因地制宜发展新质生产力。现代化产业体系是新时代促进西部地区高质量发展的根基，要坚持把发展特色优势产业作为主攻方向，将科技创新深植在西部地区产业发展的沃土之中。在西部地区发展特色优势产业有助于发挥地区比较优势，提升产业集聚度和竞争力，增强西部地区经济竞争力和可持续发展能力；有助于西部地区实现产业结构的优化和升级等。要以特色优势产业促进西部地区的资源、区位、市场、劳动力等比较优势转化为经济优势，让代表新技术、创造新价值、塑造新动能的新质生产力不断涌现，不断增强西部地区高质量发展的“硬实力”。

■ 启示意义

西部大开发不仅关系西部地区经济社会高质量发展，也涉及中国式现代化进程中国家整体发展格局的优化和完善。西部大开发通过强化举措抓重点、补短板、强弱项，提高政策精准性，推动形成大保护、大开放、高质量发展的新格局。锚定新质生产力，坚持把发展特色优势产业作为主攻方向；突出大保护，“坚持以高水平保护支撑高质量发展”；聚焦大开放，“坚持以大开放促进大开发”；提升安全保障能力，“坚持统筹发展和安全”；落脚于民生，“坚持推进新型城镇化和乡村全面振兴有机结合”；放眼民族团结和边疆稳定，“坚持铸牢中华民族共同体意识”。西部大开发的实践充分证明，促进区域协调发展，要尊重客观规律、发挥比较优势，按照宜工则工、宜商则商、宜农则农、宜粮则粮、宜山则山、宜水则水的要求，深入实施区域协调发展战略，健全更加有效的区域协调发展新机制，推动我国区域高质量发展更加协调、更有效率。

案例 15

砥砺前行，只为点亮北斗“星光”

核心阅读

2020 年 7 月 31 日上午，习近平总书记出席北斗三号全球卫星导航系统建成暨开通仪式并宣布北斗三号全球卫星导航系统正式开通。这标志着我国建成了独立自主、开放兼容的全球卫星导航系统。三十载北斗追梦，看今朝领航苍穹。从 1994 年北斗系统工程立项至今的 30 多年间，几代北斗人栉风沐雨、接续奋斗，坚持自主创新、分步建设、渐进发展，走出一条从无到有、从有到优，从有源到无源、从区域到全球的中国特色卫星导航系统建设道路，为更好服务全球、造福人类贡献了中国智慧和力量。截至 2023 年 11 月，北斗系统已实现全天候、全天时、高精度为全球 230 余个国家和地区、超过 15 亿用户提供定位、导航与授时服务。中国北斗系统为世界卫星导航事业发展作出了重要贡献，为全球民众共享更优质的时空精准服务提供了更多选择，也为我国重大科技工程管理现代化积累了宝贵经验。

“北斗三号全球卫星导航系统正式开通!”2020 年 7 月 31 日 10 时 48 分，习近平总书记向全世界宣告。这意味着，中国自主建设、独立运行的全球卫星导航系统已全面建成开通，中国北斗迈进了高质量服务全球、造福人类的新时代。截至 2023 年 11 月，北斗系统已实现全天候、全天时、高精度为全球 230 余个国家和地区、超过 15 亿用户提供定位、导航与授时服务。

2024 年 9 月 19 日 9 时 14 分，乳白色的长征三号乙运载火箭从西昌卫星发射中心西昌发射场腾空而起，将两颗北斗导航卫星送入茫茫太空。这是北斗三号全球卫星导航系统的最后两颗卫星。任务的成功，标志着北斗三号全球卫星导航系统工程正式收官，意味着中国人独立自主建设的北斗系统进入发展新征程。

从立项论证到启动实施、从双星定位到区域组网，再到覆盖全球，我国卫星导航系统建设历经 30 多年探索实践，走出了一条自力更生、自主创新、自我超越的建设发展之路，建成了我国迄今为止规模最大、覆盖范围最广、服务性能最高、与百姓生活关联最紧密的巨型复杂系统，成为我国第一个面向全球提供公共服务的重大空间基础设施。

“我们需要自己的时空基准”

在我国筹建北斗卫星导航系统（BDS）之时，世界上已经建成全球卫星导航系统：美国的全球定位系统（GPS）、俄罗斯的格洛纳斯（GLONASS）。可我们为什么还要下大力气建设北斗？

“我们需要自己的时空基准，用自己的卫星系统来描述自己的时空位置，这样在关键时刻才不会受制于人！”北斗卫星导航系统总设计师杨长风坚定地说。

说起关键核心技术不能受制于人，有一个历史事件不得不提：1993年，我国“银河号”货轮从天津港出发前往伊朗，行至印度洋公海海域时突遇美国拦截，称该货轮涉嫌运输化学武器，要求上船检查。就在中方考虑如何回应时，美国直接切断了货轮的GPS信号。一时间，“银河号”失去方向，被迫在印度洋上漂泊了22天。

打破发达国家对导航技术的垄断，成为中国航天人的时代使命。北斗系统的建成，让我国成为世界上第三个独立拥有全球卫星导航系统的国家，宣告了中国在卫星导航领域不再受制于人。

独辟蹊径的北斗之路

1994年，中国启动自主建设、独立运行的卫星导航系统——北斗工程。

在建设之初，有人曾问：美国GPS、俄罗斯（GLONASS）建设已打好样板，北斗系统模仿复制，岂不简单？但特殊的国情要求中国另辟蹊径。

面对美国和俄罗斯“一步建全球”完成全球组网的先发优势，中国的北斗系统从国情出发，选择了“先区域、后全球”的“三步走”发展计划。

通过卫星获取某一地点的位置，一般需要在太空中布置至少3颗导航卫星，即三球交会定位原理。但在20世纪90年代，短期内发射这些卫星对中国来说勉为其难。于是，中国人创造性地提出“双星定位”构想，以最小星座、最少投入、最短周期实现“从无到有”。

2000年首批两颗卫星成功入轨，我国建成北斗一号试验系统，成为世界上第三个拥有自主卫星导航系统的国家。2012年建成北斗二号区域系统，为亚太地区提供服务。2020年建成北斗三号全球系统，开通全球服务。

北斗系统从无到有、从有到优，用30多年走完其他全球卫星导航系统40多年的发展之路，成为第三个建成的全球卫星导航系统，处于世界先进水平。

“北斗的研制，是中国人自己干出来的”

在北斗研制过程中，中国也曾试图进行国际合作，并于2003年与欧方就加入“伽利略计划”问题草签协议。然而，终因亲美的欧盟对中国进行排挤而无疾而终。中国别无选择，在自主发展的道路上披荆斩棘，不断攻坚克难。

——攻克无“钟”之困。星载原子钟是导航卫星的“心脏”，其性能对系统定位和授时精度具有决定性作用。北斗卫星研制初期，原子钟主要从国外进口。但北斗二号系统建设之初，与国外公司谈判引进原子钟时中途受阻。怎么办？北斗人决定自己干。2005年，北斗人组织了三支队伍你追我赶进行攻关，仅仅用了2年时间就从无到有、从有到精，拥有了性能指标不断提高的铷原子钟，填补了国内空白。

——消除缺“芯”之忧。缺少“中国芯”，一直是困扰我国高科技领域的一块“心病”。中国卫星导航系统管理办公室通过揭榜挂帅，组织国内 40 余家单位，创新管理模式，打破中标项目终身制，成功研发了体积更小、功耗更低、精度更高的射频系带一体化导航定位芯片，北斗拥有了自己的“中国芯”。如今，国产北斗芯片工艺达到世界先进水平，性价比与世界主流产品相当。

——破解布“站”之难。按照传统全球卫星导航系统的建设和运行模式，需要在全球范围内建立分布均匀的地面站。为解决北斗系统海外建站的难题，北斗系统首创星间链路，创造性地提出高效解决方案。通过星间链路，所有在轨北斗卫星连成一张大网，相互间可以通信、测距，能自动“保持队形”，不仅减小地面站规模、减轻地面管理维护压力，而且还使卫星定位精度大幅提高。凭借这一“绝活”，中国北斗实现了全球服务能力，性能达到世界一流。

“巨人对我们技术封锁，不让我们站在肩膀上，唯一的办法，就是自己成为巨人。”北斗一号卫星总指挥李祖洪说，“北斗的研制，是中国人自己干出来的。”

北斗应用助力美好生活

“前方路口红灯倒计时 37 秒”“红灯即将变绿”……细心的驾乘者会发现，打开高德地图 App 导航时，一个“红绿灯倒计时”的功能让人顿觉新奇。这正是借助“互联网＋地图＋信控”等技术，利用“北斗高精”一体化精准定位导航技术实现的一项应用突破。

北斗卫星，远在天外；以其为基础的应用，却直达人们身边。北斗系统是我国迄今为止规模最大、覆盖范围最广、服务性能最高、与百姓生活关联最紧密的巨型复杂系统。与其他卫星导航系统相比，北斗系统除了可提供全球定位导航授时服务外，还可提供全球短报文通信、区域短报文通信、星基增强、国际搜救、精密单点定位、地基增强等七种服务，能更好地满足用户的多元化需求。

2008 年 5 月 12 日，汶川发生大地震。天崩地裂间，汶川、映秀等地的通信瞬间中断。数小时后，一支携带北斗终端的救援队伍进入汶川并利用北斗短报文功能将消息传递出来，北斗成为震区当时唯一的通信方式，大大加快了救援的效率。

2020 年初，新冠疫情突如其来，在武汉火神山、雷神山医院建设中，北斗卫星导航系统的高精度定位设备火速驰援，确保工地大部分放线测量一次完成，为两座医院迅速施工争取了宝贵时间。

2023 年 7 月，湖南省浏阳市一个村庄突降暴雨，造成该村一户居民住房倒塌。浏阳市自然资源局依托湖南中勘北斗研究院打造的监测预警系统收到预警，在房屋出险前转移了屋内两名居民，避免了人员伤亡。

在上海，它记录着所有公交车轨迹，提供实时到站预报；在伊犁，它精确引导拖拉机，每千米播种作业偏差不超 2.5 厘米；在青海，它守护着藏羚羊迁徙路线，看着藏羚羊穿越长夜昏晓，穿越无人之地……如今，北斗的应用领域不断拓展，已全面服务于交通运输、公共安全、救灾减灾、农林牧渔等行业，加速融入电力、金融、通信等基础设施，深刻改变着人们的生产生活方式。

与世界分享“中国北斗”

中国的北斗，愿与世界分享。2013 年，缅甸农业使用了 500 余台高精度北斗终端，这是北斗高精度产品首次在东南亚国家批量应用于农业数据采集、土地精细管理。2015 年，基于北斗系统的高精度接收机应用于科威特国家银行总部 300 米高摩天大楼建设，实现了施工过程中垂直方向毫米级测量误差。这是北斗系统首次在海外应用于高层建筑监测。2018 年，北斗系统走进新加坡，基于北斗高精度的静音打桩系统可进行桩点精准管理，每个打桩点精度可达厘米级，同时大幅提高钻机钻孔速度。特别是自 2018 年 12 月 27 日北斗系统开始提供全球服务以来，已同包括“一带一路”国家和地区在内的诸多国家和地区展开合作，大幅提升其服务性能。为中俄跨境运输、巴基斯坦国家位置网、缅甸大湄公河监管、老挝精准农业、印度尼西亚土地确权、马尔代夫海上打桩、柬埔寨无人机、泰国仓储物流、乌干达国土测绘等领域，提供成功的应用解决方案。截至 2021 年 3 月，国产北斗基础产品已出口 120 余个国家和地区，在东盟、南亚、东欧、西亚、非洲等地得到成功应用。北斗提供全球服务，是北斗发展的新起点。正如北斗系统工程首任总设计师孙家栋院士所说，“北斗一定要走向国际，因为卫星本身就是全球化的”。

思考讨论

1. 北斗系统建设之初，世界上已有其他全球卫星导航系统提供服务。中国为什么还要建立自己的卫星导航系统？北斗卫星导航系统为什么要“三步走”？

2. 党的十八大以来，以习近平同志为核心的党中央坚持把科技创新摆在国家发展全局的核心位置。请谈谈新时代推进科技创新、努力提升自主创新能力的重大意义。

3. 习近平总书记曾深刻指出，“关键核心技术是要不来、买不来、讨不来的”。你如何理解这一论断的深刻内涵？请结合北斗系统建设的相关事实加以探讨。

教学建议

本案例主要适用于第七章“社会主义现代化建设的教育、科技、人才战略”综合性辅助教学。案例介绍了我国北斗卫星导航系统从无到有、从有到优的发展历程，展现了中国人民紧密结合自身国情坚持自主创新、攻坚克难，打破发达国家对导航技术的垄断所取得的重大发展成果。

组织教学建议

第一，要引导学生了解中国坚持建立自己的卫星导航系统的原因及重要意义。1994 年，尽管中国财政十分拮据，但我们仍决定建立自己的卫星导航系统，其直接原因即为案例文本中提到的发生于 1993 年的“银河号”事件。“银河号”屈辱的消息传回国内，孙家栋院士与国防科工委副主任沈荣骏联名“上书”，建议启动中国的卫星导航工程。1994 年 12 月，北斗导航实验卫星系统工程获得国家批准。在教学过程中，教师还可补充另一背景：海湾战争中精确制导武器的应用。1991 年，海湾战争开创了以空中打击力量决胜的先例，最亮眼的是精确制导武器，而美国 GPS 为精确制导武器提供了关键技术支持。此后，GPS 定位系统成为各国关注的焦点。北斗系统的成功建立意义重大，一方面，关系着国家安全的维护；另一方面，也关系着民生领域的发展。尽管卫星导航系统最早源于战争需求，但它的作用远不止军事领域，在国民生产生活诸多领域，如无人驾驶、测绘、航海、救灾等，卫星导航系统都扮演着重要角色，发挥着无可替代的作用。

第二，要引导学生认识到我国北斗卫星导航系统选择“先区域、后全球”的“三步走”发展计划而非“一步建全球”的主要依据。中国的北斗系统建设，必须坚持从国情出发，这是采取“三步走”发展计划的根本依据。具体而言，北斗系统建设之初，最现实的国情就是当时中国经济实力薄弱，我们的国家很“穷”，而卫星导航项目又太“烧钱”。以美国为例，从 1973 年开始研发 GPS，到 1994 年，美国就已投入了超过 200 亿美元，每年维护费就高达 5 亿美元。而在北斗系统立项的 1994 年，我国包括航天在内七大技术领域的“863”计划预算一共才 100 亿元人民币，可谓是囊中羞涩。当然，穷有穷的办法。于是，我国将卫星导航系统建设分“三步走”：第一步是覆盖国内，第二步是覆盖亚太，第三步再覆盖全球。这就是北斗一号、北斗二号、北斗三号的由来。

第三，要引导学生认识到北斗卫星导航系统建设过程中重视自主创新的必要性和重大意义。一方面，可以习近平总书记“关键核心技术是要不来、买不来、讨不来的”这一重要论断为切入点，在剖析“关键核心技术”的内涵和外延基础上，阐释加强自主创新、掌握关键核心技术的深刻道理。另一方面，可以具体结合北斗卫星导航系统建设过程中的具体事例来加以说明。案例文本中涉及两处：一是中国加入欧洲伽利略全球卫星导航系统后被排挤、合作终止的事例；二是中国在进口原子钟过程中，国外原子钟厂商反复无常的事例。理论与实践都反复说明，坚持自主创新是中国实现跨越式发展的必由之路。北斗卫星导航系统从无到有、从弱到强，充分彰显了中国智慧、中国速度、中国精度，更说明只要矢志创新，中国完全可以自主掌握核心技术。

第四，要通过引导学生全方位了解北斗卫星导航系统的功能应用，增加学生对科技创新重大意义的感性认识。北斗卫星导航系统的应用场景和应用实例非常丰富。小到一顶安全帽，大到交通运输、农林牧渔……北斗系统提供服务以来，已在交通运输、农林渔业、水文监测、气象测报、通信系统、电力调度、救灾减灾、公共安全等领域得到广泛应用，产生了显著的经济效益和社会效益。案例囿于篇幅限制和叙事逻辑只是揭开了冰山一角。在教学过程中，教师可以引导学生进一步查阅和搜集资料，感受北斗卫星导航系统几乎无所不在的神奇应用。

第五，要通过引导学生了解“中国北斗”与世界分享的理念和实践，深化对北斗应用价值的理解。北斗始终坚持“中国的北斗、世界的北斗、一流的北斗”的发展理念，愿同世界各国共享北斗系统建设发展成果，共促全球卫星导航事业蓬勃发展。随着北斗三号系统正式开通服务，从国内到国外，从区域到全球，北斗服务正在为更多国家和人民所共享。截至 2021 年 3 月，国产北斗基础产品已出口 120 余个国家和地区，在东盟、南亚、东欧、西亚、非洲等地得到成功应用。北斗提供全球服务，是北斗建设的一大步，也是北斗发展的新起点。正如孙家栋所说，“北斗一定要走向国际，因为卫星本身就是全球化的”。

总结提升建议

第一，自力更生是中华民族自立于世界民族之林的奋斗基点，自主创新是中国攀登世界科技高峰的必由之路。自主创新，就是从增强国家创新能力出发，加强原始创新、集成创新和开放创新，确保国家拥有自主可控的科技创新能力。抓住了自主创新，就抓住了科学技术发展的战略基点。中国北斗导航系统的发展历程，完美展现了中国人自主创新的志气和智慧。目前世界上只有四大导航系统，即我国自主研发的北斗卫星导航系统（BDS）、由美国研发并由美国主导的 GPS、俄罗斯的 GLONASS 和欧盟的伽利略卫星导航系统（GALILEO）。三十多年的探索实践，历经三代人的接力贡献，北斗卫星导航系统已经成为联合国卫星导航委员会认定的供应商之一，并已正式加入国际民航组织（ICAO）标准，成为全球民航通用的卫星导航系统，成为我国自主创新取得的里程碑式重大科技成果。推而广之，C919 大飞机完成国内取证试飞、“墨子号”首次实现 1 200 公里地表量子态传输、全球最大 5G 网络建成……近年来，我国科技创新领域捷报频传。一项项突破性成就，一个个重磅成果，是我国自主创新的有力注脚，增强了我国实现高水平科技自立自强的底气。

第二，科技自立自强是国家强盛之基、安全之要。科技自立自强与自力更生、自主创新一脉相承。习近平总书记曾经深刻指出，“关键核心技术是要不来、买不来、讨不来的”。在北斗卫星导航系统建设过程中，无论是加入“伽利略计划”后欧盟对中国的排挤，还是进口星载原子钟的变数，都清晰印证了这一点。作为一个大国，只有把关键核心技术掌握在自己手中，才能从根本上保障国家经济安全、国防安全和其他安全。党的十九届五中全会和六中全会都强调把科技自立自强作为国家发展的战略支撑。新时代，中国必须完整、准确、全面贯彻新发展理念，深入实施创新驱动发展战略，把科技的命脉牢牢掌握在自己手中，在科技自立自强上取得更大进展，不断提升我国发展的独立性、自主性、安全性，催生更多新技术、新产业，开辟经济发展的新领域、新赛道，形成国际竞争新优势。

第三，坚持走中国特色自主创新道路是把我国建设成为世界科技强国和社会主义现代化强国的必由之路。过去，走中国特色自主创新道路，我们取得了以“两弹一星”、载人航天为标志的一批重大科技成果，科技实力和综合国力不断提升。党的十八大以来，我国坚持创新在现代化建设全局中的核心地位，深入实施科教兴国战略、新时代人才强国战略、创新驱动发展战略，在中国特色自主创新道路上稳步前行。通过全社会共同努力，我国科技事业取得历史性成就、发生历史性变革。重大创新成果竞相涌现，一些前沿领域开始进入并跑、领跑阶段，科技实力正在从量的积累迈向质的飞跃，从点的突破迈向系统能力提升。中国北斗系统建设过程中，既面临美国和俄罗斯导航系统的先占优势，又有欧盟伽利略系统的激烈竞争（如频率资源的争夺），国内经济实力又较为有限，建设之路何其艰难！但就是坚持从国情出发，走中国特色自主创新道路，我们把发展的主动权牢牢掌握在自己手中，取得累累硕果。如今，一系列技术瓶颈被相继攻克，北斗系统核心部件国产化率已提高至 100%。面向未来，我们有社会主义制度集中力量办大事的显著优势，有规模庞大的科技人才队伍，还有较为完整的科技创新链、产业链体系和庞大的市场容量，这些都为科技发展提供了广阔空间。

第四，教育、科技、人才是全面建设社会主义现代化国家的基础性、战略性支撑。党的二十大报告首次单独成章对教育、科技、人才工作进行一体部署，充分彰显了教育、科技、人才在全面建设社会主义现代化国家新征程上的基础性、战略性支撑地位，为新时代教育和科技创新工作指明了前进方向。高质量教育体系是科技力量可持续发展和创新要素可持续供给的保障，是源源不断培养造就高素质人才队伍的基础。同时，高水平的科技发展体系、充满活力的人才队伍，又能极大激发教育的高质量发展。三者既相互作用又相互促进，是一个有机整体。20 世纪 90 年代以来，我国相继实施科教兴国战略、人才强国战略、创新驱动发展战略。特别是党的十八大以来，以习近平同志为核心的党中央把教育事业、科技事业、人才培养放在优先和突出位置。我国已建成世界上规模最大的教育体系，各级教育普及程度均达到或超过中高收入国家平均水平；基础研究和原始创新不断加强，我国已进入创新型国家行列；人才队伍快速壮大，我国已经拥有一支规模宏大、素质优良、结构不断优化、作用日益突出的人才队伍。北斗卫星导航系统的成功，正是得益于长期以来我国对教育、科技和人才的重视，是教育、科技、人才协同发力的重大成果。

启示意义

人无精神则不立，国无精神则不强。唯有精神上站得住、站得稳，一个民族才能在历史洪流中屹立不倒、挺立潮头。在北斗系统研制建设的过程中，北斗人秉承航天报国、科技强国的使命情怀，团结协作、顽强拼搏、勠力创新、攻坚克难，实现了从无到有、从有到优、从区域到全球的历史性跨越，一次又一次刷新中国速度、展现中国精度、彰显中国气度，孕育了自主创新、开放融合、万众一心、追求卓越的新时代北斗精神。北斗导航系统的建成，靠的就是这种精神。新时代北斗精神是以爱国主义为核心的民族精神和以改革创新为核心的时代精神在航天领域的生动展示，是“两弹一星”精神、载人航天精神等科技战线红色基因在新时代的赓续传承，是中国精神极其鲜活、极其真切、极具特色的具体体现，也是全社会的宝贵精神财富。它具有强大的鼓舞和激励作用，将指引全社会接续走好攀登科技高峰、建设航天强国的新长征路。

案例
16

人民网“领导留言板”：把民情民意落到实处

核心阅读

翻开《中华人民共和国宪法》，总纲第二条中，“中华人民共和国的一切权力属于人民”庄重醒目。人民当家作主是中国民主的本质和核心。几十年前，有西方人士臆断，西方的“自由民主”将“成为普世性的人类政府的最终形式”。几十年后的今天，西方国家社会矛盾尖锐、各种乱象频发，而中国民主不断提升到新境界，人民享有广泛充分、真实具体、有效管用的民主。互联网是意识形态交锋的最前沿，也成为民众行使民主权利的新渠道。习近平总书记指出，“领导干部要学网、懂网、用网，了解群众所思所愿，收集好想法好建议，积极回应网民关切。”人民网创办的“领导留言板”将顶层设计与问计于民结合起来，融入了中国特色的协商民主实践，是中国式民主的生动实践和典型范例。2021年12月4日，“领导留言板”被写入《中国的民主》白皮书。

互联网的出现，拓展了国家治理新领域。习近平总书记强调：“过不了互联网这一关，就过不了长期执政这一关。”人民网创办的“领导留言板”是为中央部委和地方各级党委政府主责领导干部搭建的全国性网上群众工作平台。在国务院新闻办公室2021年12月发布的《中国的民主》白皮书中，“领导留言板”作为“人民利益要求既能畅通表达，也能有效实现”的范例，被收入“广泛真实管用的民主”一章。这个互联网平台，成为中国式民主的生动样本。

汇聚民情的窗口

进入21世纪，电子政务与“网络问政”逐渐兴起，互联网成为民众行使民主权利的新渠道。2006年，人民网上线“地方领导资料库”，主要用途是收录各地领导干部的人事数据，但总有群众到资料库领导干部简历的评论区留言，反映他们遇到的民生问题。受此启发，人民网创办了“地方领导留言板”，2019年，升级更名为“领导留言板”，正式开放了部委领导留言板功能。

截至2023年12月，我国网民规模达10.92亿人，互联网普及率达77.5%，形成了世界上最庞大的数字社会。习近平总书记多次强调各级党政机关和领导干部要学会通过网络走群众路线，“让互联网成为我们同群众交流沟通的新平台，成为了解群众、贴近群众、为群众排忧解难的新途径，成为发扬人民民主、接受人民监督的新渠道。”“领导干部要学网、懂网、用网，了解群众所思所愿，收集好想法好建议，积极回应网民关切。”“领导留言板”日益成为各级党政机关了解民情的重要窗口。

云南省临沧市永德县教师王凤娇的小女儿就读于明朗完全小学。2015 年，学校的教学楼被认定为危房并拆除。然而，由于施工项目出现问题、新冠疫情暴发等原因，2018 年启动的新校舍建设一拖再拖，全校师生只能在简易板房中上课。2020 年 12 月 30 日，出于对孩子们就学安全问题的担忧，王凤娇思忖再三，把这一情况反映到“领导留言板”上。两天后，她接到信访部门的电话，得知留言已被转交办理。事实上，王凤娇留言的当天，永德县教体局便接到了临沧市教体局的督办通知。2021 年 1 月 4 日，永德县教体局与施工单位进行座谈，细化复工的各项工作，之后又成立工作专班进驻工地。9 月 1 日，占地 33 265 平方米的新校舍完工。

如今全国 31 个省区市所有省份和市县“一把手”都在这里回应群众意见建议。截至 2023 年底，来自广大群众和经营主体的 420 万件留言通过该平台得到各地区各部门回复办理。仅 2023 年一年时间里，各级党政领导干部通过人民网“领导留言板”回应群众诉求和意见建议达 67.8 万件。不少省份将做好人民网网上群众工作纳入绩效考核。例如，天津市颁布《人民网网民留言办理工作实施办法（试行）》，明确对各区各部门回复数量、办理质量及工作作风等进行年度量化考核，考核结果纳入党委（党组）网络意识形态督查内容与年度绩效考评范围。

倾听民意的平台

借助“领导留言板”，群众既对涉及自身利益的实际问题提出意见和诉求，也对基层治理和国家治理进行监督。作为各地倾听民意的平台，“领导留言板”成为监督线索的一大来源。

“广元罗强”，这是 2008 年时任广元市委书记罗强在“地方领导留言板”注册的实名账号。这也是全国第一个在“地方领导留言板”上实名公开亮相、本人操作的官员账号。在罗强看来，“网友反映的问题都是现实存在的，这些问题化解一个就少一个，处理一个就少一个”。后来，随着职务的变化，他又先后第一时间注册“绵阳罗强”“成都罗强”等实名账号。

2023 年 5 月 6 日，有网民通过人民网“领导留言板”给吉林省委书记留言，反映长春市南关区某小区业主私自扩建地下室，破坏承重墙。吉林省委办公厅网络舆情处第一时间将留言移交长春市南关区委办理，明确工作要求和办结时限，并作为重点事项跟踪督办。南关区委办公室协调住建、物业共同发力，于 5 月 12 日完成了该扩建地下室的回填工作，并及时公示房屋安全等级鉴定结果。南关区委还在全区范围内开展私拆乱建排查整治行动。这只是全国各地区各部门通过“领导留言板”倾听民意、为群众办实事的一个缩影。

针对一些群众反映的“急愁盼难”问题，地方还主动开展调研查访。仅 2021 年媒体披露的，就有黑龙江省省长胡昌升带着多条群众留言陆续到 50 个市县区暗访、随访，并将群众意见建议现场转交相关负责人；贵州省省长李炳军驱车到毕节市大方县暗访群众留言反映的污染问题，察看整改施工现场，并详细询问改造资金落实情况、整改进展及能否彻底解决问题……

越来越多的群众通过“领导留言板”反映身边事，“上留言板了解群众意见”也已成为许多领导干部的一种习惯。在“领导留言板”上，群众的诉求和意见、各级领导干部的回应和解决、群众对处理结果的满意度都是公开可查的，这使得党政干部回复和处理问题的能力被置于群众评价审视之下，进一步强化了民主监督的内涵。

集中民智的纽带

“自从国家大力提倡普及新能源电动汽车，我也是赶了一把潮流，买了一辆小电车，但现在有个问题，因与内蒙古有合作项目，长年往返北京和内蒙古，北京到张家口这段高速公路，每个服务区都有充电桩，唯独进了内蒙古的服务区一个充电桩也没有，车没有电还要下高速，去附近城区补电，这实在是太不方便了，请领导解决续航充电问题！谢谢。”2021年2月4日，网民“于柳”向内蒙古自治区主席王莉霞提出建言。

4天后，内蒙古自治区交通运输厅作出答复：“根据我区的经济发展和流量特点，将在呼和浩特、包头、鄂尔多斯以及进出京方向的乌兰察布实现充换电站覆盖率达到100%，且每对服务区不少于两座充换电站。西部地区高速公路服务区充换电站需满足最远服务间距不少于100公里，东部寒冷地区高速公路服务区需满足最远服务间距不小于150公里，以满足电动车辆的实际需求。”不仅如此，“加大充电基础设施建设力度”还被写入内蒙古自治区的“十四五”规划。这样的案例，在“领导留言板”上数不胜数。群众建言占全部留言的比例从2017年的8.3%上升至2022年的近20%。

2020年8月，党中央首次通过互联网就“十四五”规划编制向全社会征求意见和建议，来自内蒙古的农村党支部副书记李电波（网名“云帆”）在“领导留言板”上提出“互助性养老”的建议，被写入党的十九届五中全会文件，并正式纳入“十四五”规划。来自小乡村的声音“走进”了中南海。

2022年4月15日至5月16日，人民网“领导留言板”、人民日报客户端开设“我为党的二十大建言献策”专栏。新华社、中央广播电视总台所属官网、新闻客户端以及“学习强国”学习平台也分别开设专栏，听取全社会意见建议。这是党的历史上第一次将党的全国代表大会相关工作面向全党全社会公开征求意见。各平台征求意见页面总阅读量达6.6亿次，累计收到网民各类意见建议留言超过854.2万条，为党的二十大相关工作提供了有益参考。2024年地方与全国两会期间，人民网举办“我给两会捎句话”建言征集活动，共收到群众建言32万件。

通过不断升级，人民网“领导留言板”如今已经集网上群众工作、民间智库、政务服务与点评、大数据分析等于一体。2023年底召开的网上群众工作大会，发布了“领导留言板”新的智能化升级方案。依托“人民融媒云”的AI处理能力，“领导留言板”完成了云平台架构升级，将云计算与人工智能技术叠加使用，系统将加速实现从“上云”“用数”到“赋智”转型。

思考讨论

1. 习近平总书记反复强调：“过不了互联网这一关，就过不了长期执政这一关。”如何理解这一论断？为什么说“领导留言板”是中国式民主的生动实践？

2. 坚持人民当家作主有何重要意义？结合“领导留言板”谈谈如何理解中国的民主是全过程人民民主和广泛真实管用的民主。

3. 习近平总书记强调：“民主不是装饰品，不是用来做摆设的，而是要用来解决人民要解决的问题的。”如何理解这一论断？与西方民主相比，中国式民主的优越性体现在哪里？

教学提示

本案例主要适用于第八章第一节“坚定中国特色社会主义政治制度自信”和第二节“全过程人民民主是社会主义民主政治的本质属性”部分的辅助教学。本案例主要通过人民网创办的“领导留言板”这一覆盖全国的网络问政平台、网上群众工作平台，展示了中国式民主的生动实践，彰显人民当家作主是社会主义民主的实质，中国的民主是全过程人民民主和广泛真实管用的民主。

组织教学建议

第一，在运用本案例之前，可以组织学生打开“人民网＋”客户端，进入“领导留言板”，浏览广大群众直接向中央部委和各地党委政府一把手留言发表意见建议以及领导回复的情况，从而让学生对“领导留言板”有具体直观的印象，为后续的案例讨论奠定良好基础。也可以让学生线上观看人民网微视频《一块留言板 一座连心桥》或 2022 年 4 月 19 日《新闻联播》播出的《人民网“领导留言板”：走好新时代网上群众路线》，了解这一网上干群互动平台的使用情况及其社会影响。

第二，引导学生结合案例内容深刻理解社会主义民主的实质是人民当家作主。社会主义民主不同于以往的一切少数剥削阶级占统治地位的国家的民主，是一种新的民主类型，建立在以生产资料公有制为主体的经济基础之上，国家一切权力属于人民，其实质是人民当家作主。发展社会主义民主政治就是要体现人民意志、保障人民权益、激发人民创造活力，用制度体系保证人民当家作主。实现人民当家作主，就要扩大人民有序政治参与。在当代中国，察民情、听民声、顺民意，群策群力、集思广益成为常态，越来越多的基层声音直达各级决策层，越来越多的群众意见转化为党和政府的重大决策。在这一过程中，“领导留言板”成为汇聚民情的窗口、倾听民意的平台、集中民智的纽带，架起了领导干部与人民互通的“连心桥”，已成为各级领导干部践行网上群众路线、倾听和了解民意、提升社会治理能力的重要平台。中国式民主通过这一网上平台生动地展现出来。

第三，在案例讨论过程中应引导学生学会怎样评价民主。民主是全人类共同价值，是人类政治文明发展的成果。怎样判断一个国家民主不民主？从主体看，民主应该由这个国家的人民来评判，而不应该由外部少数人指手画脚来评判。从功效看，民主要用来解决人民需要解决的问题。习近平总书记在谈到一个国家民主不民主的问题时，提出了“四个要看、四个更要看”的重要论断：要看人民有没有投票权，更要看人民有没有广泛参与权；要看人民在选举过程中得到了什么口头许诺，更要看选举后这些承诺实现了多少；要看制度和法律规定了什么样的政治程序和政治规则，更要看这些制度和法律是不是真正得到了执行；要看权力运行规则和程序是否民主，更要看权力是否真正受到人民监督和制约。民主不是摆设，不是作秀，不是写在纸上，喊在嘴上，挂在墙上的，而是要真实管用，能够解决人民需要解决的问题。从标准看，民主作为一种国家制度，有其基本的评价依据。评价一个国家政治制度是不是民主的、有效的，主要看国家领导层能否依法有序更替，全体人民能否依法管理国家事务和社会事务、管理经济和文化事业，人民群众能否畅通表达利益要求，社会各方面能否有效参与国家政治生活，国家决策能否实现科学化、民主化，各方面人才能否通过公平竞争进入国家领导和管理体系，执政党能否依照宪法法律规定实现对国家事务的领导，权力运用能否得到有效制约和监督。民主好不好，实践最有说服力，人民最有发言权。民主没有最好，只有更好，人类对民主的探索和实践永无止境。“领导留言板”的设立与完善见证了中国式民主的发展与嬗变。

总结提升建议

第一，“领导留言板”是中国式民主的生动样本，彰显了中国共产党以人民为中心的执政价值取向和人民民主的政治优势。人民民主是一种新型的社会主义民主，不是少数人的政治游戏，而是最广大的人民所享有的民主，具有广泛性和真实性，其实质是人民当家作主，坚持国家一切权力属于人民，坚持人民至上，民主内容和形式是一致的。一切国家机关和国家工作人员必须依靠人民的支持，经常保持同人民的密切联系，倾听人民的意见和建议，接受人民的监督，努力为人民服务。国家各方面事业和各方面工作，必须坚持以人民为中心的发展思想，不断解决好人民最关心最直接最现实的利益问题。互联网成为发扬人民民主、接受人民监督的新渠道。人民网“领导留言板”，是人民日报专门为中央部委和地方各级党委政府主要负责同志搭建的网上群众工作平台。通过该平台，用户可以直接与全国60多位省委书记省长、数千位地市县级党政正职官员对话、留言。群众可直接向中央部委和各地党委政府留言发表意见建议。每一条留言、每一次表达、每一种诉求，既是社情民意的直观表达，也是群众关注的社会治理课题。党的十八大以来，有420多万件群众意见建议通过人民网“领导留言板”获得各地区各部门回复办理，涉及城建、交通、“三农”、教育、环保、就业、治安等群众最关心的问题。大批建设性意见得到吸纳。因为能让群众的心声得到真实的表达，“领导留言板”渐渐成为各地各有关部门收集社情民意的重要渠道，也成为党和政府的“智囊团”“参谋团”，充分发挥着党和国家倾听人民呼声、汇聚人民智慧、响应人民诉求的桥梁纽带作用，成为“中国式民主”的又一次生动体现。

第二，“领导留言板”是全过程人民民主的成功实践范例和观察全过程人民民主的一个窗口。全过程人民民主是社会主义民主政治的本质属性，实现了过程民主和成果民主、程序民主和实质民主、直接民主和间接民主、人民民主和国家意志相统一。全过程人民民主具有完整的制度程序和完整的参与实践，以多样、畅通、有序的民主渠道，充分调动各地区、各民族、各方面、各阶层的积极性主动性创造性，具体地、生动地体现在民主选举、民主协商、民主决策、民主管理、民主监督等环节之中，实实在在解决人民群众关心之事。当今世界已经进入智能时代，把网络技术和大数据应用更好注入民主协商、民主管理、民主监督等各环节中，发展全过程人民民主的渠道得到了有效扩展。“领导留言板”广受人民群众欢迎就是典型例证。全国各省区市及多家中央部委均将其作为干部群众沟通的便捷桥梁、提升治理能力的新型工具。这种开门问计的过程，也是发扬民主的过程。“领导留言板”以群众满意度为留言工作的评价导向，将党政干部回复和处理问题的能力置于群众评价审视之下，强化了民主监督的内涵。“领导留言板”拓展了民众的话语权，形成良好的社会舆论氛围，增强了基层民主的广度和深度，增强了党和政府与群众的沟通能力，更好地推进了政府决策科学化、社会治理精准化、公共服务高效化。云南省教师王凤娇把女儿就读的小学新校舍建设一拖再拖的情况反映到“领导留言板”上，仅仅两天后，留言就已被转交办理。各行业各地区的“王凤娇”们通过“领导留言板”与党政机关沟通对话，就改革发展稳定的重大问题及事关自身利益的问题开展广泛协商，为政府决策提出了有价值的建议。“领导留言板”把“党和政府干的”与“群众盼的”紧紧连在一起，使群众表达利益诉求更加便捷有效，打造了真实有序的民主参与通道，生动诠释了全过程人民民主是全链条、全方位、全覆盖的民主，是最广泛、最真实、最管用的民主。

第三，推进全过程人民民主需要不断拓宽民主渠道、丰富民主形式。全过程人民民主，是中国共产党团结带领人民追求民主、发展民主、实现民主的伟大创造，是党不断推进中国民主理论创新、制度创新、实践创新的经验结晶。推进全过程人民民主不是一句口号、不是一句空话，必须具体地、现实地体现到党和国家各方面治理活动和工作上来，必须与时俱进地拓宽民主渠道、丰富民主形式。民主形式从来就不是固定不变的，而是不断发展的。社会主义愈发展，民主也愈发展，民主形式也应因时而进，因势而新。在互联网时代，网络即时、开放的特征，为传播群众声音提供了便利。我国网民规模早已超过 10 亿。发展网络问政，成为丰富民主形式、拓宽民主渠道的必然要求。“领导留言板”的设立使群众的意见与建议、希望与诉求有地方说，说了有人听，听了有反馈，搭建了民众主动参与社会治理事务的联结平台，为新时代群众工作插上了互联网的翅膀。各级领导通过网络问政汲取群众智慧，倾听民情、赢得民心，把工作做到人民群众的心坎上，彰显了全过程人民民主的制度优势。

第四，我国发展民主政治，不能照抄照搬他国的政治制度，必须走符合本国国情的道路，坚定道路自信。党的十八大以来，中国特色社会主义政治发展道路越走越宽广，全过程人民民主已经成为扎根中国大地的制度形态、治理机制和人民的生活方式。民主观念深入人心，人民参与民主的意愿不断增强，参与的形式不断创新、渠道不断拓展，参与的广度和深度不断拓展。民主实践已深深融入人们的日常工作和生产生活。“领导留言板”的设置，是充分利用互联网扁平化、交互式、快捷性优势，运用现代信息技术手段更好感知社会态势、畅通沟通渠道，推动民主协商向网络拓展，实践全过程人民民主的创新举措。全过程人民民主不是为了民主而民主，除了相应的形式保障，更强调民主的真实和有效。“领导留言板”这个群众口中“最受瞩目的干群互动平台”，丰富了我们党运用互联网治国理政的经验，将民主真正用于解决人民群众关注关心的现实问题，使民主真正成为“管用”的民主。人民既是民主的参与者，也是民主的受益者。“领导留言板”和信访平台、领导信箱、政务热线等一起，已经成为新时代推动政民互动的有力抓手。已经实现新的智能化升级的“领导留言板”，必将成为进一步画好网上网下“同心圆”、架好干群互动“连心桥”的强大法宝。

启示意义

第一，只有扎根本国土壤、汲取充沛养分的制度，才最可靠、也最管用。我们要理性看待各国民主道路的不同和民主形态的差异。民主是历史的、具体的。一个国家的民主制度是在这个国家特定的社会历史条件下形成的，植根于本国特有的历史文化传统，成长于本国人民的政治实践探索和智慧创造。一个国家实行什么样的民主制度，走什么样的民主发展道路，归根到底必须与这个国家的国情相适应。民主是多样的，世界是多彩的。实现民主的道路并非只有一条，社会性质不同、现实国情不同，则民主道路不同、民主形态各异。不能用单一的标尺衡量世界丰富多彩的政治制度。中国特色社会主义政治发展道路就是符合中国国情、保证人民当家作主的正确道路。“领导留言板”这样的“中国式民主样本”将会越来越丰富。新时代中国青年应追求政治进步，以更加自信的态度、更加主动的精神，参与社会发展进程，积极参与全过程人民民主实践，坚信中国的民主之路会越走越宽广。

第二，善于运用互联网技术和信息化手段开展各项工作是信息化时代的必然要求。习近平总书记指出，没有信息化就没有现代化。随着信息化与各领域的融合加速，其影响已经渗透到政治、经济、文化、社会、生态等方方面面，成为推进国家治理体系和治理能力现代化的重要驱动力量。走好网上群众路线，是倾听人民心声，筑牢民主基石的重要新路径。在新时代，互联网已经成为民众行使民主权利的新渠道，成为中国社会进步的推进器。党和政府通过网络问需于民、问计于民，凝聚了共谋发展的社会力量，充分展现了自信开放、守正创新的良好形象。但也要清醒地看到，近年来，我国互联网在一些关键技术领域虽然取得了重要突破，但仍有不少短板和软肋。青年大学生应增强忧患意识和使命意识，提升信息技术应用能力和创新能力，努力成为建设网络强国的中流砥柱。

案例 17

上海虹桥经验：小小联系点　民主大舞台

核心阅读

民主是全人类的共同价值，是中国共产党和中国人民始终不渝坚持的重要理念。2019年11月2日，在上海考察的习近平总书记来到虹桥街道，同正在参加立法意见征询的社区居民代表亲切交流，首次提出“人民民主是一种全过程的民主”。2022年，党的二十大将发展全过程人民民主明确为中国式现代化的本质要求之一，为新时代发展社会主义民主政治、建设社会主义政治文明提供了指引和遵循。虹桥街道作为全过程人民民主的“首倡地”，就像一颗“种子”，正在催生更多民主实践，使全过程人民民主在申城落地生根，并不断输送养分促进中国民主之花绚烂绽放。

上海，中国共产党的诞生地。从石库门到天安门，百年征程波澜壮阔，中国共产党人肩负开天辟地的历史使命，奋力探索通往新中国美好未来的艰辛之路。同样是在上海，这座“人民的城市”，诞生了全国首个设立在街道的基层立法联系点——2015年，全国人大常委会法工委在湖北襄阳市、江西景德镇市和甘肃定西临洮县人大常委会以及上海长宁区虹桥街道设立首批4个基层立法联系点。

“一座长长的彩虹桥，一头连着最高国家权力机关，一头连着基层群众”，这是人们对上海虹桥街道基层立法联系点的形象描述。开门立法、倾听民声，设立基层立法联系点是全国人大立法工作的创新之举，也是我国践行全过程人民民主的生动缩影。虹桥街道作为全国人大基层立法联系点的“先行者”，根据不同法律内容，积极探索立法意见征询新形式，形成了“民意广覆盖，流程全链条，信息全方位，联动聚合力，征询促法治，宣传接地气”的虹桥经验，同时基于这些经验创造了一些工作方法，被概括为“虹桥六法”。

民意广覆盖，真心诚意采心声

在古北市民中心上海虹桥街道基层立法联系点展示厅，有一个大的展示架，介绍了虹桥街道基层立法联系点意见建议被采纳的情况。100多条建议被一一展示在联系点展览室的“法条墙”上，与居民画的“彩虹桥”交相辉映。榜上有名的有17岁的高中生，亦有80岁的退休工人；有术业有专攻的专家学者，亦有社区里的普通居民。来此参观的访客无不感到震撼，赞不绝口。“在国外，只有议员才能有机会为法案法条建言，而在这里，普通的居民就能发表建议，这就是中国的全过程人民民主。”比如在征询对反电信网络诈骗法草案的意见的过程中，虹桥联系点除了向社区居民、专家学者、辖区派出所民警、受害者等人群征询立法意见外，还拓展了意见征询群体的范围，通过青浦监狱的工作协助，首次向在押的电信网络诈骗犯进行意见征询。在征询体育法修订草案意见时，虹桥联系点积极倾听弱势群体声音，关注弱势群体权益，与长宁区残联合作召开了面向听障人士的意见征询座谈会，并在座谈会上引入手语老师，保证立法意见征询的普遍性。

信息全方位，不拘一格开言路

要让“全过程人民民主”的树“枝繁叶茂”，让一项项法律法规结成“累累果实”，民主的“根系”必须深深扎进基层，汲取养分。为更大程度拓宽社会各方有序参与立法意见征询，虹桥联系点在16个居民区和50家区域单位内设置了“基层立法信息采集点”，形成了由420名信息员、15家顾问单位和15个类型的专业人才库组成的倾听民意的“矩阵”；探索形成了“一二三四”工作法：坚持提前一周给信息员、联络员送上法律草案和情况说明，召开居民群众和业务相关人员两种类型的座谈会，以书面、走访调研及座谈会三种形式征集意见，每部法律草案至少召开四场座谈会听取意见。过去，大家都感觉法律的制定离普通百姓的生活很远，如今，百姓想到什么好的意见，随时都可以来联系点表达。立法如此接地气，真正实现了立法工作飞入寻常百姓家。

流程全链条，精心谋划定方案

虹桥联系点在工作程序上，按照立法前中后的顺序，确保人民群众能够参与到法律草案的立项、起草、调研、审议、评估、宣传、实施等全过程、各环节。一是在立法规划和立法工作计划草案征询意见阶段，组织征求对全国人大常委会立法规划、年度立法工作计划草案的意见建议，有序高效开展立法项目意见征询。二是在立法意见征询前，精心设计意见征询方案，注重法律草案解读，坚持当好“解说员”，讲明白说清楚法律草案对群众的影响、和群众的关系，充分调动群众参与热情。三是在立法意见征询中，关注意见来源的多元化。以联系点为平台，以信息采集点为触角，重点关注专家顾问、行业代表建议，广泛征求基层群众和单位意见建议。四是在立法意见征询后，推动“立法回头看”，开展立法后评估，及时了解法律实施情况，总结立法意见征询工作经验，提升联系点工作的科学化、民主化水平。

联动聚合力，延伸触角出实招

只有“接地气”的法律，实践中才能行得通、真正管用，基层立法联系点正是民主“根系”的重要组成部分，让社情民意“上下通达”的连心桥搭建起来，民意纷至沓来汇聚在这里。基层立法联系点开展联动，有利于统筹用好所在区域内的法律资源和社会资源，提高立法意见征询工作的针对性、广泛性和有效性。2021年12月，虹桥联系点与上海全市唯一一个设立在工业园区的基层立法联系点嘉定工业区基层立法联系点合作，共同开展反垄断法修正草案意见征询工作。这次联动，通过该联系点的协助，收集到了位于工业园区的20家工业、商贸业企业和外资企业的高质量意见建议，扩大了意见征询范围。立法联系点还不断拓展制度化实践，将联系点与党群服务站、人大代表“家站点”、人民建议征集点等合并建站，为丰富全过程人民民主的时代内涵不断贡献虹桥智慧。

征询促法治，一体推进求实效

作为基层立法联系点的典型代表，至 2024 年，虹桥街道参与了反家庭暴力法、国旗法、国歌法、未成年人保护法等 80 多部法律草案的意见征询修改，提出建议 2 438 余条，其中 166 条被采纳。虹桥街道充分发挥立法意见征询的功能增量，以立法意见征询作为抓手，致力尊法、学法、守法、普法、用法一体化推进。如走近青少年，以立法意见征询推动学法；走进社区、楼宇，以立法意见征询促进守法；走近特殊群体，以立法意见征询倡导尊法；关注弱势群体，以立法意见征询推动用法等。2021 年 2 月 26 日，虹桥街道“中国特色社会主义全过程民主”基层实践基地正式揭牌。在古北市民中心内，设立了 6 个议事场景，聚焦立法意见征询、规划决策意见征询、人民意见征集、社区公共事务协商等 4 大版块。成立全过程民主实践基地，就是希望进一步探索党建引领下的全过程的民主决策、民主协商和民主实践，形成“有事好商量”“众人事众人商”的社情民意沟通氛围，让全过程民主理念深入人心。

宣传接地气，讲述民主好故事

虹桥街道基层立法联系点以中国古代神话传说中的神兽——獬豸（xiè zhì）为原型设计出微信表情包，凭借严肃认真而又不失亲民可爱的形象，拉近了立法联系点与百姓间的距离。除了“赞”“加油”等微信常用表情外，“参与立法我可以”“我参与我自豪”等朗朗上口、与基层立法联系点工作密切相关的“小口号”同样深入人心，小獬豸还被制作成了玩偶，深受社区居民喜爱。2019 年年初，虹桥街道基层立法联系点被列为全国人大的外事接待点，40 多国驻华使节走进虹桥街道古北市民中心，亲身了解中国普通老百姓参与立法的过程。社区居民、国外友好人士、青年学生等群体，通过参与基层立法联系点工作获得的切身体验，自发成为讲述中国民主故事的主角。他们用朴素的语言、生动的故事、真实的感受，向世界描绘了中国特色民主的感染力。

“乔木亭亭倚盖苍，栉风沐雨自担当。”70 多年前毛泽东在回答民主人士黄炎培关于历史周期率的疑问时说，“只有让人民来监督政府，政府才不敢松懈。只有人人起来负责，才不会人亡政息”。如今在新的伟大征程上，需要更加坚定制度自信，不断发展具有强大生命力的全过程人民民主，紧紧依靠人民创造历史，团结一致推动中华民族伟大复兴。

思考讨论

1. 上海虹桥街道践行全过程人民民主的经验做法有哪些？

2. 全过程人民民主是社会主义民主政治的本质属性，那么什么是全过程人民民主？它与西方选举民主或一次性民主相比有何明显优势？

3. 全过程人民民主已写入新修订的《中华人民共和国全国人民代表大会组织法》，我们该如何发展全过程人民民主，更好发挥人民代表大会制度优势？

教学建议

本案例主要适用于第八章第二节“全过程人民民主是社会主义民主政治的本质属性”部分的辅助教学。本案例主要展示的是上海虹桥街道作为全国人大基层立法联系点发展全过程人民民主的做法和经验，体现了“全过程人民民主”是全链条、全方位、全覆盖的民主，是最广泛、最真实、最管用的社会主义民主。

组织教学建议

第一，简要说明“全过程人民民主”概念的提出和发展过程。2019 年 11 月 2 日，习近平总书记考察上海市长宁区虹桥街道基层立法联系点时，第一次提出“人民民主是一种全过程的民主”。2021 年 3 月通过的《中华人民共和国全国人民代表大会组织法》修正草案与《中华人民共和国全国人民代表大会议事规则》修正草案中，“全过程民主”被明确写入“一法一规则”。2021 年 7 月 1 日，在庆祝中国共产党成立 100 周年大会上的重要讲话中，习近平总书记又特别提出要“践行以人民为中心的发展思想，发展全过程人民民主”，在其中加入了“人民”二字。2022 年党的二十大报告将发展全过程人民民主明确为中国式现代化的本质要求和全面建设社会主义现代化国家的应有之义。

第二，引导学生把握本案例的展示思路。作为“全过程人民民主”首提地的虹桥街道一开始是全国人大基层立法联系点，体现了立法决策过程中的民主。之后立法联系点功能延伸，横向从立法扩展到民意征集、城市治理等方面，纵向从立法决策扩展到普法宣传、执法监督等环节，体现了全过程人民民主的全链条、全方位、全覆盖特点。本案例的重点在于虹桥街道作为基层立法联系点所探索形成的六条经验，即“民意广覆盖，流程全链条，信息全方位，联动聚合力，征询促法治，宣传接地气”的“虹桥六法”。通过组织学生对“虹桥六法”相关内容的讨论有助于学生理解和认同全过程人民民主的显著优越性。

第三，引导学生深刻理解全过程人民民主的内涵，从“全”“过程”“人民”三个关键词来厘清认识。首先，它是全过程“人民”民主，人民民主是社会主义的生命，要始终将实现最广大人民根本利益作为民主政治建设的出发点和落脚点；其次，它是全“过程”人民民主。过程性是民主的内在要求，西方最小化民主定义极大地限制了民主发展的空间，不仅削弱了民主的丰富性，而且破坏了民主的过程性，将民主只限于投票选举。这样的民主观在实践中产生了很多问题，连西方学者自己都发出了“没有治理的民主”这样的感慨。最后，它是“全”过程人民民主。一是民主的主体要“全”，必须将“全体人民”都纳入民主过程，要特别注重从体制和机制上解决弱势群体、边缘群体参与渠道的问题；二是参与的内容要“全”，大到国家立法，小到邻里之间的鸡毛蒜皮，都可以通过民主的方式来加以解决；三是覆盖的范围要“全”，从立法、行政到社会生活，从中央、地方到基层，都要建立民主选举、民主决策、民主管理和民主监督的民主制度；四是民主的流程要“全”，既要重视民主选举，也要重视选举后的治理，要形成民主程序上的闭环，不能像西方民主那样“人民只有在投票时被唤醒，投票后就进入休眠期”。

第四，通过全过程人民民主从基层立法联系点探索到习近平总书记概括提出并写入全国人大组织法，再到成为全面建设社会主义现代化国家的应有之义这一过程，体现出中国共产党基于群众路线的领导决策方式。建议教师将党的群众路线与全过程人民民主相结合加以讲解，以此说明中国共产党始终坚持人民至上的世界观和方法论。群众路线是我们党的生命线和根本工作路线，正是以群众路线为指导促使全国人大设立基层立法联系点，以此了解民意，为立法决策提供参考；而基层立法联系点的设立调动了人民群众的积极性，不仅为科学立法作出了贡献，而且进一步扩展到基层治理方面，为人民城市创建提供了保障。全过程人民民主提出和发展的过程也是中国共产党坚持“从群众中来到群众中去”的基本领导方法在民主政治领域的生动实践过程。

第五，为迎接党的二十大胜利召开，中宣部联合中央党史和文献研究院、国家发展改革委、国家广播电视总局、中央广播电视总台、中央军委政治工作部等单位共同摄制了 16 集大型电视专题片《领航》，其中第六集《人民民主》聚焦展现了以习近平同志为核心的党中央坚持中国特色社会主义政治发展道路，发展全过程人民民主，深刻反映了我国社会主义民主政治制度化、规范化、程序化全面推进，中国特色社会主义政治制度巨大优越性不断彰显，可推荐学生课下观看。

■ 总结提升建议

第一，民主是各国人民的权利，不是少数国家的专利，我国全过程人民民主是全链条、全方位、全覆盖的民主。“全链条”意味着民主选举、民主协商、民主决策、民主管理、民主监督等各个环节紧密结合、相互关联。比如，虹桥街道基层立法联系点在工作程序上，按照立法前中后的顺序，确保人民群众能够参与到法律草案的立项、起草、调研、审议、评估、宣传、实施等全过程、各环节。“全方位”旨在保障和实现人民在经济、政治、文化、社会、生态文明等各领域的广泛权利，让人民真正成为国家、社会和自己命运的主人，彰显中国特色社会主义民主的系统性、集成性和完整性。比如，作为基层立法联系点的典型代表，虹桥街道参与了反家庭暴力法、国旗法、国歌法、未成年人保护法等不同领域法律草案的意见征询修改。后来，虹桥街道又被赋予中国特色社会主义全过程人民民主基层实践基地的职责，聚焦立法意见征询、规划决策意见征询、人民意见征集、社区公共事务协商等 4 大事务，其职能从立法咨询拓展到民意征集、社会治理各方面。“全覆盖”体现了全过程人民民主的广泛性，覆盖到最广泛的人群，不分财产多寡，不分种族、性别和信仰，保证所有人都平等享有民主权利。比如，2015 年选择虹桥街道作为全国人大基层立法联系点的一个重要原因就是其所在地区居民结构比较完整，其中既有古北新区涉外居民区，又有传统居民区，有助于听到各个层面的群众意见。在具体操作中，虹桥街道在 16 个居民区和 50 家区域单位内设置了“基层立法信息采集点”，形成了由 420 名信息员、15 家顾问单位和 15 个类型的专业人才库组成的倾听民意的“矩阵”，体现了民意的广覆盖。

第二，民主不是装饰品，不是用来做摆设的，而是要用来解决人民需要解决的问题的。“履不必同，期于适足；治不必同，期于利民。”习近平总书记创造性地提出一个国家民主不民主“四个要看、四个更要看”的标准，即要看人民有没有投票权，更要看人民有没有广泛参与权；要看人民在选举过程中得到了什么口头许诺，更要看选举后这些承诺实现了多少；要看制度和法律规定了什么样的政治程序和政治规则，更要看这些制度和法律是不是真正得到了执行；要看权力运行规则和程序是否民主，更要看权力是否真正受到人民监督和制约。至 2024 年，虹桥街道基层立法联系点成立 9 年来，一共完成 80 多部法律草案的意见征集工作，提出意见建议 2 438 条，有 166 条被采纳，这其中有一位老人在《国歌法》修订中建议中小学每天早晨举行升旗仪式，不仅奏国歌，而且要唱国歌，表达对祖国的热爱被采纳并得到扩展；中学生对《未成年人保护法》的修改意见被采纳；社区居民对《人口与计划生育法》的第 2 条第 2 款中，将“控制人口数量”修改为“调控人口数量”的意见建议被立法机关采纳。基层群众意见直通最高国家立法机关，这些满满“获得感”背后，正是“全过程人民民主”在虹桥街道基层立法联系点的生动实践和体现，也充分证明全过程人民民主的广泛、真实和管用。

第三，“全过程民主”就是要让人民当家作主。一个国家民主不民主，人民说了算，发展全过程人民民主，必须坚持和完善人民当家作主制度体系。在我国，保障人民当家作主的制度体系包括人民代表大会制度、中国共产党领导的多党合作和政治协商制度、民族区域自治制度、基层群众自治制度等根本和基本政治制度。通过案例可以清晰认识到，正是在全国人民代表大会立法改革实践中形成了基层立法联系点这一创新做法，总结其先进经验形成了全过程人民民主的理念，进而这一理念相继被写入《中华人民共和国全国人民代表大会组织法》和地方各级人大组织法，为人民代表大会更好发挥自身职能提供了保障，体现了制度和实践的良性互动。如今基层立法联系点的功能已经拓展延伸，上海市也从“开门立法”中汲取经验提出“开门问策”创建人民城市的理念，设立上海市人民建议征集办公室，施行《上海市人民建议征集若干规定》，人人都能有序参与治理、人人都能拥有归属认同的美好愿景正化为现实图景。全过程人民民主的理念正在中华大地繁荣发展，不断开创人类民主的新形态，彰显中国式民主优势，也更好地汇聚起人民力量。

第四，以宪法为核心的中国特色社会主义法律体系为全过程人民民主提供了坚实的法律制度保障。民主与法治息息相关，现代政治文明的密码就在于民主与法治的珠联璧合。改革开放以来，我国制定了一系列保障和发展公民政治、经济、社会、文化、环境等各方面权利权益的法律法规，以完备的法律制度保障人民民主、增进人民福祉。新征程上，我们要推进全过程人民民主法律化、制度化，把全过程人民民主贯穿立法工作全过程，尽快构建更加科学完备、统一权威的良法体系，努力使每一项立法和每一部法律法规都反映人民意愿，保障人民利益，得到人民拥护。特别是要紧紧围绕人民最关心最直接最现实的切身利益问题，加强教育、医疗、就业、住房、社保、收入分配、食品安全、生态环境等重点领域的立法，以良法善治保障新业态新模式健康发展，以法治引领和护航全过程人民民主。

案例启示

第一，民主参与有助于增强人民群众的民主获得感和制度自信。中国特色社会主义民主政治行得通、有生命力、有效率，对此我们要坚定制度自信，但自信不是盲目的，而是来自于参与、比较和了解。通过基层立法联系点，普通老百姓的意见建议可以直达全国人大，使立法工作不再神秘，人民群众也在意见表达和采纳中增强了民主获得感。正是一个个立法联系点在人民群众与立法机关之间建立起直达通道，畅通了全过程人民民主的“最后一公里”，人民群众也在“参与立法＋征集反馈＋全民普法”的各环节全流程充分表达意见，在意见被采纳的获得感中进一步增强参与意识和对中国民主的认同和信心。小小基层立法联系点，背后折射着“全过程人民民主”开门立法、广纳民意的大气象。

第二，尊重人民首创精神是践行全过程人民民主的实践基础。基层立法联系点在全国人大及各级人大与群众之间架起桥梁，使“高大上”的立法工作飞入寻常百姓家，也充分调动起人民参与决策的积极性、创造性。如今基层立法联系点在运行实践中功能延伸，推动上海市建章立制，广泛征集民意，建设人民城市。从基层立法联系点到全过程人民民主实践基地，见证了虹桥街道的发展，也充分体现了人民群众的首创精神。践行以人民为中心的发展思想，发展全过程人民民主，是中国之治的成功“密码”，也展现出中国民主的强大力量。

案例 18

让“法不能向不法让步”更好地照进现实

核心阅读

“法不能向不法让步。”这是2024年春节档电影《第二十条》中的台词，也是出现在2024年最高人民法院和最高人民检察院工作报告中的金句。电影的热播，让“正当防卫”成为法治热词，曾被称为“沉睡的条款”的《刑法》第二十条——“正当防卫条款”也成了热搜词。以全民关注的“昆山反杀案”“鞍山马某正当防卫案”“福建赵某见义勇为案”等多起案件为标志，一批社会高度关注的正当防卫案件相继得到依法办理。在习近平法治思想的指引下，《刑法》第二十条已被唤醒，还要持续落到实处，要为更多勇敢善良的人披上坚固的“铠甲”，在全面建设法治中国的生动实践中赋予公众更多的公平正义。

“我们办的不是案子，而是别人的人生”，这是影片《第二十条》中的经典台词。电影以平凡生活中的普通人视角切入，讲述时代洪流下的法治进程，通过三个案例展现了我国刑法第二十条背后的“法”与“情”，让公平和正义的主题凸显出来，诠释了正当防卫的精神内核，即“法不能向不法让步”：正当防卫是法律赋予公民的权利，是公民在危急时刻为了保护自身合法权益不受侵害而与不法行为作斗争的重要法律武器。

激活“沉睡”的正当防卫条款，考验的是司法人员的能力和担当，展现的是为人民司法的底气，彰显的是践行习近平法治思想、坚守公平正义的生动司法实践。

“昆山反杀案”：这是法治的胜利

2018年8月27日晚9时许，江苏昆山。于某明绝不会想到，一次轻微剐蹭，7秒内“抢刀—连续捅刺—砍击刘某龙5刀”的接连反转剧情，让他的命运拐了个弯。

当晚，刘某龙醉酒驾驶小轿车强行闯入非机动车道，与正常骑自行车的于某明险些碰擦，双方遂发生争执。在争执过程中，刘某龙突然下车，上前推搡、踢打于某明。虽经劝解，刘某龙仍持续追打，后又返回车内取出一把砍刀，连续用刀击打于某明颈部、腰部、腿部。经公安机关鉴定，该刀为尖角双面开刃，全长59厘米，其中刀身长43厘米、宽5厘米，系管制刀具。击打中砍刀甩脱，于某明抢到砍刀，并在争夺中捅刺刘某龙腹部、臀部，砍击右胸、左肩、左肘，刺砍过程持续7秒。刘某龙受伤后跑向轿车，于某明继续追砍 2 刀均未砍中，其中 1 刀砍中汽车。后经公安机关勘查，汽车左后窗下沿有 7 厘米长刀痕。刘某龙跑向轿车东北侧，于某明则返回轿车，并将车内刘某龙手机取出放入自己口袋。民警到达现场后，于某明将手机和砍刀主动交给处警民警，称自己拿走刘某龙手机是为了防止对方打电话召集人员报复。刘某龙身受重伤，经抢救无效死亡。

事发当晚，公安机关以“于某明故意伤害案”立案侦查，并以涉嫌故意伤害为名对于某明采取了刑事强制措施。9 月 1 日，公安机关听取检察机关的意见，认定于某明的行为属于正当防卫，不负刑事责任，因犯罪事实不成立而决定撤销于某明涉嫌故意伤害一案，并立即办理相关手续，解除对于某明的刑事强制措施。

得知这一结果后，于某明哽咽着连说三个“感谢”：“感谢国家！感谢人民政府！感谢人民警察！对我、对这件事做出了公正的裁判！”

“鞍山马某正当防卫案”：办案就是治理

最高人民法院 2024 年的工作报告以辽宁省鞍山市中级人民法院审理的马某正当防卫案为例，介绍了以能动司法促推国家和社会治理的最新进展。

2020 年 8 月 12 日夜间，付某酒后到马某家砸门、叫嚣杀人，马某告知其找错人并报警，付某不予理会并砸碎多片窗玻璃，马某持刀出门制止，付某与其厮打，马某手、背部受伤，付某被刀伤多处致失血性休克死亡。

2023 年 9 月，鞍山市中级人民法院认定马某属正当防卫，宣告其无罪，不需要承担民事赔偿责任。

2023 年 11 月，辽宁省高级人民法院作出终审裁定，维持鞍山市中级人民法院对马某无罪及不需要承担民事赔偿责任的判决。

罪，还是非罪？曾是摆在办案法官面前的难题。经过调查，法院认定马某没有主动伤人的主观动机，持刀离家是为了避让付某，以保护自己的生命权和健康权不受侵害。与付某厮打过程中，马某在高度紧张、恐惧和慌乱状态下本能地反击，其行为符合一般大众的普遍认知和常情常理，没有超过防卫限度，其行使的是刑法第二十条赋予每一个公民的正当防卫权利。

此外，专家论证机制也助力办案法官认定此案适用刑法第二十条。针对此案，辽宁省内外知名专家学者组织研讨，综合起因、时间、对象、限度、结果等条件的判断，一致认为此案属于正当防卫。

经历了一审、上诉、抗诉、二审发回重审等多个司法程序，法院坚持认定马某属于正当防卫，无罪。马某说：“审判还了我公道，我在街坊邻居面前抬得起头来了！”

法律的暖流，还从法庭流向马某的家庭。得知马某身体欠佳，日常生活、医疗费用花销较大，法院主动联系民政部门及他所在社区，为他从快从速办理医保、恢复发放最低生活保障金。

“福建赵某见义勇为案”：以司法“勇为”挺立“见义勇为”

邻居在喊“救命”，你该怎么选择？

2018 年 12 月 26 日晚，李某（男，50 岁）与邹某（女，27 岁）一同吃饭后，一起乘出租车到达邹某的暂住处，二人在室内发生争吵，随后李某被邹某关在门外。但李某强行踹门而入，殴打谩骂邹某，引来邻居围观。暂住在楼上的邻居赵某闻声下楼查看，见李某把邹某摁在墙上并殴打其头部，即上前制止并从背后拉拽李某，致李某倒地。李某起身后欲殴打赵某，并威胁要叫人“弄死你们”，赵某随即将其推倒在地，朝其腹部踩一脚，又拿起凳子欲砸李某，被邹某劝阻住后，赵某离开现场。后经法医鉴定，李某腹部横结肠破裂，伤情属重伤二级；邹某面部软组织挫伤，属轻微伤。

12 月 27 日，福州市公安局晋安分局对此案进行立案侦查，2 天后以涉嫌故意伤害罪对赵某进行刑事拘留。2019 年 1 月 4 日，福州市公安局晋安分局以涉嫌故意伤害罪向福州市晋安区人民检察院提请批准逮捕赵某。1 月 10 日，福州市晋安区人民检察院因案件“被害人”李某正在医院手术治疗，伤情不确定，以事实不清、证据不足作出不批准逮捕决定，同日公安机关对赵某取保候审。在看守所中度过了 13 天后，被取保候审的赵某回到了家人身边。

2019 年 2 月 20 日，公安机关以赵某涉嫌过失致人重伤罪向检察机关移送审查起诉。检察机关经审查认为，赵某的行为属正当防卫，但明显超过必要限度，造成了李某重伤的后果，系防卫过当，鉴于赵某有制止不法侵害的行为，为弘扬社会正气，鼓励见义勇为，综合全案事实证据，对赵某作出了不起诉决定。但因为防卫过当的定性，也就意味着赵某虽然已经免予刑事处罚，但仍要承担民事赔偿责任。看到这一通报，赵某说自己的心情“不好不坏”。

此后，在最高人民检察院指导下，福建省人民检察院指令福州市人民检察院对该案进行了审查。福州市人民检察院经审查认为，原不起诉决定存在适用法律错误，遂指令晋安区人民检察院撤销原不起诉决定，并于 3 月 1 日以正当防卫对赵某作出无罪的不起诉决定，认定赵某的行为属于正当防卫，依法不负刑事责任。

这时的赵某才如释重负，一直悬着的心终于安定了。他在接受媒体采访时依然坚定地说：“作为一名退伍军人，下次遇到这样的事情，我还是会出手的。但我会更注重分寸。”

3 月 12 日，十三届全国人大二次会议上，“福州赵某见义勇为案”被写入最高检工作报告。3 月 18 日，福州市公安局晋安分局向赵某颁发了“见义勇为确认证书”。12 月 18 日，赵某在福州参加了福州市第 26 次见义勇为表彰会，被授予“见义勇为先进分子”称号，并获得 3 万元奖励金。

2021 年至 2023 年，人民法院对 77 名被告人以正当防卫宣告无罪。仅在 2023 年内，检察机关就审查认定属正当防卫依法不捕不诉 261 人，同比上升 25.5%。这让百姓真真实实地感受到公平正义并不抽象，更不虚无，而是浸润在一个个司法案件中，体现在审判机关、检察机关依法独立公正行使审判权、检察权中，也演绎在司法机关回应人民群众对司法公正公开的期待中。事实证明，“法不能向不法让步”不是口号，刑法第二十条正在持续落到实处。

思考讨论

1. “一个案例胜过一打文件”，一系列正当防卫案件得到依法治理，让公平正义的法治精神得到弘扬，让人民群众的合法权益得到保障。结合案例，谈谈你对“法不能向不法让步”这句话及其蕴含的法治精神的理解和认识。

2. 习近平总书记在党的二十大报告中强调，要“加快建设公正高效权威的社会主义司法制度，努力让人民群众在每一个司法案件中感受到公平正义”。结合实际，你认为中国特色社会主义法治道路为什么必须坚持以人民为中心？

3.《刑法》第二十条被“唤醒”，这表明在法治建设中要兼顾法理、事理、情理，要做到“法理情”相统一。你如何认识依法治国与以德治国的关系？

教学建议

本案例主要适用于第九章第一节“坚持中国特色社会主义法治道路”部分的辅助教学。案例主要介绍了“昆山反杀案”“鞍山马某正当防卫案”“福建赵某见义勇为案”等多起正当防卫案件的司法适用情况，生动展现了以习近平同志为核心的党中央领导推进全面依法治国、在法治轨道上全面建设社会主义现代化国家所开展的法治实践，深刻诠释了法治精神的内涵。

组织教学建议

第一，教师在围绕“坚持中国特色社会主义法治道路”这一教学主题进行理论讲解后，尤其是对中国特色社会主义法治道路的核心要义进行深入讲授后，可以引入本案例。通过案例情节和法律适用、社会影响等维度的讨论，引导学生深入理解中国特色社会主义法治道路的理论意蕴和基本原则，全面认识习近平法治思想的重大意义，进而自觉参与法治中国建设的社会实践。

第二，运用好本案例，需要进行必要的学理说明和理论铺垫。“第二十条”指的是《中华人民共和国刑法》第二十条，该条规定：“为了使国家、公共利益、本人或者他人的人身、财产和其他权利免受正在进行的不法侵害，而采取的制止不法侵害的行为，对不法侵害人造成损害的，属于正当防卫，不负刑事责任。”虽然刑法规定了较为完善的正当防卫制度，但其在相当一段时期内由于种种原因在司法实践中难以得到全面适用，其中的原因涉及多个方面。以 2018 年最高人民检察院直接指导下办理的昆山反杀案为分界点，司法机关近年来依法办理了赵某见义勇为案、河北涞源反杀案、浙江盛某平案等一批社会高度关注的正当防卫案件。2020 年 8 月 28 日，最高人民法院、最高人民检察院以及公安部联合公布了《关于依法适用正当防卫制度的指导意见》，分别规定了正当防卫、防卫过当和特殊防卫的具体适用，并提出了正当防卫的起因、时间、对象、条件等十方面的规则。这一新规出台后，人们最大的感受是“终于不是谁能闹谁有理了”。这一变化体现了法治的初心，守护了社会最核心的价值关切，鼓励正当防卫的同时也推动了全社会对“法不庇恶”的信心。

第三，运用本案例开展教学要注意将法治理论与法治实践相结合，将具体的司法案例与公平正义的法治精神相结合。要全面推进依法治国，必须始终坚持正确的方向，坚定不移走中国特色社会主义法治道路，这就要求在教学中必须把全面依法治国的深刻内涵和重要意义，尤其是新时代以来以习近平同志为核心的党中央从坚持和发展中国特色社会主义的全局和战略高度出发，推动社会主义法治国家建设取得的历史性成就讲清楚。教师应着力通过案例分析和讲解引导学生既了解这些热点法治事件，也思考法条背后的法理人情，更要深入认识其所彰显的社会主义法治精神、法治理念和法治道路的思想内核。

第四，教师在运用本案例组织教学时可以对案例内容进行适当拓展，保证案例教学的针对性。近年来，随着全面依法治国进程的不断推进，一系列正当防卫类案件得到了依法办理。除了案例中介绍的“昆山反杀案”“鞍山马某正当防卫案”“福建赵某见义勇为案”等典型案件外，还有很多起案件也都得到依法办理。教学中，教师可以组织学生围绕案例内容进行讨论，请学生介绍其所了解的正当防卫案件得到依法办理的事例，也可以请学生介绍“河北涞源反杀案”“邢台董某刚案”“杭州盛某平案”“丽江唐某案”等热点案件，并利用学习通、雨课堂等线上教学平台组织同学们围绕案情进行即时性的分析讨论。这样的课堂互动既可以进一步丰富和拓展案例的内容，也有助于深化对案例主题的理解和认识，而且能够加强学生参与课堂教学的积极性，提升学生对我国法治建设进展和成就的关注度，为开展全民普法工作、提升全社会法治素养提供助力。

第五，教师在教学中可以运用相关的文献资料作为辅助教学资源，拓展学生的法治视野、提升学生的法治素养。教师可以在课上组织同学共同学习习近平总书记在2020年11月16日召开的中央全面依法治国工作会议上所做的题为《坚定不移走中国特色社会主义法治道路，为全面建设社会主义现代化国家提供有力法治保障》的重要讲话，并围绕“为什么要全面依法治国、怎样全面依法治国”进行思考讨论。为了深化对习近平法治思想的学习，教师可以在课下组织同学举行专题读书会，共同学习《习近平法治思想学习纲要》《习近平法治思想概论》《论坚持全面依法治国》等重要文献，推动习近平法治思想进教材、进课堂、进头脑。

总结提升建议

第一，“奉法者强则国强，奉法者弱则国弱”，法治是我们党治国理政的基本方式。我们党历来重视法治建设，尤其是在党的十八大以来，党中央明确提出全面依法治国，并将其纳入“四个全面”战略布局予以有力推进。党的十八届四中全会专门进行研究，通过《中共中央关于全面推进依法治国若干重大问题的决定》。党的十九大召开后，党中央组建中央全面依法治国委员会，从全局和战略高度对全面依法治国作出一系列重大决策部署。党的二十大报告也强调：“全面依法治国是国家治理的一场深刻革命，关系党执政兴国，关系人民幸福安康，关系党和国家长治久安。”以此为指导，法治中国建设不断推进，社会公平正义得到有效维护。案例中介绍的《刑法》第二十条从“沉睡”到“唤醒”，就是全面依法治国实践取得重大进展的直接体现。正当防卫是法律赋予公民的权利，是公民在危急时刻为了保护自身合法权益不受侵害而与不法行为作斗争的重要法律武器。但过去一段时间，正当防卫制度在司法适用中总体呈保守态势，被形容为处在“沉睡”状态。随着全面依法治国进程的推进，正当防卫制度的司法适用制度不断完善，为正当防卫的准确适用进一步提供了依据。案例中一批典型正当防卫案件得到依法治理，彰显的是能动司法的担当作为，弘扬的是见义勇为的社会正气，这就是“法不能向不法让步”所蕴含的公平正义的法治精神。

第二，全面依法治国，必须始终坚持正确方向，坚定不移走中国特色社会主义道路。习近平总书记曾深刻指出：“全面推进依法治国，必须走对路。如果路走错了，南辕北辙了，那再提什么要求和举措也都没有意义了。”这要求全面依法治国必须从推进中国式现代化实际出发，坚持中国共产党领导，充分发挥党的领导政治优势，把党的领导贯彻到全面依法治国全过程和各方面；坚持中国特色社会主义法治道路，贯彻中国特色社会主义法治理论；坚持统筹推进经济建设、政治建设、文化建设、社会建设和生态文明建设，全面推进国家各方面工作法治化；坚持依法维护国家主权、安全、发展利益，更好推动全球治理变革，推动构建人类命运共同体，不断丰富和发展人类法治文明新形态。正如案例中介绍的那样，正当防卫条款曾经在司法实践中面临很多现实困难，但近年来随着司法解释、指导性案例的出台，可供遵循的依据越来越充分，办案人员对正当防卫的认定更有底气。这些典型案例不仅让《刑法》第二十条再次走入公众视野，也是在向全社会宣告：正当防卫是法律赋予公民的权利，是与不法行为作斗争的重要法律武器。这深刻表明我们党领导人民长期探索走出的中国特色社会主义法治道路，是全面依法治国的唯一正确道路。这条道路是由我国社会主义国家性质所决定的，本质上是中国特色社会主义道路在法治领域的具体体现。

第三，推进全面依法治国，根本目的是依法保障人民权益。全面依法治国最广泛、最深厚的基础是人民，必须坚持法治为了人民、依靠人民、造福人民、保护人民。要把体现人民利益、反映人民愿望、维护人民权益、增进人民福祉落实到全面依法治国各领域全过程，保证人民充分行使当家作主的权利，保证人民依法享有广泛的权利和自由、承担应尽的义务。回望法治中国前行的每一步，都彰显着“人民”二字沉甸甸的分量。一系列案件因为正确适用正当防卫条款，让当事人的合法权益得到有效保障，让公平正义的价值理念得到大力弘扬，真正做到了让人民群众在每一项法律制度、每一个执法决定、每一宗司法案件中都感受到公平正义，真正诠释了中国特色社会主义法治的本质和特征。以“福建赵某见义勇为案”为例，检察机关先后两次对同一起案件作出不起诉决定，但前者是相对不起诉决定，虽然在结论上是不追究其刑事责任，但仍然认定其有犯罪事实存在，只是因防卫过当、情节轻微，而不再追究其刑事责任。后者则是在最高人民检察院指导下，由福建省人民检察院指令福州市人民检察院对该案进行了审查，认定原不起诉决定存在适用法律错误，遂指令晋安区人民检察院撤销原不起诉决定，最终以正当防卫对赵宇作出无罪的不起诉决定，体现了实事求是、有错必纠的担当精神，有效提升了司法公信力，真正做到了法治中国、人民至上。

第四，全面依法治国，必须坚持依法治国与以德治国相结合。法治和德治都是治理国家的重要方式和手段，在推进全面依法治国的时代征程上，必须坚持一手抓法治、一手抓德治，既重视发挥法律的规范作用，又重视发挥道德的教化作用，以法治体现道德理念、强化法律对道德建设的促进作用，以道德滋养法治精神、强化道德对法治文化的支撑作用。案例中介绍的正当防卫条款的适用，不仅涉及法理，还关乎事理和情理，体现了法律与道德之间的交织碰撞。“法理”指法律的理性认识成果，通常表现为法的理论、原理和学说，是正确适用法律、释法说理的基本原理；“事理”是科学判定，强调事物是非曲直的逻辑性，以及结论形成的根据，阐明社会大众所认可的法则和逻辑；“情理”是道义准则，是法理和事理的基础，集中体现了大众的朴素情感。“法理情相统一”在我国《关于依法适用正当防卫制度的指导意见》中被明确为司法实务中对正当防卫制度适用的立场和要求，实现了法律和道德相辅相成、法治和德治相得益彰。案例中介绍的典型案件体现了司法机关把社会主义核心价值观融入办案过程，使司法活动既遵从法律规范，又符合道德标准；既守护公平正义，又弘扬美德善行，最终实现“法、理、情”的统一。

■ 启示意义

第一，法治兴则民族兴，法治强则国家强。在以中国式现代化全面推进中华民族伟大复兴的时代征程上，必须更好发挥法治固根本、稳预期、利长远的保障作用。依据刑法第二十条，多个社会关注度极高的典型案例得到了依法办理，“正当防卫”成为法治热词，法治精神得到彰显，法治实践生动展开，法治理念深入人心。一个现代化国家必然是法治国家，展望民族复兴新征程，全面依法治国将承载更多使命、发挥更为重要的作用，为在法治轨道上全面建设社会主义现代化国家提供坚强保障。

第二，要大力弘扬和践行“法不能向不法让步”的法治精神。电影《第二十条》借角色之口喊出：法律，是让坏人犯罪的成本更高，而不是让好人出手的代价更大。我们每一个人都应当光明正大、理直气壮、有理有据地用法律和恶势力斗争，让坏人违法的成本更高，让好人“出手”的顾虑更少，让人们做正确的事不必再担心有代价。这就需要警察、检察官、法官、律师等法律工作者一起奋斗，还需要新闻媒体、公益组织等社会力量协同发力，携手捍卫宪法和法律赋予公民的权利，鼓舞每一个为不公发声、为正义挺身而出的勇敢者。

案例
19

“精准扶贫”首倡地十八洞村的脱贫密码

核心阅读

位于武陵山腹地的湖南省湘西土家族苗族自治州花垣县双龙镇十八洞村，是我国脱贫攻坚历程中具有“地标”性意义的地方。2013 年 11 月 3 日，习近平总书记来到十八洞村这个偏僻、贫困的苗寨考察，首次提出“精准扶贫”的重要理念，作出了“实事求是、因地制宜、分类指导、精准扶贫”的重要指示。短短数年过去，十八洞村这个曾经的深度贫困村，走出了一条“可复制、可推广”的精准脱贫好路子，成功摘掉贫困帽，旧貌换新颜、名扬海内外，成为全面践行习近平总书记“精准扶贫”思想，扶贫脱贫成效显著的典范，成为中国脱贫奇迹的真实写照，为新时代贫困地区脱贫致富走上小康提供了成功的“村级样本”，荣获“全国脱贫攻坚楷模”荣誉称号。2021 年 4 月 6 日，国务院新闻办公室发表《人类减贫的中国实践》白皮书，十八洞村作为“精准扶贫”首倡之地，庄严记入史册。10 多年脱贫攻坚战和乡村振兴路，使得村民人均年收入由 2013 年的 1 668 元增加到 2024 年的 2.8 万元，村集体经济由 2013 年的零元增加到 2024 年的 600 余万元。

位于湖南湘西武陵山区的花垣县双龙镇十八洞村是一个传统的苗族聚居村落。由于山大谷深、交通闭塞，生活在这里的人曾长期处于贫困之中。脱贫攻坚战和乡村振兴战略的实施，让这个精准扶贫方略的首倡地、地处武陵山连片特困地区中心地带的深度贫困村，发生了翻天覆地的变化，成为中国减贫事业的一张闪亮名片。

总书记来了

2013 年 11 月 3 日，一个十八洞村村民永生难忘的日子，也是新中国扶贫史上、中华民族减贫史上具有里程碑意义的日子。

习近平总书记考察十八洞村，是“巧合”中的“必然”，因为他要看保存完好的民族村落，更要看真正贫穷的村寨状况。十八洞村那时没有一条像样的公路，村民用水用电都成问题。全村仅辖 4 个自然寨、6 个村民小组，只有 220 余户人家，人口不到千人，全村人均才 0.8 亩耕地。全村共核定贫困户 136 户 533 人，占总人口的 56.8%。200 多人外出打工，留守在村里的大多是老人、妇女和儿童，他们对于“贫穷”的理解带着无奈：“就是这样了，还能怎么样呢?”

习近平总书记考察十八洞村时，看了路，看了房子，看了山上的树，看了地里的菜，看了猪圈里的猪，看了粮仓的谷子，最后走到寨子最上面的施成富家前前后后仔细看了一圈，并在他家门口的坪坝上与乡亲们开了一个多小时的座谈会。总书记强调，我们在抓扶贫的时候，切忌喊大口号，也不要定那些好高骛远的目标。扶贫攻坚就是要实事求是，因地制宜，分类指导，精准扶贫。自此，全国精准扶贫、脱贫攻坚的冲锋号角嘹亮吹响。十八洞村这个偏远的湘西村庄成为中国脱贫攻坚历程中的重要“地标”。

扶贫先扶志

2014年，花垣县委组建的精准扶贫工作队进入十八洞村，制定了《十八洞村2014—2016年精准扶贫规划》，为十八洞村量身定制帮扶措施。

2014年，修路的任务分配到村里，驻村扶贫工作队协调扶贫资金，解决水泥沙子等材料费，但寨子中修路的人力和主要材料——青石板，全都要由村民自己解决。

“总书记都来过的村庄，为什么还要我们修路?”当时有村民直接问。村里机耕道施工现场，几个村民拦住挖掘机不让施工。

十八洞村村民脱贫致富愿望强烈，但存在“等靠要”的依赖思想。扶贫工作队和村干部从阻工事件中反思：扶贫先扶志、治贫先治根、提振精气神，把村民思想教育摆在首位。他们组织召开群众代表大会，把党的惠民政策讲深讲透，提出了“投入有限、民力无穷、自力更生、建设家园”的十八洞精神。探索“思想道德建设星级化管理”模式，每半年召开一次全体村民道德评比大会，以组为单位互相评分。评分内容包括遵纪守法、勤劳致富等6个方面，每户按家庭成员计平均分，90分以上为五星级家庭，80分以上为四星级家庭……开设道德讲堂，开展歌舞、苗鼓等文化活动，树立身边榜样，鼓励大家建设文明村。

在第一次道德评比中，村民施六金家仅得60多分，门楣被挂上了两星级家庭标牌。他深感羞愧，争取进步，经常放弃家务主动投工投劳参与村道扩改等事务。很快他家门楣上的标牌升级为五星。

外来民工肖磊在农网改造时触电晕倒，杨进昌等多名村民冒险救人；90后青年龙兴刚，在火车即将驶过的一刹那，从铁轨上勇救同伴……在十八洞村，精神文明之花竞相绽放!

可复制可推广的经验

精准扶贫要从实际出发，因地制宜。把种什么、养什么、从哪里增收想明白，才能找到脱贫致富的好路子。十八洞村充分利用村里的资源发展出了水果种植、山泉水、黄金茶、旅游民宿等多种产业。

十八洞村的野生猕猴桃是特色产品。为了发展猕猴桃产业，村里颇费周折。人才、技术不够，远赴武汉，从中科院武汉植物研究所引来专家团队和先进的种植技术。钱不够，与当地龙头农科企业共建果业有限公司。为解决村里耕地不足，十八洞村发展起“飞地经济”，把首个支柱产业放在30多公里外的花垣镇，流转土地1 000亩参股合作发展猕猴桃产业。猕猴桃3年挂果，2017年开始分红。

近年来，花垣县推动十八洞村黄金茶品牌与企业合作，建设了万亩黄金茶种植基地，组建茶叶种植专业合作社。2023 年 10 月，57 箱、182.4 公斤十八洞村黄金茶经湘西海关检验检疫合格后，以“跨境一锁”模式出口香港。这是十八洞村黄金茶首次出口。

从山间流淌的山泉水也成为十八洞村村民的幸福源泉。十八洞村引进“中国 500 强”企业步步高集团投资合作建成十八洞村山泉水厂，每年为村集体创收 60 万元左右，带动数十名村民就业。

苗绣名列第一批“国家级非物质文化遗产名录”，成为十八洞村民们的致富“法宝”。2014 年 5 月，扶贫工作队请原村党支部书记石顺莲牵头把村里 53 名心灵手巧的妇女们组织起来，注册成立了“十八洞村苗绣特产农民专业合作社”。合作社实行“公司+合作社+农户”的经营管理模式，先后与多家公司达成了合作协议。2015 年 5 月，十八洞村的苗绣成了深圳第十一届国际文博会上一道亮丽的风景。2017 年 9 月，湘西土家族苗族自治州成立 60 周年之际，十八洞村的绣娘们集体绣制了长达 60 米的《锦绣湘西》美丽长卷，惊艳了世界。2018 年，苗绣合作社与中车株机“牵手”，十八洞苗绣搭上高铁走出大山，沿着“一带一路”走向世界。

作为苗族传统村落，十八洞村 90%以上建筑为传统苗家民居，百年以上的古建筑约占 10%。扶贫工作队按照“人与自然和谐相处、建设与原生态协调统一、建筑与民族特色完美结合”的建设总原则，大力推进十八洞村基础设施建设。2018 年，十八洞村从外部引进规划设计团队，对全村自然资源、历史人文、基础设施进行规划并改造，保留苗寨古老风格，修缮古色古香的苗族民居，修建大量旅游设施，建设了村级游客服务中心、观景台、千米游步道，开起了苗绣体验馆，升级改造了村小学和卫生室，建立了村级电商服务站、村级金融服务站，无线网络覆盖了全村。经过大规模改造，一座古色古香的边城苗寨应运而生，吸引大批游客前来参观游览。

十八洞村的“富口袋”和“富脑袋”齐头并进，探索推行“互助五兴”基层治理模式。通过党建引领，全村组建了数十个“互助五兴”小组，由党员、乡贤能人担任组长，每名组长联系 5 户村民，从“学习互助兴思想、生产互助兴产业、乡风互助兴文明、邻里互助兴和谐、绿色互助兴家园”等 5 个方面建立互帮互助的关系。2019 年 10 月，“党建引领，互助五兴”模式开始在湖南全省推广。

十八洞村换了人间

十八洞村大变样了，老百姓用生动的语言表述：“鸟儿回来了，鱼儿回来了，虫儿回来了，打工的人儿回来了，人的心儿回来了。”2017 年 2 月，经湖南省政府审核批准，十八洞村成功脱贫出列，成为湖南省第一批脱贫摘帽的村庄。村民人均年收入由 2013 年的 1 668元增加到 2024 年的 2.8 万元，村集体经济由 2013 年的零元增加到 2024 年的 600 余万元。村庄先后荣获“全国少数民族特色村寨”“全国乡村旅游示范村”“全省脱贫攻坚示范村”“中国美丽休闲乡村”“国家森林乡村”等荣誉。在如今的十八洞村，一个“产业兴旺、生态宜居、乡风文明、治理有效、生活富裕”的最美乡村愿景正成为现实。

许多外出的年轻人开始“回流”。2019 年，大学毕业不久的施康回到十八洞村，成为村里的大学生村官和一名自媒体创业者。学动漫设计的施康会拍照、剪视频，他拉上几个志同道合的年轻人一起组建新青年电商工作室，用镜头记录下十八洞村真实的乡村生活，发布在短视频平台上，并且注册“十八洞村返乡人”抖音号，十八洞村的产品通过电商渠道销往全国各地。

全国各地的党员干部纷纷来到这里参观学习。走近十八洞村，山坡上的一幅大型标语“幸福都是奋斗出来的”格外醒目。

2021年2月25日，在全国脱贫攻坚总结表彰大会上，十八洞村荣获“全国脱贫攻坚楷模”荣誉称号。2021年4月6日，国务院新闻办公室发表《人类减贫的中国实践》白皮书，十八洞村作为“精准扶贫”首倡之地，庄严记入史册。

2024年4月2日，文化和旅游部公布文化和旅游赋能乡村振兴十佳案例和优秀案例名单。其中，“湘西州花垣县十八洞村：文旅赋能 产业驱动 谱写乡村振兴新篇章”入选文化和旅游赋能乡村振兴十佳案例，成为湖南省唯一入选的案例。

思考讨论

1. 十八洞村用短短几年时间，成功解决了祖祖辈辈没有解决的贫困问题，创造了湘西苗寨千年发展史上的奇迹。你认为十八洞村脱贫的秘诀有哪些？

2. 十八洞村作为“精准扶贫”首倡之地被记入史册。如何理解习近平总书记“精准扶贫”重要论述及其理论意义和实践意义？

3. 贫困问题是当今世界面临的最大挑战之一，消除贫困是人类的共同理想。如何理解中国精准扶贫成就彰显的世界意义？

教学建议

本案例主要适用于第十一章第一节“让人民生活幸福是‘国之大者’”部分的辅助教学。案例主要介绍了作为“精准扶贫”的首倡之地，湖南湘西十八洞村贯彻精准扶贫基本方略，只用3年多时间实现脱贫的奋斗历程，充分证明了习近平总书记创造性提出的精准扶贫方略作为我国减贫发展新阶段提出来的脱贫攻坚指导思想、基本方略，具有重要的理论意义和实践价值。

组织教学建议

第一，在使用本案例之前，可以组织学生观看由湖南广播电视台制作的5集电视专题片《从十八洞出发》。该专题片以决战脱贫攻坚、决胜全面小康为时代背景，分为《首倡之声》《精准之方》《时代之魂》《旷世之业》《未来之路》5集，在呈现形式上采用跨媒体叙事的形态和手段，既有故事体的叙事，也有互动式的对谈，真实的人物、感人的情节、动人的细节，引人入胜，发人深思。通过观看专题片，使学生对十八洞村牢记习近平总书记精准扶贫的重要指示，在党的坚强领导下，在社会各界的支持下，仅用了3年多时间，成功脱贫摘帽，成为全国精准扶贫典型的事迹有感性认识，从而为课堂案例讨论打下良好基础。

第二，引导学生结合案例分析深入开展精准扶贫的重要性。开展精准扶贫具有重要意义。首先，精准扶贫是打赢脱贫攻坚战、全面建成小康社会的根本需要。全面建成小康社会，最艰巨、最繁重的任务在农村，特别是在贫困地区。贫困人口脱贫是全面建成小康社会的底线任务和标志性指标，是重大的政治战略任务。党的十九大把精准脱贫作为全面建成小康社会三大攻坚战之一，作出明确部署。精准扶贫是消除贫困人口的重要手段与战略决策，也是全面建成小康社会的必然要求。其次，精准扶贫体现了社会主义的本质要求及其优越性。社会主义的本质是解放生产力，发展生产力，消灭剥削，消除两极分化，最终达到共同富裕。通过精准扶贫，让贫困人口早日走出贫困深渊，实现共同富裕，才能体现出社会主义制度的优越性。再次，精准扶贫是党和政府的重要使命和治国理政的关键着力点。坚持在发展中保障和改善民生，是新时代坚持和发展中国特色社会主义的基本方略之一。而脱贫攻坚则是切实保障和改善民生的关键所在。精准扶贫方略，不仅确保了脱贫攻坚取得全面胜利，而且有力提升了国家治理体系和治理能力现代化水平，丰富和发展了新时代中国共产党执政理念和治国方略。习近平总书记创造性提出精准扶贫、精准脱贫基本方略，为脱贫攻坚战指明了前进的方向，引领包括十八洞村在内的贫困地区战贫斗争获得胜利。

第三，引导学生结合十八洞村脱贫攻坚的经验分析如何开展精准扶贫方略。十八洞村是“精准扶贫”的首倡地，肩负着探索“可复制、可推广”精准扶贫模式与经验的历史使命，实现了从深度贫困到生活宽裕、从闭塞偏远到现代文明、从封闭保守到开放自信的巨大转变。十八洞村的脱贫实践，成为中国精准扶贫的生动注脚和脱贫攻坚全国样板。十八洞村根据实际情况，让“精准”二字在这里落地生根，在脱贫攻坚过程中，突出思想、产业、设施三大建设，做到“六个精准”，因地制宜发展特色种植、苗绣加工、特色乡村游等支柱产业，夯实稳定脱贫的基础，致力建设美丽乡村。十八洞村扶贫的上述经验，是精准扶贫方略的成功实践。

■ 总结提升建议

第一，精准扶贫方略是中国减贫理论和实践的重大创新。党的十八大以来，我国扶贫开发理论创新达到了新的历史高度。精准扶贫、精准脱贫是习近平扶贫开发战略思想体系中内容最丰富的重要思想。对于贫困人口规模庞大的国家，找准贫困人口、实施扶真贫是一个具有普遍性的难题。习近平总书记反复强调，扶贫开发贵在精准、重在精准，成败之举在于精准，并在总结扶贫工作经验基础上，创造性地提出并推动实施精准扶贫方略，核心要义就是精准化理念，注重“六个精准”，即扶持对象精准、项目安排精准、资金使用精准、措施到户精准、因村派人（第一书记）精准、脱贫成效精准；推进“五个一批”工程，即发展生产脱贫一批、易地搬迁脱贫一批、生态补偿脱贫一批、发展教育脱贫一批、社会保障兜底一批。习近平总书记还阐述了分批分类扶贫以及以精神脱贫为战略重点等扶贫新理念。这些重要论述是中国脱贫攻坚取得伟大胜利的根本遵循，系统回答了脱贫攻坚的政治保证、价值取向、制度支撑、实践路径、动力源泉、社会基础、作风保障等一系列重大问题，增强了脱贫攻坚的目标针对性，提升了脱贫攻坚的整体效能，为中国全面消除绝对贫困提供了行动纲领。十八洞村作为“精准扶贫”首倡之地，已被载入史册。

第二，坚持精准扶贫、精准脱贫的方略，是十八洞村打赢脱贫攻坚战的根本遵循和制胜法宝。2013 年 11 月 3 日，习近平总书记来到湖南省花垣县十八洞村，首次提出了“精准扶贫”重要理念。自此，“实事求是、因地制宜、分类指导、精准扶贫”的理念如春风一般，从这里吹向大江南北。习近平总书记的精准扶贫思想和党中央的相关决策部署，化为各地各部门扎实深入的脱贫攻坚实践。十八洞村的战贫斗困，是湖南省乃至全国精准扶贫、精准脱贫的一个缩影，生动体现了习近平总书记精准扶贫思想的丰富内涵及其实践伟力。与过去的扶贫工作相比，精准扶贫具有鲜明的特点。一是扶贫工作由以往粗放型的、以地区为扶贫对象转变为扶贫到户到人。通过一系列措施，真正做到了“精准”二字。二是选派专门的驻村干部到各村具体帮扶。花垣县委驻村工作队进村后，与村支两委配合，精准识别出贫困户，制定了十八洞村精准扶贫规划，为十八洞村量身定制帮扶措施。这个偏僻苗寨，迎来了脱贫“加速跑”。十八洞村人牢记习近平总书记的嘱托，战天斗地，攻坚克难，持续进行脱贫攻坚之战，成为湖南省第一批脱贫摘帽的村庄。作为习近平总书记指挥战贫的 24 个贫困村之一和精准扶贫方略的首倡地，十八洞村为新时代贫困地区脱贫致富走上小康提供了成功样本。

第三，实事求是、因地制宜、开拓创新是湖南湘西十八洞村脱贫走上小康路的关键所在。精准扶贫就是根据致贫原因有针对性地制定扶贫脱贫方案，对不同原因不同类型的贫困采取不同措施，因人因户因村施策，精确识别、精确帮扶、精确管理，做到“六个精准”，确保各项政策好处落到扶贫对象身上。从本质上说，精准扶贫方略体现了中国共产党一切从实际出发、遵循事物发展规律的科学态度以及面对新矛盾新问题大胆闯、大胆试的创新勇气，是实事求是思想路线、党的群众路线的生动体现，是中国特色社会主义制度优越性的有力彰显。十八洞村深刻领会习近平总书记精准扶贫、精准脱贫的重要指示，增强深化精准扶贫的行动自觉，把各项中央决策部署、政策措施有效落到实处，实施了很多具有创新性的举措，按照习近平总书记探索“可复制、可推广”经验的要求，积累了不少宝贵的可供借鉴的经验，如“短中长兼顾＋异地化＋市场化＋组织化”的产业扶贫经验、“互助五兴”基层治理模式等。十八洞村把“精准扶贫”重点放在了发展扶贫产业上，当地干部群众因地制宜发展切合本村实际的产业，形成自己的产业体系，并且勇于跳出十八洞村，采取股份合作方式共同开发和经营，打造“飞地经济”。短短数年十八洞村从偏僻落后的苗寨“蝶变”为享誉中外的精准脱贫样板，实现由深度贫困到高质量脱贫再到乡村振兴的华丽转身。十八洞村的巨变不是偶然的个案，而是在精准扶贫战略指导下，坚持扶贫与扶志扶智相结合、输血与造血相结合、党员与群众相结合、政府与市场相结合、生产与生态相结合，因地施策制定减贫方案、“扬长补短”实施减贫的必然结果。

第四，精准扶贫方略不仅对中国脱贫攻坚影响深远，而且对全球减贫事业具有重大意义。一是推动国际贫困治理理论的创新发展。贫困问题是当今世界面临的最大挑战之一，消除贫困是人类的共同理想。中国式扶贫的实践探索，不论是在宏观的战略与政策层面，还是在微观的模式与策略层面，都有很多创新之处。中国精准扶贫所蕴含的合力扶贫、内源式扶贫等贫困治理思想，创新了贫困治理理念，为国际反贫困思想增添了中国智慧。二是为加快推进全球反贫困进程作出了重大的直接贡献。经过 8 年脱贫攻坚持续奋战，2020 年底，我国如期完成了全面建成小康社会的历史任务，历史性消除绝对贫困，实现了第一个百年奋斗目标，也提前 10 年实现《联合国 2030 年可持续发展议程》的减贫目标。中国精准扶贫、精准脱贫成绩斐然，加速了世界减贫进程，显著缩小了世界贫困人口的版图，为全球减贫事业贡献了中国力量。三是为全球反贫困实践提供了可资借鉴的宝贵经验和中国方案。在联合国秘书长古特雷斯看来，“精准减贫方略是帮助最贫困人口、实现 2030 年可持续发展议程宏伟目标的唯一途径。中国已实现数亿人脱贫，中国的经验可以为其他发展中国家提供有益借鉴”。作为精准扶贫的首倡地的十八洞村成为国际减贫交流基地之一。十八洞村激发内生动力，苦练造血功，打好组合拳，走稳特色路的精准扶贫经验为广大发展中国家解决贫困问题提供了具体的中国方案。中国精准扶贫的成功实践给全球减贫事业带来巨大信心。

■ 启示意义

第一，坚持人民至上是战胜一切艰难险阻的原动力。精准扶贫的理论原点，就是最为朴实的四个字——为了人民。正是因为坚持人民至上，精准扶贫才迸发出强大的真理力量和实践伟力，创下了彪炳史册的减贫成就。中国减贫实践表明，贫困问题本质上是对人民的根本态度问题，以人民为中心是扶贫减贫的根本动力。真正把人民放在心上，真正把人民利益放在第一位，减贫才会有不竭的动力、明确的方向和好的办法。中国精准扶贫取得巨大成功的主要“密码”是以人民为中心的扶贫逻辑和以群众路线为核心的扶贫工作方法释放出巨大的能量。十八洞村的战贫斗困，生动诠释了中国共产党执政为民、造福人民的价值追求和“以人民为中心”的制度安排。人民对美好生活的追求没有终点，只有接力奋进的新起点。新时代中国青年要以实现中华民族伟大复兴为己任，牢固树立以人民为中心的发展思想，不辜负党的期望、人民期待、民族重托，不辜负这个伟大的时代。

第二，实践基础上的理论创新是社会发展和变革的先导。十八洞村的脱贫实践，彰显了中国共产党理论创新的伟力和中国特色减贫道路的正确。习近平总书记总结中国脱贫攻坚实践经验，始终把实事求是这一马克思主义精髓贯穿融入脱贫攻坚全过程，坚持具体问题具体分析，坚持因地制宜精准施策，创造性地提出精准扶贫方略，以创新理念开辟了扶贫脱贫新路径。包括十八洞村村民在内的亿万贫困人口在精准施策帮扶下，转变“等靠要”的思想观念，树立“能致富”的信心，用好精准之方，创新扶贫方式，创造了属于自己的小康生活。实践没有止境，理论创新也没有止境。新时代大学生必须坚持不懈用习近平新时代中国特色社会主义思想凝心铸魂，深刻领会党的创新理论的道理学理哲理，注重创新思维和创新能力的培养，努力成长为创新型人才，为把我国建设成为创新型国家作出贡献。

案例 20

阜平脱贫记

核心阅读

在中国扶贫史上，地处太行深山区的河北省阜平县无疑是一个有着特殊意义的地方。自 1994 年国家启动“八七扶贫攻坚计划”以来，阜平就一直在国家级贫困县的名单里“常驻”。阜平脱贫过程极具代表意义。2012 年岁末，习近平总书记冒着严寒赴阜平县考察革命老区扶贫工作，同乡亲们一起商量脱贫致富之策，向全党全国发出了脱贫攻坚的动员令。2013 年阜平县被列为“燕山-太行山片区区域发展与扶贫攻坚试点”。经过 8 年的不懈奋斗，2020 年 2 月阜平县实现高质量脱贫，164 个贫困村全部出列，10.81 万贫困人口稳定脱贫。2024 年，阜平地区生产总值完成 81.07 亿元，同比增长 7.5%。总书记寄予的“让乡亲们过上好日子”的嘱托变成了生动现实。

阜平，中国第一块敌后抗日根据地诞生的红色热土，党的十八大以来脱贫攻坚进军号声响起的激情战场，满怀信心出发，谱写着深山老区融入小康中国的奋斗史诗。

五级书记抓扶贫、打硬仗

阜平，不平凡。

地处太行山深处，山场面积占总面积的 87%，人均耕地面积仅 0.96 亩——“九山半水半分田”，是河北省阜平县的地理全貌。全县 209 个行政村中有 164 个贫困村，占 78.5%；贫困人口 10.81 万人，贫困发生率 54.37%；农民人均纯收入仅 3 262 元——贫困范围广、贫困程度深，是老区人民曾经的生活写照。

“阜平不富，死不瞑目。”当年在这里战斗生活过的聂荣臻元帅质朴而坚定的心声，道出了祖祖辈辈阜平人的心愿。

2012 年 12 月 29 日，党的十八大后仅 40 多天，习近平总书记第二次外出视察，就来到阜平县。他踏着皑皑白雪，走进龙泉关镇骆驼湾村、顾家台村这两个特困村。在村民家中，他盘腿坐在炕上，嘘寒问暖，了解乡亲们日子过得怎么样。

“全面建成小康社会，最艰巨、最繁重的任务在农村，没有农村的小康，特别是没有贫困地区的小康，就没有全面建成小康社会。”在这里，习近平总书记向全党全国发出新时代脱贫攻坚的动员令。

脱贫奋斗的号角吹响，各方力量向老区、山区、贫困地区“三区合一”的阜平县汇集，各级党组织成为这场攻坚战的主心骨。

河北省和保定市派出省市 62 个驻村工作队下沉到阜平，阜平县选派 147 个县直驻村工作队，实现 209 个行政村帮扶全覆盖，省市县 209 名第一书记吃住在村，战贫斗困，不胜不还。阜平县委牢记政治责任，突出党建引领，将抓党建与促脱贫紧紧拧在一起，实行县委书记、县长“双组长”负责制，将全县划分为 8 个片区，坚持每周日召开常委扩大会研究脱贫工作，每月举办一次乡镇党委书记“擂台赛”；在县域内落实三级书记遍访贫困村和贫困户制度，一线掌握情况、协调解决问题，推动责任、政策、工作落地见效；坚持每月 15 日开展党员活动日，全面实行党员积分量化管理，鼓励党员在脱贫攻坚一线当先锋、做表率，把基层党组织建成脱贫奔小康的战斗堡垒。无数党员干部发扬革命战争年代那样的一股劲，同群众心在一起、干在一起，用无私奉献、忘我牺牲的担当，换得山乡巨变。县旅游部门的干部陈国，被派到顾家台村当党支部书记。接到任命第二天，陈国就住进了村委会办公室，一干就是整整 6 年。这样的先进典型还有很多。

一年接着一年干，一仗接着一仗打，阜平创富的脚步坚定向前!

六大产业找对路、能创富

稳定脱贫，出路到底在哪儿?

习近平总书记在阜平考察时，为脱贫工作指明了方向：“推进扶贫开发、推动经济社会发展，首先要有一个好思路、好路子。”必须因地制宜，充分利用资源优势发展产业。经过反复论证，食用菌产业被确定为阜平县主导扶贫产业。

2015 年，阜平开始动工兴建食用菌大棚，探索“保险＋贷款”的金融扶贫模式，每个棚可根据情况贷款 5 万到 10 万元，政府贴息。为打消农户的顾虑，县政府将食用菌产业发展模式确定为“六位一体”，即政府、金融、科研、龙头企业、园区、农户形成一个产业整体。龙头企业生产菌棒，技术人员上门指导，农户负责大棚种植，香菇由龙头企业回收。政府搭台增信，银行降槛降息，农业保险兜底保障，群众无需抵押便可申请贷款。产品销售价格如果低于市场价格，由保险公司补齐差价。即便这样，许多农户还是不敢尝试，从没种过香菇，担心干不成。

顾家台村干部马秀英带头承包两个香菇大棚，成了阜平第一批贷款承包大棚的菇农。当年每个棚净赚 2 万多元。一时间，顾家台村的 54 个大棚成了香饽饽，被一包而空。

阜平举全县之力推进食用菌产业发展壮大，依托李玉院士工作站、太行山食用菌研究院、阜平产业研究院和太行山农业创新驿站，为食用菌产业高质量发展提供科技支撑。阜平县在龙头企业带动下实行“六统一分”，企业负责建棚、品种、制袋、技术、品牌、销售“六统一”，农户分户栽培管理，使产业走上集约化、规模化、品牌化的可持续发展道路，形成一二三产业融合发展的完整产业链条。

2018 年，北京市农业产业化龙头企业野谷集团精准扶贫项目——“中国·阜平首家鸽产业富民示范项目”落户阜平县，建成全国第一个肉鸽良种繁育标准化示范区，也是中国硒鸽最大产业基地，通过“政府＋龙头企业＋园区＋贫困户”的模式，打造了硒鸽繁殖、种鸽繁育、饲料加工、屠宰加工、熟食加工、观光旅游等完整产业链，形成了“南有深圳、北有阜平”的鸽产业发展格局，带动群众持续稳定增收。

阜平结合自身独特的自然资源和气候条件，逐步形成了现代食用菌、高效林果、中药材、规模养殖、家庭手工业、生态旅游等六大扶贫产业。2020年，六大扶贫产业总收入11.8亿元，形成了稳固、持续的扶贫产业链条。阜平香菇种植，入选农业农村部和国务院扶贫办联合评选的产业扶贫典型案例。《阜平“小硒鸽”做成扶贫大产业》，获评中国脱贫攻坚与精准脱贫十佳案例奖。

阜平在培育壮大脱贫产业的同时，打好民生保障“组合拳”，让贫困群众享受到更多的民生福利。2016年阜平易地扶贫搬迁工作正式启动。到2020年，39个集中安置项目全面竣工，1.7万余户、5.3万余人搬迁入住。全面落实“两免一补”“三免一助”等贫困学生救助政策，全县所有贫困学生资助全覆盖。农村饮水安全巩固提升工程、电网升级改造工程、公路建设、通信基站建设等，解决了群众出行难、吃水难、用电难、通信难等问题。

催生乡村振兴新活力

如今在骆驼湾村口，乡亲们立起“我们过上了好日子”8个大字；在顾家台村口，“只要有信心、黄土变成金”的标语闪闪发光。依靠苦干实干共建共享美好生活的坚定信念，在阜平干部群众心中扎下了根。

“充分调动广大干部群众的积极性，树立脱贫致富、加快发展的坚定信心，发扬自力更生、艰苦奋斗精神，坚持苦干实干，就一定能改变面貌。”习近平总书记鼓励阜平干部群众的话语，已经化作了脱贫攻坚的火热实践。

脱贫的真经，首要的一条是立志鼓劲。阜平全部行政村都设立了脱贫志气榜、光荣榜，大张旗鼓表彰致富带头人。

村民中有等靠要思想的人少了，主动想办法、找门路、抓机遇的人多了。这片开满奋斗之花的沃土，也激发了更多年轻人返乡创业的热情。

2013年，在北京创业成功的刘永刚和妻子翟艳玲一起回到老家骆驼湾村，开起乡村民宿。小两口忙得脚不沾地，他们笑称这是“幸福奋斗忙”。2020年11月，龙泉关镇骆驼湾村成功获评“第六届全国文明村”，蜕变后的骆驼湾村，成为阜平县旅游扶贫的一个缩影。

“这是今年新上的槐花蜜，我们村民在原生态的大山里养蜂……”砂窝乡全庄村返乡大学生安栓卫，每天通过网络直播销售蜂蜜、果茶等阜平农特产品，一天直播三场，年销售额在300万元左右。到2023年，阜平全县已累计有5 000多名年轻人返乡创业。

2013年，对口帮扶阜平的国家机关事务管理局持续发力职教扶贫，联合一汽等企业与阜平职业教育中心合作创办梦翔汽车培训基地，帮助数千名学生实现就业。2018年，新的职教中心在阜平县城建成，每年招生人数也从原来的300多人扩大到800多人。为辐射带动更多农民学技术，县职教中心围绕食用菌等扶贫产业，把课堂搬进蘑菇大棚、樱桃基地。

经过 8 年艰苦奋斗，阜平交出了一份脱贫攻坚的合格答卷。2020 年 2 月底，河北省政府宣布：阜平全县农民人均可支配收入从 2012 年的 3 262 元提高到 2020 年的 10 830 元，10.81 万名建档立卡贫困人口全部稳定脱贫。阜平县在乡村振兴这场“接力赛”中再打一场漂亮仗。截至 2023 年底，阜平县 209 个行政村集体经济收入均达到 10 万元以上，总收入达 1.84 亿元。其中，收入 100 万元以上的村 73 个，占比 34%。

10 多年脱贫攻坚战和乡村振兴路，阜平这块古老热土和巍巍太行再次焕发青春容颜，演绎着燕赵大地上最为壮阔的风景。

思考讨论

1. 阜平脱贫，是中国反贫困斗争伟大决战中的一个缩影。老区、山区、贫困地区“三区合一”的阜平县脱贫的秘诀有哪些?

2. 幸福不会从天而降，好日子是干出来的。结合阜平战贫实践谈谈如何理解脱贫攻坚精神的内涵及意义。

3. 当代大学生应如何传承发扬脱贫攻坚精神?

教学建议

本案例主要适用于第十一章第一节“让人民生活幸福是‘国之大者’”部分的辅助教学。本案例主要介绍了老区、山区、贫困地区“三区合一”的阜平县在河北省委、省政府的带领下，干部群众深入贯彻习近平总书记关于扶贫工作的重要论述和重要指示，汇聚各方力量，统筹推进精准扶贫、精准脱贫，苦干实干、脱贫攻坚奔小康的奋斗历程，展现了“上下同心、尽锐出战、精准务实、开拓创新、攻坚克难、不负人民”的脱贫攻坚精神。

组织教学建议

第一，在使用本案例之前，可以组织学生课外在线上观看中央电视台“新闻联播”播出的反映阜平县“精准扶贫”的系列报道《脱贫攻坚在阜平》。该报道共分为六集：《老区攻坚 决战龙泉关》《深山扶贫 艰难探索路》《专家把脉问诊 再寻脱贫新路》《干群合力攻坚 扶贫精准入户》《攻坚不言弃 细致入微解难题》和《科学规划 携手奔小康》。报道以龙泉关镇顾家台和骆驼湾两个村的扶贫故事为主线，生动展示了阜平全县干部群众坚定信念、找准路子、上下同心、苦干实干奔小康的奋斗历程。通过观看视频，使学生对案例内容有更深刻的理解，为案例讨论打下良好基础。

第二，引导学生结合案例分析深入开展脱贫攻坚的重要性。消除贫困、改善民生、实现共同富裕是社会主义的本质要求，是党的根本宗旨的重要体现。增进民生福祉是我们党立党为公、执政为民的必然要求。带领人民创造美好生活，是我们党始终不渝的奋斗目标。在保障和改善民生过程中，要格外关注困难群众，坚决打赢脱贫攻坚战，这是党和政府的重大责任和重要使命。坚决打赢脱贫攻坚战，让贫困人口和贫困地区同全国人民一道进入全面小康社会，是以习近平同志为核心的党中央对人民的郑重承诺。党中央把脱贫攻坚摆在治国理政的突出位置，把脱贫攻坚作为全面建成小康社会的底线任务，把精准脱贫作为三大攻坚战的重要内容。脱贫攻坚战对中国农村的改变是历史性的、全方位的，是中国农村的又一次伟大革命，深刻改变了贫困地区落后面貌，有力推动了中国农村整体发展，补齐了全面建成小康社会最突出的短板，为全面建成社会主义现代化强国、实现第二个百年奋斗目标奠定了坚实基础。中华民族在几千年发展历史上首次整体消除绝对贫困，实现了中国人民的千年梦想、百年夙愿。

第三，要向学生讲清楚阜平战贫彰显的脱贫攻坚精神的内涵及重要意义，引导学生弘扬脱贫攻坚精神。伟大的事业，离不开崇高精神的引领和支撑。在阜平这片红色热土上，党带领人民群众与贫困作斗争，充分彰显了“上下同心、尽锐出战、精准务实、开拓创新、攻坚克难、不负人民”的脱贫攻坚精神。这种精神是中国共产党性质宗旨、中国人民意志品质、中华民族精神的生动写照，是爱国主义、集体主义、社会主义思想的集中体现，是中国精神、中国价值、中国力量的充分彰显，赓续传承了伟大民族精神和时代精神。2021年9月，党中央批准了中央宣传部梳理的第一批纳入中国共产党人精神谱系的伟大精神，脱贫攻坚精神被纳入其中。脱贫摘帽不是终点，而是新生活、新奋斗的起点。当代大学生要发扬脱贫攻坚精神，保持实干兴邦、一往无前的那么一股劲头，为接续推进乡村振兴，把我国建成社会主义现代化强国奉献青春和力量。

总结提升建议

第一，阜平战贫是中国脱贫攻坚战的一个缩影。在整个中国扶贫攻坚战略中，阜平可谓是充当了理想的实验场，是中国扶贫战略推进的标杆地区之一。阜平县情主要特点可以用三句话概括：太行山区、革命老区、贫困地区。阜平地处太行山深处，是著名的革命老区，是我党我军历史上创建的第一块敌后抗日根据地——晋察冀根据地的首府，不怕困难、艰苦奋斗的老区精神已经深深浸润在阜平干部群众的血液里。阜平自国家启动“八七扶贫攻坚计划”以来，就一直是深度贫困县。2012年习近平总书记亲自来到这里，将阜平县作为考察扶贫开发工作的第一站。在阜平，总书记说：“没有农村的小康，特别是没有贫困地区的小康，就没有全面建成小康社会。”此后，阜平掀开了一场轰轰烈烈的脱贫攻坚战。阜平经过8年脱贫攻坚战，发生“蝶变”：群众收入大幅提高，致富产业蓬勃发展，住房条件全面改善，综合性保障水平显著提升，基础设施全面提档升级。阜平巨变，是新时代伟大成就的一个缩影，见证着中国脱贫攻坚的非凡历程。

第二，阜平脱贫的主要秘诀是走出了一条适合山区脱贫特点的精准扶贫、精准脱贫之路。习近平总书记创造性提出精准扶贫、精准脱贫基本方略，引领阜平走出一条因地制宜的精准脱贫之路，创造了精准扶贫的“阜平经验”。阜平之所以能够完成高质量脱贫的目标，主要得益于五个方面的努力：一是压实了脱贫攻坚的主体责任。把脱贫攻坚作为最大政治任务，将全县划分为8个“战区”，各由一名县委常委分包负责，与乡村两级层层签订责任状，逐级压实责任，实现所有工作都向脱贫攻坚聚焦。二是践行了精准扶贫的基本方略。围绕“两不愁三保障”目标，逐户精准识别、摸清底数，因村、因户、因人精准施策，把致富产业找准，把脱贫路子找对。把产业扶贫作为“重头戏”，大力发展“有活干有钱赚”的富民产业，结合山区特色，逐步形成了现代食用菌、高效林果、中药材、规模养殖、家庭手工业、生态旅游等六大扶贫产业。三是创新了脱贫攻坚的机制模式。阜平探索出以“企业＋基地＋农户”为主要特点的产业扶贫模式以及旅游扶贫、职教扶贫、金融扶贫等多种多样的扶贫模式。四是凝聚了各方帮扶的工作合力。在脱贫攻坚进程中，阜平县得到了中直单位、东西部扶贫协作单位以及省市相关部门的倾力帮扶。各种资源都向脱贫攻坚聚集，各方力量都向脱贫攻坚聚合。五是激发了群众脱贫的内生动力。“只要有信心，黄土变成金。”总书记的这句话被阜平的干部群众牢记在心里，更被一点一滴落实于战贫实践中。阜平人民群众激发脱贫斗志，发扬苦干实干精神，主动想办法、找门路、抓机遇，由“揣着手等”“背着手看”转变到“甩开手干”，靠勤劳的努力改变贫困落后的面貌。阜平探索并实践的一系列体制机制，如精准识别、金融帮扶、社会保障兜底等，已成为各地脱贫攻坚的普遍做法，得到广泛推广。

第三，中国特色社会主义的政治优势和制度优势是打赢阜平脱贫攻坚战的根本保障。中国共产党的领导是中国特色社会主义最本质的特征，是中国特色社会主义制度的最大优势。充分发挥中国共产党和社会主义国家在政治与制度方面的优势，是以习近平同志为核心的党中央领导人民进行脱贫攻坚战的重要法宝。脱贫攻坚既是经济工作，也是政治工作。“十三五”规划把扶贫脱贫列为国家贫困地区的第一民生工程。2015 年岁末，《中共中央 国务院关于打赢脱贫攻坚战的决定》的正式发布吹响了脱贫攻坚“冲锋号”。中国共产党拥有的卓越组织领导力是中国政治优势与制度优势的体现。中国的这场人类历史上最大规模、最蔚为壮观的脱贫之战，是中国共产党人对履行宗旨和承诺的最好回答，彰显了一心为民、勇于担当的执政情怀和强大的组织优势。脱贫攻坚是国之大事，只有在中国共产党的坚强领导下才能把这件大事办好。阜平战贫取得如此骄人成就背后最重要的原因，就是党在领导扶贫攻坚战中所展现出的非凡的组织领导力、广泛动员力和超强执行力。省、市、县、乡、村“五级书记抓扶贫”，从四面八方赶来的 209 支驻村工作队，是阜平县脱贫的“最强外援”。阜平把脱贫攻坚作为最大政治任务，逐级压实责任，全县的党员干部发扬革命战争年代那样一股劲，同群众心在一起、苦在一起、干在一起，着力把基层党组织建设成为带领群众脱贫致富的坚强战斗堡垒。阜平战贫的背后，是当地干部带领群众坚定不移贯彻落实精准扶贫、精准脱贫基本方略，针对百姓关心的新老问题精准施策，一件接着一件办，一年接着一年干的不懈努力和生动实践。

第四，脱贫攻坚精神是阜平战贫胜利的“精神密码”。阜平战贫实践充分彰显了伟大的脱贫攻坚精神的内涵。一是上下同心，尽锐出战。在阜平战贫过程中，习近平总书记亲自推动，河北省保定市把党中央大政方针转化为实施方案、促进工作落地，阜平县严格落实县委书记遍访贫困村、乡镇党委书记和村党组织书记遍访贫困户要求，推动脱贫攻坚各项政策措施落到实处，各方力量向阜平县汇集，驻村工作队、驻村干部，同乡镇村干部一道奋战在扶贫一线，鲜红的党旗始终在脱贫攻坚主战场上高高飘扬，党员干部倾力奉献、苦干实干，充分发挥先锋模范作用，形成跨地区、跨部门、跨单位、全社会共同参与的社会扶贫体系。二是精准务实、开拓创新。在党中央的坚强领导下，阜平各级党委政府坚持实事求是，从实际出发，因地制宜、精准施策，突出实干的导向，不搞花拳绣腿，不搞繁文缛节，不做表面文章，不搞形式主义，把一切工作都落实到为贫困群众解决实际问题上，确保扶贫资源真正用在扶贫对象上，创新扶贫工作机制，为完成消除绝对贫困的艰巨任务指明了方向和路径。三是攻坚克难、不负人民。阜平不变，寝食难安，决不收兵。面对脱贫攻坚这场史无前例、艰苦卓绝的硬战，无数党员干部细致谋划，不辞辛苦地往来奔走，不辜负人民群众的信任和期望，舍小家顾大家，扎根一线担当作为，务实笃行，努力啃下致富路上的“硬骨头”、搬开脱贫路上的“绊脚石”，帮助贫困群众排忧解难、增收致富，带领阜平群众实现了脱贫致富梦。在阜平战贫的背后体现了攻坚克难的奋斗精神和不负人民的宗旨意识。正是因为有了全体阜平党员干部切实为人民谋幸福的服务精神，才有了阜平今天彻底摘穷帽、挪穷窝、绝穷根的重大胜利。

启示意义

第一，没有内在动力就没有发展活力。激发内生动力是治贫之本。贫困群众既是脱贫攻坚的对象，更是脱贫致富的主体。群众不懈的努力是脱贫致富的内因，及时的政策帮扶是脱贫致富的外因，脱贫致富的关键是靠群众自力更生、艰苦奋斗。脱贫攻坚最深层次的障碍是“意识贫困”“精神贫困”“思路贫困”。长期的贫困使一些群众意志消沉，安于现状，脱贫动力不足。解决这种精神上的“软贫困”，是比解决物质上的“硬贫困”更加复杂的难题。扶贫先扶志，治穷先治心。“只要有信心，黄土变成金。”激发贫困群众内生动力，帮其打开脱贫“心结”，转变“等靠要”观念，树立脱贫信心，提升致富本领，是阜平县打赢脱贫攻坚战的治本之策。当代青年要想赢得光明的未来，就必须把个人的发展与祖国、人民的发展有机地融合在一起，从人民群众顽强不屈与贫困作斗争的伟大实践中汲取前进的动力，肩负起实现中华民族伟大复兴中国梦的历史责任。

第二，伟大的事业，始于梦想而成于实干。阜平的地名，寄托着当地百姓的美好愿景——创造物阜民丰、平安顺遂的生活。但脱贫致富的梦想、兴旺昌盛的愿景不会自发实现。作为曾拥有世界上最多贫困人口的国家和世界上最大的发展中国家，中国现已成为世界上减贫人口最多的国家，成为世界上率先完成联合国千年发展目标的国家。“中国的发展成就，是中国人民几十年含辛茹苦、流血流汗干出来的。”习近平总书记说，“幸福都是奋斗出来的”。伟大梦想要靠不懈奋斗才能实现。阜平脱贫成绩的取得，正是对全体阜平人民真抓实干、埋头苦干、自力更生、艰苦奋斗精神的有力回应。奋斗也是青春最亮丽的底色。新时代中国青年要勇做走在时代前列的奋进者、开拓者、奉献者，靠不懈奋斗创造幸福生活和美好未来。

案例 21

浙江桐乡：擦亮“三治融合”基层治理金名片

核心阅读

大国治理，根在基层。浙江省桐乡市在全国首创自治、法治、德治“三治融合”的社会治理模式，并逐步在全市211个村（社区）构建起“一约两会三团”治理载体，着力形成了“大事一起干、好坏大家判、事事有人管”的基层社会治理格局。2017年，发源于桐乡的“三治融合”治理经验被正式写入党的十九大报告，桐乡成为全国“三治融合”的示范地，为新时代“枫桥经验”与基层社会治理创新的发展指明了方向。2019年，桐乡“自治法治德治”入选首批全国乡村治理典型案例，在2023中国百强县榜单中，桐乡名列第20位。桐乡市始终坚持以自治消化矛盾、以法治定分止争、以德治春风化雨，坚持“三治融合”的治理优势，在基层社会治理和推进中国式现代化的实践中吹响了先锋号角。

桐乡，这座小城因举办世界互联网大会而驰名中外。然而更值得一提的是，它在中国基层治理探索道路上完成的一系列瞩目硕果：2013年在全国率先探索试点自治、法治、德治相结合的基层社会治理创新模式；2015年、2016年被授予“全国普法先进集体”“全国法治宣传教育先进县（市、区）”等荣誉称号；2017年，发源于桐乡的“三治融合”治理经验被正式写入党的十九大报告，成为新时代“枫桥经验”的精髓、基层社会治理创新的发展方向；2019年，桐乡“自治法治德治”入选首批全国乡村治理典型案例；2023年，在中国百强县榜单中，桐乡名列第20位。

通过“三治融合”的治理实践，桐乡市回答了基层社会治理中“谁来治”“怎么治”“治什么”的问题，“治”出了社会活力，“治”出了基层社会治理新格局。

多元共治增强基层社会治理合力

地处杭嘉湖平原腹地的桐乡，有户籍人口69.9万、新居民57.1万。在经济高速发展的同时，桐乡也受到社会问题增多、社会矛盾多发等困扰。

如何改变政府对村社事务大包大揽的一贯作风，激发基层活力，桐乡探索出了一条多元共治之路。从“为民做主”到“由民做主”，桐乡党委政府引导基层组织和群众有序参与社会事务，涌现了一批以“乌镇管家”“麻花议事团”为代表的自治团体。

“北有朝阳群众，南有乌镇管家”“乌镇是我家，我是大管家”，这些话语对于当地居民来说已是耳熟能详。“乌镇管家”成立于2015年第二届世界互联网大会·乌镇峰会前夕，最初由参与夜巡的基层群众组成。截至2023年底，这支队伍从0人壮大到4 016人，共成立了31个管理小组和116个工作站。2023年世界互联网大会前夕，由80多位“乌镇管家”组成的安全检查队伍已走访430多家民宿，排查人数达14 000多。

桐乡在浙江省率先创立三级法律服务团，建立各级法律顾问制度，提高依法决策、依法行政水平。2014年3月，桐乡市印发全面建立三级法律服务团制度的实施意见，创建了市、镇、村三级法律服务团100个。2019年4月，桐乡市司法局与桐乡市人民法院联合出台《加强诉调对接 助推民商事纠纷有效化解实施方案》，在乡镇司法所建立法官工作室，在法庭建立驻庭人民调解工作室，培育了48个专业性调解组织，打造一站式矛盾纠纷化解平台。

不仅如此，桐乡还积极发挥村干部、小组长等“微治理”作用，引导基层群众有序参与基层事务的决策、管理和监督，大力推进社区、社会组织、专业社工“三社联动”。截至2023年7月，桐乡市登记备案的社会组织达3 716个，持有社会工作者资格证书的人数达3 135人，城市社区工作者持证率攀升至50.6%。

社区不断发展壮大志愿服务队伍，让群众做好大管家、当家人，实现了网格信息无盲区、全覆盖。特别是新冠疫情防控期间，桐乡有20余万人参与到社会治理中来，三年未发生一起影响安全稳定重大案事件。

协同“三治”筑牢基层治理根基

自治、法治、德治单独运用往往难以达到最佳治理效果，只有综合运用、协同发力，才能释放出倍数力量。桐乡将历经实践验证、行之有效的三治载体加以整合，形成了以“一约两会三团”为重点的三治融合创新载体，协同推动基层社会治理转型。截至2023年，桐乡市211个村（社区）“一约两会三团”的覆盖率达100%。

“一约”即村规民约。让村（居）民参与制定、参与监督，以“村言村语”约定行为规范、传播文明新风，综合运用物质奖惩、道德约束等手段保障落实，使村规民约（社区公约）发挥了更好的治理效果。村规民约提倡节俭办酒、生态安葬等文明新风，针对农村大操大办等不良风俗，崇福镇上莫村将结婚酒席菜品不超过1 000元/桌等文明餐桌内容写入村规民约，并由村文明餐桌道德评判团全程监督，有效遏制了愈演愈烈的攀比之风。

“两会”指百姓议事会和乡贤参事会。由村社党组织书记担任百姓议事会的召集人，由村党组织书记或村委会主任兼任乡贤参事会的秘书长，发挥乡贤的感召力，通过专题会议、个别访谈等多种形式，解决和协调村里的相关事务，协助村两委做好群众工作，实现村社事务的民事民议，民事民办、民事民管。在屠甸镇荣星村火炉浜环境整治中，乡贤参事会会长带领乡贤带头出资、上门走访，说服村民共同支持环境整治，共同建设美丽乡村。

“三团”指百事服务团、法律服务团、道德评判团。桐乡以志愿服务、法律服务、道德评判为抓手，将定期坐诊、按需出诊、上门问诊相结合，完善志愿者组织体系、公共法律服务体系和道德评判体系，打造以市党群服务中心、“一米阳光”“法律诊所”等为代表的市、镇、村三级服务组织。

在“一约两会三团”的推进过程中，桐乡实施了文化惠民工程，建成农村文化礼堂176家、新时代文明实践四级服务阵地700余个，年均开展文化下乡活动2 500余场次。桐乡市还累计出台了50余个三治领域文件、制度、方案，确保各项工作的常态化、长效化推进。

持续创新激发基层社会治理效能

“拿券吃面，很有面子。”河山镇堰头村是桐乡最早试点开展三治融合积分制管理的行政村。自2019年开始，该村便按照生活垃圾分类的准确率等多项标准，为村民发放面券，以此作为奖励，进一步激发了基层群众的主体意识和参与热情。“一张面券”的故事已经从嘉兴讲到全省，成为桐乡社会治理工作中的一大特色亮点。

2020年5月，桐乡专门出台了《桐乡市三治融合积分管理实施办法》，各镇（街道）、村（社区）两级因地制宜制定相应的积分管理办法，将积分与金融惠民、个人诚信、先进评比挂钩，给予政策和精神双重奖励，通过积分管理，引导群众参与“微治理”，极大提升了广大群众参与乡村治理的积极性和主动性，有力促进了文明城市创建、平安桐乡建设、美丽乡村建设等中心工作。“三治融合”积分管理工作逐渐拓展到各行业、各领域。积分管理标准发布后，桐乡市精准投放激励措施，建立线上线下积分超市497家，为2.2万户兑换积分，并在17个村推行“股份分红＋积分奖励”，2022年度村集体分红总金额2 300余万元。

与此同时，桐乡创新打造三治融合线上平台——“微嘉园”App，开发建设三治积分榜、自治风向标、服务百宝箱、法治直通车、线上议事厅等具有桐乡三治特色的板块。截至2023年4月，“微嘉园”已有实名用户253万，日均活跃用户达40万人次，实现了平均一个家庭有一人入群，群众满意率达97.6%；公众号粉丝达182万，成为国内由党政主导、区域内覆盖率最广、活跃度最高的网络治理共同体。

桐乡还创新推出“三治＋金融”模式，深入实施金融惠农、金融惠企等行动，积聚政银资源合力，推出“三治信用贷”，将更多的金融活水引向“三农”，为美丽乡村建设、村级集体经济发展、实体经济和小微企业发展提供普惠式资金保障。自2018年底试点推行以来，截至2023年6月，桐乡市已授信农户达12.47万户，授信总额316.56亿元，累计发放贷款128.56亿元。

在“源头＋治理”方面，桐乡进行了有效探索，创新“法官驻镇联村、人民调解驻庭”双向派驻制度，通过构建矛盾纠纷预防调处化解体系，努力将矛盾纠纷化解在基层、解决在萌芽。坚持“信访打头、调解为主、诉讼断后”，扎实推进“市、镇、村三级社会矛盾纠纷调处化解中心”做强做好。

思考讨论

1. 桐乡是如何取得一系列基层社会治理硕果，从“三治融合”的发源地变成引领地的？

2. 发源于桐乡的“三治融合”治理经验被正式写入党的十九大报告，桐乡成为全国

“三治融合”的示范地。请结合本案例，谈谈你对“三治融合”与基层社会治理现代化之间关系的理解和认识。

3. 桐乡的基层治理实践为构建基层社会治理新格局提供了哪些可资借鉴的经验？

教学建议

本案例主要适用于第十一章第三节“在共建共治共享中推进社会治理现代化”部分的辅助教学。案例主要展示的是浙江桐乡以“三治融合”推进基层社会治理现代化，通过多元共治、三治协同、持续创新的治理实践，深度融合自治法治德治，构建基层社会治理新格局的历程。

组织教学建议

第一，要引导学生把握基层治理现代化的内涵及其在国家治理体系和治理能力现代化中的重要作用。基层治理是国家治理的基石，推进城乡基层治理是实现国家治理体系和治理能力现代化的基础工程，是深入夯实大国治理善政良治底座的现实要求，也是更好地满足人民美好生活需要的必由之路。党的十八大以来，党和国家高度重视基层治理，不断提出加强和创新基层治理的要求，确定了提高基层治理水平的重要目标。在推进国家治理现代化的战略目标下，2021年中共中央和国务院专门出台了《关于加强基层治理体系和治理能力现代化建设的意见》，全面引领基层治理的改革和创新，深入推动基层治理的转型和升级，建立起党组织统一领导、政府依法履责、各类组织积极协同、群众广泛参与，自治、法治、德治相结合的基层治理体系。

第二，要引导学生通过案例认识和把握“三治融合”中自治、法治与德治的内在关系。“三治融合”，是对基层群众实行“自治、法治、德治”综合治理，通过群众自我管理、法律制度约束和提升道德自觉等方式提高对农村或者社区的管理水平的一种管理模式。“三治融合”作为新趋势下的社会治理模式，是推进基层治理现代化的重要途径。自治、法治、德治在基层社会治理中发挥不同的作用。自治重在自我管理，法治重在外部约束，德治重在道德引领。在三者之间的关系上，自治是法治、德治的目标，法治是自治、德治的保障，而德治是自治、法治的基础。要通过案例让学生把握“三治融合”不是把这三者强加在一起，而是在区分各自作用范围的基础上，发挥三者不同的功效，通过协同融合，合力共治实现基层社会治理的增效。

第三，可组织学生围绕“三治融合”与基层治理现代化的关系展开讨论。“三治融合”是推进基层社会治理现代化的重要途径，构建自治、法治、德治相结合的基层治理体系，是推进国家治理体系和治理能力现代化的重要场域。可通过观看央视纪录片《坚持发展“枫桥经验”——中国基层社会治理现代化之路》第五集《三治融合》让学生直观了解桐乡“三治融合”的实践历程。完善自治、法治、德治相结合的基层治理体系，充分体现了系统治理、依法治理、综合治理、源头治理的理念，为推动基层治理现代化提供了方向。

第四，要引导学生把握“三治融合”推进基层治理现代化的核心在于激活基层社会治理活力，激发社会与群众主动参与治理，这是基层社会治理的灵魂。在讲到多元共治这个案情部分时，可以引导学生从“乌镇管家”“法律服务团”“三社联动”这些组织和团体中，认识到实现基层社会治理中的“三治融合”，重要的是创新一整套让社会力量有序参与的体制机制，让民众在参与中表达，在参与中提升参事议事水平，形成“有序参与一有效治理”的良性循环。

总结提升建议

第一，“三治融合”是推进基层治理现代化的重要途径，只有坚持自治、法治、德治三者协同支撑、相互助推，才能激活基层治理新动能。自治、法治、德治既相互联系、相互交融，又在方式手段上具有明显的差异性。一方面，自治、法治、德治在功能上具有明确的区分：自治是基层群众性自治组织、社会组织、公民等进行自我管理、自我服务、自我教育，有序参与社会事务的一种治理方式；法治是依法律而治，实现科学立法、严格执法、公正司法、全民守法的一种治理方式；德治是以社会主义核心价值观为根本，通过道德教化作用，实现良好社会风尚的一种治理方式。另一方面，自治、法治、德治三者之间又具有功能上的互补性：自治通过发挥自我管理功能，为法治、德治奠定良好的主体基础；法治通过发挥外部约束功能，为自治、德治提供良好的制度条件；德治通过发挥道德引领功能，为自治、法治营造良好的道德氛围。单一的自治，单一的法治，或单一的德治，都是行不通的。只有有效推进“三治融合”，才能真正发挥自治、法治、德治功能互补的最大效能。桐乡在全国率先试点“三治融合”的基层治理模式，多年来通过多元共治、协同“三治”、持续创新等方式深度融合自治法治德治，以“一约两会三团”等为实践载体，互为支撑、综合运用，释放出乘数效应，夯实基层社会治理的根基。

第二，基层社会治理是国家治理的基石，创新基层社会治理是实现国家治理体系和治理能力现代化、推进中国式现代化的题中应有之义。创新基层社会治理，是完善国家治理体系，解决体系中“短板”和“瓶颈”的重要方式。在创新之初，人民群众对制度有新鲜感，投入资源多，动员力度大，参与热情一般较高。然而，当创新持续一段时间后，群众边际效益递减，难免会失去持续参与的热情。这就需要不断地保持创新，根据形势的变化持续迭代升级创新的载体。党的二十大报告提出，要完善网格化管理、精细化服务、信息化支撑的基层治理平台，意在不断创新基层治理的方式。桐乡地属经济发达地区，在“三治融合”建设的开始，致力于实现高质量、高水平社会治理的主动式创新。桐乡“三治融合”的生命力在于持续创新，不断挖掘自治、法治、德治的元素，降低基层社会治理的成本，实现高质量、高水平的基层社会治理。通过不断迭代升级创新载体，相继形成“三治积分”“三治金融”“三治信贷”“微嘉园”等一系列持续创新品牌，桐乡最终从“三治融合”的起源地变成示范地、引领地，开辟了基层社会治理的新格局，为推进中国式现代化提供了典型范例。

第三，多元共治是实现“三治融合”的基础，也是提升基层社会治理现代化水平的有力支撑。多元共治的基层治理模式是指党和政府、民众及其他社会组织，共同参与社会事务管理，营造民主、协作、和谐的社会治理环境和氛围。多元共治强调多主体参与，不同的主体根据自身职责，采取适当方式参与社会治理。多元共治模式改变了传统的政府单一管理的方式，让不同主体通过民主、协商的方式参与社会治理。基层党组织和政府通过营造良好的多元共治氛围，与不同主体建立起沟通协作机制，吸纳更多的主体参与到基层政府治理当中，为打造基层社会治理新格局奠定基础。桐乡通过引导基层组织和群众有序参与社会事务，涌现出“乌镇管家”等社会团体，让民众以“当家人”的身份深度参与其中，充分激发基层自治的活力。三级法律服务团有效地把人民的矛盾和纠纷化解在基层中，桐乡还以社区、社会组织、专业社工“三社联动”以及志愿者服务等多种形式实现多元共治，充分体现了党的二十大报告提出的“健全共建共治共享的社会治理制度，提升社会治理效能”。

第四，坚持党建引领是有效推进基层治理现代化的政治保证。党的基层组织是推进基层治理高效运转的“红色引擎”，基层治理必须坚持党建引领，走好“最后一公里”，切实提升新时代党建引领基层治理能力水平。强化党建引领，必须充分发挥基层党组织在基层治理中的引领作用，这就必然要求注重发挥基层党组织的价值引导功能。基层党组织需要引导广大党员发挥好先锋模范作用，用实际行动引领广大群众营造共建共治共享的美好家园。桐乡始终坚持党建引领，基层党组织引导社会团体和群众有序参与社会事务，打造出“乌镇管家”品牌，在“一约两会三团”中，由村社党组织书记担任百姓议事会的召集人，由村党组织书记或村委会主任兼任乡贤参事会的秘书长，发挥乡贤的感召力，解决和协调村里的相关事务，协助村两委做好群众工作，实现村社事务的民事民议、民事民办、民事民管，有力地保证了“三治融合”工作的顺利推行。

启示意义

推进中国式现代化，必须充分发挥德治在社会治理中的作用。建成社会主义现代化强国，不仅要在物质上强，更要在精神上强。中国已实现了第一个百年奋斗目标，开启了全面建设社会主义现代化国家新征程，尤其需要进一步加强公民道德建设，提高全社会道德水平，推动全民道德素质和社会文明程度达到新高度。德治在社会治理中发挥着不可或缺的作用，正如习近平总书记指出的那样，“我国农耕文明源远流长、博大精深，是中华优秀传统文化的根”，要在实行自治和法治的同时，注重发挥好德治的作用，推动礼仪之邦、中华优秀传统文化和现代法治社会建设相辅相成。社会治理要重视发挥道德的教化作用，实现传统美德与现代法治社会建设相结合，提高全社会文明程度。桐乡市探索的“三治融合”基层社会治理模式，尤其注重发挥“德治”在社会治理中的先导作用，从细处着眼、小处入手，用“三治积分”等方式积极探索“德治物化”“德者有得”机制，激发村民参与乡村治理的积极性，用崇德向善的精神力量，形成道德实践与乡村治理的良性互动新模式，探索物质文明与精神文明相协调的中国式现代化新实践。

案例 22

小小“六尺巷”，拓宽桐城治理大格局

核心阅读

“一纸书来只为墙，让他三尺又何妨”。安徽省桐城市从中华优秀传统文化中汲取智慧，将闻名全国的“六尺巷”典故中蕴含的“礼让和谐”精神注入基层治理，探索出独具特色的“六尺巷调解工作法”。通过党建领事、礼让和事、村民说事、多元解事、网格管事、群力防事，桐城建立起覆盖全领域全范围的社会治理体系，形成新时代“六尺巷工作法”善治品牌，创新并发展了新时代“枫桥经验”的桐城模式。桐城市矛盾纠纷调解成功率逐年上升，2023 年超过 98%，荣获“平安中国建设示范县”、“全国信访工作‘三无’县”等称号，其案例被写入全国人民代表大会最高人民法院工作报告。桐城的新时代“六尺巷工作法”生动诠释了中国式基层治理的宝贵经验。

桐城又称“文都”，是雄霸清代文坛的“桐城派”故里。闻名全国的“六尺巷”，位于安徽省桐城市西南一隅，是一条鹅卵石铺就的全长 180 米、宽 2 米的巷道。据《桐城县志》记载，清代大学士张英老家与吴姓邻居为争住宅边界，把官司打到县衙。张家人写信到京城求告张英。张英收到信后，在信上批诗一首寄回老家：“一纸书来只为墙，让他三尺又何妨。长城万里今犹在，不见当年秦始皇。”家人收到信后，主动撤诉并让出三尺地。吴家见了非常感动，也让出三尺，“六尺巷”由此得来。

桐城文化中“以和为贵”“和而不同”“和实生物”的和谐精神，为新时代社会治理奠定了深厚的文化根基。桐城市基层组织自发将六尺巷典故的“礼让和谐”精神引入纠纷调解，引导矛盾双方对标先贤，启迪广大群众传承互谅互让、强者先让、让他三尺又何妨的做人美德，在消弭大纷小争中每每收到奇效。

2015 年 6 月，桐城市人民法院为解决“案多人少”矛盾，将“六尺巷”中华优秀传统文化与现代司法实践相融合，探索推出“六尺巷调解工作法”，加强矛盾纠纷的诉前、诉中调解，有力促进了“案结事了人和”。经过两年多的实践及提炼提升，形成“听、辨、劝、借、让、和”六步走法则并在全市推广。

2017 年 7 月，桐城市委、市政府印发《关于深入推进“六尺巷调解工作法”的实施意见》，在全市调解战线形成人人会讲“六尺巷”故事、人人会用“六尺巷调解工作法”、人人营造礼让互让的良好氛围，打造具有桐城特色的多元化矛盾纠纷调解品牌，实现“小事不出村、大事不出镇、矛盾不上交”。2018年1月17日，《人民日报》以《安徽桐城推行“六尺巷调解工作法”》为题予以报道。桐城市矛盾纠纷调解成功率逐年上升，2023年超过98%。

“六尺巷调解工作法”虽提升了调解的成功率，但未从根本上扭转矛盾纠纷的上升趋势。2020年桐城矛盾纠纷5 077件，较2019年上升15.8%，基层化解的压力巨大。为此，桐城市委、市政府及时推动“六尺巷调解工作法”提质升级，形成新时代“六尺巷工作法”。2021年8月，桐城市委常委会会议审议通过《关于打造新时代六尺巷工作法的意见》，提出以“谦和礼让、知进退、和为贵”为基本精神，以“源头治理、多元共治、和谐共享”为基本体系，以“党建领事法、礼让和事法、村民说事法、多元解事法、网格管事法、群力防事法”为基本内容的基层社会治理工作品牌。

在六尺巷文化熏陶下，桐城不断拓展新时代“六尺巷工作法”——党建领事、礼让和事、村民说事、多元解事、网格管事、群力防事，建立起覆盖全领域全范围的社会治理体系，成为弘扬新时代“枫桥经验”的有效方式。新时代“六尺巷工作法”将“和为贵”精神深度融入现代基层治理，以“六条主线”构建基层善治新体系。

党建领事聚民心。桐城市坚持把镇街党（工）委、村社区党组织、网格党支部（党小组）作为凝聚基层治理的主轴，明确15名辖区派出所所长进入镇街党工委班子，226名民警进入村社区“两委”班子，“两长（单元长、联防长）”、村民组长与党小组长“三长”合一，进一步延伸党组织链条。完善“党建＋平安建设”“党建＋信访”的基层治理模式，做实无职党员联系群众机制，推进平安建设示范村（社区）创建，不断提升基层党组织政治功能和组织力。

礼让和事润民风。桐城市立足六尺巷典故，建设六尺巷景区，制作六尺巷宣传片，突出以古鉴今，用“六尺巷”典故启迪人心。为推动“六尺巷”礼让文化创造性转化、创新性发展，桐城市运用多种载体宣传弘扬“六尺巷”典故蕴含的谦和、礼让、包容精神，制作“六尺巷”宣传片，推动央视春晚歌曲《六尺巷》广泛传唱。在公园、广场、景区等人员易聚集场所建设六尺巷文化墙，开展六尺巷典故系列“微宣讲”，形成六尺巷文化元素全覆盖。截至2023年3月，桐城市已建成六尺巷文化墙600余面，开展六尺巷典故系列微宣讲千余场次，形成人人会讲六尺巷故事、处处彰显六尺巷文化、事事体现六尺巷精神的浓厚氛围。

村民说事畅民意。桐城市在各个基层推行“村民说事”制度，组织“五老”成立村民说事会，通过“说、商、办、评”四步法，让村民上门说、现场说、定期说，听民声、聚民意、集民智、汇民力，理清群众关切的民生、发展大事和邻里、家庭纠纷的小事，深入宣讲六尺巷“知进退、和为贵”的理念，推动大事小事“事心”双解。2019年，桐城市黄甲镇石窑村吴某因集体茶园道路拓宽占用其农田，心生不满，向村民说事会反映。村民说事会组织老党员、村民代表等集体讨论后，决定由村民自愿出钱，将农田占用补偿金支付给吴某。会后，村民踊跃捐款，为吴某筹集了1 500元，消除了吴某的不满情绪。2020年

1月，该道路拓宽工程得以按期完工。

多元解事化民忧。桐城市创设“631”分级化解机制。在充分调研的基础上，按照本地矛盾纠纷的性质类别、紧急程度、发展势态，将占纠纷总量60%的一般矛盾化解在村级，30%的重大矛盾化解在镇级，10%的疑难复杂矛盾化解在市级，构建自下而上、逐级消化、有效衔接的调处化解格局，将大部分矛盾纠纷和风险隐患化解在县域。此外，桐城市还搭建了“一站式”矛盾纠纷化解平台。依托县级综治中心充分整合群众来访接待中心、矛盾纠纷调处中心、诉调对接中心，在县、乡、村三级综治中心全面设立“六尺巷调解工作室”，集接访、调解、仲裁、诉讼、法律服务、心理咨询于一体，构建形成“多中心合一、一中心多用”的一站式、一揽子、全链条的为民解忧平台。2023年，桐城市人民法院新收民商事案件数同比下降15.6%、万人成讼率同比下降16.3%。

网格管事惠民生。桐城市按照“网格化管理、小单元作战”模式，以300至500户为一个网格，30至50户为“微网格”，构建“党组织＋网格长＋政法干警＋住户”的全科网格治理模式，打通服务群众最后一米。截至2023年5月，已选聘网格员1 120名、“两长（单元长、联防长）”7 258名，在平安建设、扫黑除恶、基层治理、文明创建中发挥着重要的基础性作用，有效实现了“需求在格中发现、资源在网格整合、问题在网格解决”。

群力防事护民安。为强化智治支撑，桐城市开发“文都e家”社会治理平台。2019年平台开启运行，截至2023年，整合全域数据信息32万余条，累计上报事件24万余件，普查城市部件24 772件，接入公安、城管视频设备1 309个，办结率达99.3%。桐城市还统筹优化各类群防群治力量，组建网下社区党员、商户、学生家长、安保人员、公交车司机等各行各业4 600余人，网上3.5万余人参加的“文都义警”队伍，围绕商业街区、校园周边、公园、广场、交通枢纽等防控区域，常态化开展巡逻防范，构筑起“75万人民创平安、文都处处享安全”的坚实防线。

新时代“六尺巷工作法”实施后取得了显著成效。截至2024年1月，桐城市矛盾纠纷调解成功率、满意度均超过98%。桐城市从中华优秀传统文化中汲取智慧，将六尺巷典故蕴含的“礼让和谐”精神注入基层治理，形成“源头治理、多元共治、和谐共享”的新时代“六尺巷工作法”善治品牌，被写入2022年全国两会最高人民法院工作报告。桐城先后荣获“平安中国建设示范县”、“全国信访工作‘三无’县”和“全国青少年普法教育示范区”等称号。2023年5月，桐城市委政法委被中央政法委评为“新时代政法楷模集体”。

思考讨论

1. “六尺巷”典故体现了中华优秀传统文化中的什么精神？桐城市新时代“六尺巷工作法”包含哪些方面？

2. 坚持和发展新时代“枫桥经验”，对提升社会治理现代化水平有何重要意义？

3. 习近平总书记指出，“中国优秀传统文化的丰富哲学思想、人文精神、教化思想、道德理念等，可以为人们认识和改造世界提供有益启迪，可以为治国理政提供有益启示”。谈谈你对中华优秀传统文化融入基层社会治理的理解。

教学建议

本案例主要适用于第十一章第三节“在共建共治共享中推进社会治理现代化”部分的辅助教学。案例主要展示的是安徽桐城市从中华优秀传统文化中汲取智慧，将六尺巷典故蕴含的“礼让和谐”精神注入基层社会治理，创新并发展出新时代“六尺巷工作法”的治理实践及其所取得的巨大成就。

组织教学建议

第一，要引导学生了解新时代“枫桥经验”的内涵及发展历程。可通过让学生课下自行观看央视网专题片《坚持和发展“枫桥经验”》来深入理解教学主题。教师需要讲清新时代“枫桥经验”的三个发展阶段：20 世纪 60 年代初，在毛泽东思想的指引下，枫桥创造了发动和依靠群众，做到矛盾不上交，把绝大多数“四类分子”就地教育改造成为社会主义建设有用的新人的经验，即“枫桥经验”；改革开放以后，“枫桥经验”发展为“小事不出村、大事不出镇、矛盾不上交”，成为社会治安综合治理的典范、维护社会稳定的重要经验；新时代以来，基层社会治理工作形成了以“矛盾不上交、平安不出事、服务不缺位”为基本内涵的新时代“枫桥经验”。坚持和发展新时代“枫桥经验”，被写入《中共中央关于党的百年奋斗重大成就和历史经验的决议》之中。党的二十大报告提出：“在社会基层坚持和发展新时代‘枫桥经验’，完善正确处理新形势下人民内部矛盾机制”。通过给学生讲解新时代“枫桥经验”的历史，让学生把握新时代“枫桥经验”是中国共产党百年奋斗中形成的宝贵财富，也是推进中国式现代化的重要经验。

第二，可组织学生围绕中华优秀传统文化融入基层治理这个问题展开讨论。引导学生了解中华优秀传统文化的社会治理功能，把握中华优秀传统文化发挥作用的过程是人的思想和行为由内而外的转化过程，因此具有较强的稳定性和持久性。我国独特的国情、独有的文化传统和特殊的历史发展进程，决定了必然要走适合自身特点的发展道路。通过案例中桐城市新时代“六尺巷工作法”的创新做法，引导学生体会中华优秀传统文化的发展必须适应社会变化，根据时代发展进步的要求、群众日益提高的精神需求不断创新，让中华优秀传统文化更好地契合时代发展需要，真正做到“以文化人”，转化为推动基层社会治理创新的强大动力。

第三，要引导学生把握创新基层社会治理的重要意义。基层是社会治理的深厚基础和重要支撑，治国安邦重在基层。习近平指出：“党的工作最坚实的力量支撑在基层，经济社会发展和民生最突出的矛盾和问题也在基层，必须把抓基层打基础作为长远之计和固本之策，丝毫不能放松。”加强和创新基层社会治理，关乎党长期执政、国家长治久安和广大人民群众的切身利益，意义十分重大。中国特色社会主义进入新时代，我国社会主要矛盾发生转化，人民对美好生活的需要日益广泛，不仅对物质文化生活提出了更高要求，而且在民主、法治、公平、正义、安全、环境等方面的要求日益增长。这些都对加强和创新基层社会治理提出了更高、更新的目标。

第四，要结合党的二十大报告引导学生把握社会治理共同体的内涵。党的二十大报告明确指出，“要建设人人有责、人人尽责、人人享有的社会治理共同体”。社会治理共同体是以共建共治共享为原则导向，以解决社会治理问题和优化公共服务供给为着力点，通过协商共治的方式，形成具有认同感、归属感和凝聚力的有机体。党的十八大以来，从加强和创新社会治理，到构建共建共治共享的社会治理格局，再到建设社会治理共同体，一系列新理念新思想新战略的提出，充分体现出以习近平同志为核心的党中央在全面建成社会主义现代化强国的新征程中，对马克思主义共同体思想的创造性转化和创新性发展。通过案例中桐城市新时代“六尺巷工作法”的一系列举措，让学生理解基层工作如何通过社会治理共同体调动群团组织和社会组织参与社会治理的积极性、创造性，发挥人民群众主体作用，开创专群结合、群防群治新局面，提升社会治理现代化水平。

■ 总结提升建议

第一，推动中华优秀传统文化融入基层社会治理，是坚定文化自信、创新基层社会治理的必然要求。中华优秀传统文化蕴藏着丰富的社会治理智慧，为当代基层社会治理创新各项制度提供了有力的文化智力支持。中华优秀传统文化突出强调“德治”，能够重塑基层社会的价值标准和尺度，引导公众以更加理性的思维作出科学的判断和选择，起到调节人际关系、协调利益矛盾、减少社会冲突等作用，促进形成稳定和谐的社会状态。体现中华优秀传统文化智慧、符合中国实际的基层治理，能够在实践中展现出强大的适用性和生命力，既能消解多元利益格局下的潜在冲突，又能在维系群众根本利益与长远利益中增进社会团结，有效提升基层社会治理的水平和效能。桐城市将六尺巷典故蕴含的“礼让和谐”的中华优秀传统文化精神注入基层社会治理，形成了以“信访不上行、矛盾不上交、平安不出事”为目标的新时代“六尺巷工作法”，充分汲取了中华优秀传统文化的治理智慧，创造性转化、创新性发展本土优秀传统文化，为六尺巷精神注入了新时代灵魂。

第二，坚持和发展新时代“枫桥经验”，是推进基层社会治理现代化的根本遵循。新时代“枫桥经验”是中国式基层社会治理的重大经验，既具有社会治理的一般特征，又具有鲜明的中国特色，彰显了中国式基层社会治理的独特优势和强大活力。“枫桥经验”是新中国成立后在党领导下由基层创造的社会矛盾化解经验，从“依靠群众就地化解矛盾”，到“小事不出村、大事不出镇、矛盾不上交”，再到“矛盾不上交、平安不出事、服务不缺位”，是党的群众路线在基层社会治理中的生动实践。桐城市探索形成的新时代“六尺巷工作法”，坚持和发展了新时代“枫桥经验”，并取得显著效果：全市矛盾纠纷、万人成讼率和发案数逐年下降，调解成功率、群众安全感逐年上升，获评“平安中国建设示范县”等称号。六尺巷文化的精髓在于“互让”，在六尺巷文化熏陶下，桐城市不断拓展“六尺巷工作法”，建立起覆盖全领域全范围的社会治理体系，成为弘扬新时代“枫桥经验”的有效方式，形成了枫桥经验的“桐城模式”。

第三，加强和创新社会治理，必须坚持系统治理、综合治理、依法治理、源头治理。社会治理是国家治理的重要领域，社会治理现代化是国家治理体系和治理能力现代化的题中应有之义。加强和创新社会治理，将有力推进国家治理体系和治理能力现代化的进程。

实现社会治理现代化，关键是抓好治理的四个方面，即治理主体要从政府包揽向政府主导、社会共同治理转变；治理方式要从管控规制向法治保障转变；治理手段要从单一向多种手段转变；治理环节要从事后处置向源头治理前移。桐城市通过调研发现“六尺巷调解工作法”未从根本上扭转矛盾纠纷的上升趋势之后，及时加强和创新治理工作模式，将之提质升级为新时代“六尺巷工作法”，形成以“源头治理、多元共治、和谐共享”为体系的桐城模式，将六尺巷的“礼让”精神体现在基层社会治理的源头，统筹优化各类群防群治力量共筑多元治理的格局，推动大事小事“事心”和谐双解。凭借“六尺巷调解工作室”这一创新平台，实现接访、调解、仲裁、诉讼、法律服务、心理咨询于一体的依法治理。通过“党建领事、礼让和事、村民说事、多元解事、网格管事、群力防事”六条主线构建基层善治新体系。

第四，建设更高水平的平安中国，增强人民群众的安全感，是加强和创新社会治理的出发点和落脚点。平安是人民幸福安康的基本要求，社会治安状况直接影响着人民群众的生命安全与财产安全，社会治安的状况与每一个人的获得感、幸福感和安全感息息相关。将人民安全问题作为出发点和落脚点反映了中国式现代化是全体人民共同发展的现代化。只有加快推进社会治理现代化，努力建设更高水平的平安中国，才能适应社会发展新形势，满足人民新期待。桐城市坚持和发展新时代“枫桥经验”，从公共安全保障、社会治安综合治理、基层矛盾纠纷化解等方面加强和创新基层社会治理，通过“网格化管理、小单元作战”模式进行立体化治理，达到了“需求在格中发现、资源在网格整合、问题在网格解决”；通过开发“文都 e 家”社会治理平台实现了社会治安的信息化，筑起了坚实的治安防线，有效化解了社会治安防控体系上存在的基层活力不足、整体效能发挥不足等问题，增强了人民群众的安全感和共治的凝聚力。

启示意义

新时代加强和创新基层社会治理，必须在赓续中华文明基础上不断守正创新，推动中华优秀传统文化融入社区治理、社会服务和居民生活，助力社会治理共同体建设。基层社会治理要不断创新，传统文化的发展必须适应社会变化，根据时代发展进步的要求、群众日益提高的精神需求不断创新，让中华优秀传统文化更好地契合时代发展需要，真正做到“以文化人”，更好地转化为推动基层社会治理创新的强大动力。六尺巷作为一个文化载体，其典故所包含的“礼让和谐”精神，实际上也是中华优秀传统文化的组成部分。“‘六尺巷’是世界上最宽的巷子。”它的“宽”不是宽在“六尺”上，而是“宽”在人们的心灵境界与和谐礼让精神上。桐城市正是在赓续“文都”优秀传统文化的基础上，将六尺巷的“礼让和谐”精神深度融入现代基层治理，构建基层善治新体系。

案例 23

告别“违建别墅”当好秦岭生态卫士

核心阅读

秦岭山脉素有“国家中央公园”和“国之绿肺”之称，是我国重要的生态安全屏障。长期以来，由于落实党中央决策部署不坚决不彻底、管理制度漏洞、权力寻租等原因，秦岭陕西段遭遇前所未有的开发和破坏：旅游房地产开发项目的违规建设和城镇建设的不规范，导致环境污染日益严重；山区道路建设随意开挖山体，造成河道淤积，产生日益严重的水土流失；自然资源过度开发利用，导致森林植被资源减少和生态功能急剧下降。习近平先后6次就秦岭违建作出重要批示指示，中纪委副书记亲自担任中央专项整治工作组组长，中央、省、市三级打响秦岭保卫战，1 194栋违建别墅被列为整治对象。整治后的秦岭生态环境质量持续向好，综合评价优良等级面积达到96%以上。习近平强调，“秦岭违建是一个大教训”，必须引以为戒，警钟长鸣。

这里，处于中国版图的腹心地带，北流黄河、南流长江，北连黄土高原、南接四川盆地，将中国地势三级阶梯紧紧连接。

这里，有515.84万公顷林地、3.12万公顷草原、7.49万公顷湿地，生态空间面积超89%，绿色水库滋养着全国十分之一以上的人口。

这里，作为我国南北气候的分界线，物种繁多，内有种子植物3 446种，其中特有种192种，国家保护植物44种；兽类144种，占全国总数的29%；鸟类399种，占全国总数的34%。

这里，就是有着“世界生物基因库”“国家中央公园”“华夏龙脉”“国之绿肺”“南北植物荟萃，南北生物特种库”之美誉的秦岭山脉。

西汉初年，张良曾谓，“夫关中左崤函，右陇蜀，沃野千里，南有巴蜀之饶，北有胡苑之利”。班固言故秦地“有鄠杜竹林，南山檀柘，号称陆海，为九州膏腴”。周、秦、汉、唐定都关中，西安作为古代王朝和政权都城的时间长达1 000余年，很大程度上得益于秦岭优越的生态环境。

然而，孕育了伟大华夏文明的秦岭山脉，默默地撑起了华夏民族的脊梁，但却没有得到应有的尊重和保护。

秦岭之殇

秦岭北麓西安段地区自20世纪90年代开始，就是“违建”重灾区，西安南部的终南山段违建别墅现象更是十分严重，违法建设开发别墅项目以高端别墅为主，也包括名人书法家、画家的个人工作室，私家庄园和旅游民宿、餐饮等。这些豪华气派的别墅，披着苗圃、旅游等项目的外衣，在秦岭北麓遍地开花，它们如同长在秦岭身上的疥癣，成为秦岭的疑难杂症。

2003年，陕西省禁止任何人在秦岭北麓从事房地产开发、修建商品房和私人别墅，但在西安市委、市政府保留的一些文化旅游项目中，还是被开了口子。特别是2014年之前，市委、市政府决定保留一批所谓的旅游项目，但是通过市、区、县、规划部门和国土部门一路放水，旅游项目逐渐演变成为房产和别墅项目，中央虽然三令五申，地方也出台多项政策法规要求保护好秦岭生态环境，但是还是有很多人盯上了秦岭的好山好水，试图将“国家中央公园”变为“私家花园”。根据官方上报的数据，秦岭违建别墅为202栋，但实际上1 000多栋违建别墅在当时被漏报。

别墅建设者对山体肆意破坏，生活污水随意排放，有的甚至把山坡人为削平，随意圈占林地，对生态环境的破坏十分严重。秦岭的水源涵养、气候调节、环境净化、植被固碳释氧等功能都有所弱化。此外，因为秦岭建设别墅活动，产生的空气污染、水源污染、固体废弃物污染，已经威胁到秦岭周围居民的身体健康。

秦岭违建别墅如块块疮疤令人痛心。新华社、《人民日报》等媒体分别于2012年、2014年、2016年对这一乱象进行过详细报道，然而问题依然没有得到有效解决。为保护好秦岭生态环境，从2014年5月到2018年7月，短短四年时间内，习近平总书记先后六次作出重要批示指示，推动问题整改解决。但违建别墅开发乱象却屡禁不止，下级政府部门“阳奉阴违”，对中央的工作部署和习近平总书记的重要批示指示，陕西省和西安市搞上有政策下有“对策”，层层空转，形成“破窗效应”。从2015年2月到2018年7月的近三年半时间里，陕西省委共召开151次常委会、50次专题会，省政府共召开73次常务会议，没有一次专门研究怎样做到“不彻底解决，绝不放手”。

在秦岭北麓违建别墅事件中，关于土地开发的相关限制经历了多次修改。2007年，陕西省政府出台《陕西秦岭生态环境保护纲要》，明确规定“禁止任何单位和个人在秦岭北麓区域内从事房地产开发、修建商品住宅和私人别墅”。2008年3月实施的《陕西省秦岭生态环境保护条例》又明确海拔2 600米以上的秦岭中高山针叶林灌丛草甸生物多样性生态功能区为禁止开发区，海拔1 500米以上至2 600米之间的秦岭中山针阔叶混交林水源涵养与生物多样性生态功能区为限制开发区，海拔1 500米以下的秦岭低山丘陵水源涵养与水土保持功能区为适度开发区。禁止开发区、限制开发区、适度开发区并没有严格明确的划分标志，仅仅根据海拔高度，政策法规不清晰、不明确，很容易被不法开发商和办事人员钻漏洞。一座山由几个政府部门和机构管理，这就赋予了政府部门在项目审批过程当中较多的自由裁量权，更为管理不当、权力寻租、诱致腐败埋下了祸根。

秦岭保护办公室本身就是秦岭生态环境保护的专责机构，而这个机构的负责人长期以来存在着监守自盗、权力寻租的行为。西安市秦岭办首任主任、市规划局原局长和某某涉嫌严重违纪违法，涉案金额 1.4 亿元，涉及 51 个秦岭北麓违建项目；西安市市政府原秘书长、秦岭办原主任焦某某涉嫌严重违纪，涉案金额 2 657 万元，涉及 7 个违建项目；西安市秦岭办副主任王某某涉嫌严重违纪违法，涉案金额 836 万元，涉及 16 个秦岭北麓项目。

在习近平总书记前 5 次批示的几年时间里，当地市政府并未将自己辖区内的 22 个违建别墅项目纳入整治范围，其中 10 余个项目就在西安市秦岭北麓环山路一带，违建昭然若揭，却又熟视无睹。其整治的 202 栋别墅大多数是村、组自行开发的零星别墅群，对有些大的开发商的违建问题却不闻不问，而有后台背景的开发商，因为个别领导打过招呼，在第一次违建别墅整治中侥幸过关。这实质上是不法开发商通过“围猎”政府官员，使违法、违规、违建的别墅合法化或者部分合法化，并向社会公开出售。甚至直到 2018 年7 月集中整治前，仍有大量别墅在建、在售。

整改进行时

2018 年，陕西省委出台了《中共陕西省委关于全面加强秦岭生态环境保护工作的决定》。2018 年 8 月 14 日，位于西安鄠邑区蒋村镇、庞光镇和长安区太乙街道的 14 栋违建别墅、5 处违建被整体拆除，标志着西安秦岭北麓违建别墅彻底集中整治行动正式开始。

2019 年，陕西省政府印发《秦岭生态环境保护行动方案》，并规定每年 7 月 15 日召开全省秦岭生态环境保护大会，持之以恒有效保护秦岭这一国家重要生态安全屏障。

2020 年 4 月 20 日下午，习近平总书记到陕西考察调研，第一站深入秦岭，来到牛背梁国家级自然保护区，实地考察这一重要生态屏障的保护和修复情况。总书记强调：“秦岭和合南北、泽被天下，是我国的中央水塔，是中华民族的祖脉和中华文化的重要象征。保护好秦岭生态环境，对确保中华民族长盛不衰、实现‘两个一百年’奋斗目标、实现可持续发展具有十分重大而深远的意义”，并要求“以对党、对历史、对人民高度负责的精神，以功成不必在我的胸怀，把秦岭生态环境保护和修复工作摆上重要位置，履行好职责，当好秦岭生态卫士。”

从秦岭违建别墅到祁连山生态破坏，从洞庭湖区下塞湖非法矮围到腾格里沙漠污染，哪里发出了重大生态破坏的警报，习近平都亲自过问，责成相关部门严肃查处，追责问责，并始终坚持一抓到底的态度，问题解决之后，还经常要“回头看”，现场检查。

2019 年 12 月，陕西省正式发布《秦岭生态空间治理十大行动》，着力建构保护有力、修复科学、管理有效的秦岭生态空间治理体系。持续不断的有力举措，让秦岭之绿愈发葱茏、秦岭之美愈发多彩。

物联网监测、热成像识别、无人机巡护、“环保智慧大脑”……一项项高科技手段，为秦岭初步建构起了“大空地一体化”的生态环境立体遥感监测体系。

2021 年 10 月，秦岭国家公园创建获正式批复，为秦岭生态环境保护“重磅加码”。围绕秦岭生态保护修复，更加科学完备的保护管理体制机制正在酝酿，秦岭生态资源正得到原真性和完整性保护。

截至 2022 年 4 月，已对清查出的 1 194 栋违建别墅进行了处理，其中依法拆除 1 185 栋、依法没收9栋；依法收回国有土地4 557亩、退还集体土地3 257亩；秦岭保护突出问题整改完成率达98.8%，中央巡视指出的宁陕县9个违建项目，以及生态环境部下发的159个秦岭区域遥感监测疑似问题，已全部完成整改；秦岭核心、重点保护区的169个矿权全部退出，438座小水电站完成整治任务，54座尾矿库完成闭库和工程治理，依法取缔秦岭地区农家乐1 252家；秦岭陕西范围森林覆盖率达到72.95%，林地、草原、湿地等生态空间面积占89%以上，珍稀野生动物种群数量持续增加，秦岭生态环境质量综合评价达到历史最优。

思考讨论

1. 一个地方上的违章建筑何以惊动中央？习近平总书记为何四年来就同一问题先后作出6次重要批示指示？

2. 秦岭违建问题为何屡禁不止？这一沉疴顽疾长期得不到解决的背后究竟有哪些隐情？

3. 有人说，秦岭不只是自然生态遭到破坏的问题，更是政治生态遭到严重破坏的问题。你认同这一观点吗？为什么？

教学建议

本案例主要适用于第十二章第一节“坚持人与自然和谐共生”部分的辅助教学。案例主要展示的是秦岭北麓西安境内违规建别墅，严重破坏生态环境，中央、陕西省、西安市三级政府共同打响“秦岭保卫战”，查处整治1 194栋违建别墅，全面加强秦岭生态保护，深层次开展秦岭生态环境修复的过程。

组织教学建议

第一，在组织案例教学活动前，建议教师对“坚持人与自然和谐共生”这一新时代坚持和发展中国特色社会主义基本方略的内涵进行必要的理论说明。“坚持人与自然和谐共生”借鉴发展了中华优秀传统文化中的生态智慧，继承发展了马克思主义生态观，总结了西方工业化进程中的经验教训，蕴含着丰富深刻的思想内涵，是新时代推进生态文明建设的行动指南。坚持人与自然和谐共生要基于生态文明建设的根本要求，树牢绿水青山就是金山银山的理念；要坚持生态文明的系统观，认识到山水林田湖草沙是一个生命共同体，坚持综合治理、系统治理、源头治理；要立足生态文明建设的要义，建设人与自然和谐共生的现代化，牢固树立尊重自然、顺应自然、保护自然的生态文明理念，站在人与自然和谐共生的高度来谋划经济社会发展，推动形成人与自然和谐共生现代化建设新格局。通过说明，帮助学生理解坚持人与自然和谐共生要求人类的经济活动控制在生态承载能力范围内而不对自然生态系统产生负面影响。

第二，在组织案例教学活动时，建议教师引导学生对秦岭的历史地位、地理位置的重要性、生态价值进行深入讨论，使其进一步思考经济发展与生态环境保护之间的关系，认识到靠过量消耗资源和牺牲环境维持经济增长是不可持续的，必须坚决摒弃以牺牲生态环境为代价换取一时一地的经济增长的做法，牢固树立保护生态环境就是保护生产力、改善生态环境就是发展生产力的理念，更加自觉地推动绿色发展、循环发展、低碳发展。

第三，要引导学生深入领会秦岭生态灾难背后更深层次的原因。一方面，对“五位一体”总体布局和新发展理念认识不深刻，片面追求经济增长，没有深刻认识到秦岭生态环境保护的极端重要性，做到真抓真管、一抓到底。另一方面，在秦岭生态环境保护方面，各级主管部门责任不落实、履职不到位问题比较突出，以致一些违法违规项目畅通无阻；整改落实普遍存在以文件落实整改、以会议推进工作，发现问题不去抓、不去处理，追责不到位，不敢较真碰硬，甚至弄虚作假、包庇纵容。要帮助学生理解秦岭生态问题的产生，虽然有体制、机制、政策等方面的原因，但根子上还是部分相关领导思想认识有偏差，对党中央决策部署没有真正抓好落实。要引导学生进一步深入思考政治生态与自然生态之间的关系，自然生态就是政治生态的晴雨表，自然生态出了问题，源头往往是在政治生态上。

第四，本案例也可用于第十七章“全面从严治党”部分的辅助教学，侧重展示习近平总书记罕见地先后 6 次对秦岭违建问题作出重要批示指示，以及当地官员不讲政治，对批示指示落实不坚决、不彻底、不到位、打折扣、搞变通等，以说明新时代全面净化党内政治生态的必要性、重要性和紧迫性。

总结提升建议

第一，生态文明建设事关中华民族永续发展和“两个一百年”奋斗目标的实现，是“国之大者”，必须抓牢抓实抓好。在“五位一体”总体布局中，生态文明建设是其中一位；在新时代坚持和发展中国特色社会主义基本方略中，坚持人与自然和谐共生是其中一条基本方略；在新发展理念中，绿色是其中一大理念；在三大攻坚战中，污染防治是其中一大攻坚战。以上“四个一”，标志着生态文明建设作为“国之大者”地位的确立。2020 年 4 月，习近平总书记在陕西考察调研时提出“对国之大者要心中有数”，指出要把秦岭生态环境保护和修复工作摆上重要位置，履行好职责，当好秦岭生态卫士，决不能重蹈覆辙，决不能在历史上留下骂名。习近平总书记对生态文明建设“历来看得很重”，对秦岭生态环境保护先后作出 6 次重要指示批示，并亲自过问、亲临现场督查整改，足见总书记对生态文明建设这一“国之大者”始终念兹在兹、情怀深厚。在新的时代征程上，只有深入学习、深刻领会习近平生态文明思想的核心要义、精神实质、丰富内涵和实践要求，牢固树立“绿水青山就是金山银山”的理念，坚定“生态优先，绿色发展”的战略定力，心怀“国之大者”，坚定不移把生态环境保护工作抓牢抓实抓好，才能实现人与自然和谐共生的现代化。

第二，必须保持生态文明建设的战略定力，坚决摒弃损害甚至破坏生态环境的发展模式和做法，决不能以牺牲生态环境为代价换取一时一地的经济增长。近年来，受到工矿建设、资源开发、城镇和农田扩张等影响，我国生态空间被大量挤占，自然岸线和滨海湿地持续减少，局部区域生态退化等问题还比较严重，生物多样性下降的总趋势尚未得到有效遏制。可以说，全国生态环境依然脆弱，生态安全形势依然严峻，经济发展与生态环境保护矛盾依然突出。因此，决不能走以牺牲生态环境、浪费资源为代价搞一时一地发展的老路，决不能走“先污染后治理”的旧路。习近平指出：“我们不能吃祖宗饭、断子孙路，用破坏性方式搞发展。”那种认为发展不可避免会破坏生态环境的论调是错误的，那种以牺牲环境为代价换取一时一地经济增长的做法是有害的。秦岭违建是一个大教训，必须引以为戒、警钟长鸣。必须以习近平生态文明思想为引领，从国家治理现代化战略高度出发加强生态文明制度建设，努力走出一条人与自然和谐共生的现代化新路，从而彰显中国式现代化的靓丽底色。

第三，牢固树立和践行绿水青山就是金山银山的理念，站在人与自然和谐共生的高度谋划发展。绿水青山就是金山银山，阐述了经济发展和生态环境保护的关系，揭示了保护生态环境就是保护生产力、改善生态环境就是发展生产力的道理。绿水青山既是自然财富、生态财富，又是社会财富、经济财富。保护生态环境就是保护自然价值和增值自然资本，就是保护经济社会发展潜力和后劲，使绿水青山持续发挥生态效益和经济社会效益。习近平总书记在党的二十大报告中指出：“大自然是人类赖以生存发展的基本条件。尊重自然、顺应自然、保护自然，是全面建设社会主义现代化国家的内在要求。必须牢固树立和践行绿水青山就是金山银山的理念，站在人与自然和谐共生的高度谋划发展。”这一重要论述阐明了经济发展和生态环境保护之间的关系。屡禁不止的秦岭违建别墅造成了严重的生态环境问题，导致了森林植被资源减少和生态功能急剧下降，其原因就在于对经济利益的盲目追逐。经济发展不能以破坏生态环境为代价，不能把生态环境保护和经济发展割裂开来，更不能对立起来。

第四，只有实行最严格的制度和最严密的法治，才能为生态文明建设提供可靠保障。制度与法治是理念落实和思路实施的可靠保障。党的十八大以来，我国从法律、制度等方面全面发力，建立健全与组织实施了自然资源资产产权制度、国土空间开发保护制度、生态文明建设目标评价考核制度和责任追究制度、生态补偿制度、河湖长制、林长制、环境保护“党政同责”和“一岗双责”等制度，制定修订相关法律法规。这为生态文明建设提供了全面的制度保障和法治规范。习近平总书记一直强调生态文明建设中制度和法治的重要性和不可替代性，并以“最严格的制度、最严密的法治”彰显为生态文明建设提供可靠保障的勇气、信心和决心。秦岭生态问题出现的原因是多方面的，其主要原因在于相应制度存在漏洞以及执法者执法不严、违法乱纪。比如，禁止开发区、限制开发区、适度开发区并没有严格明确的划分标志，仅仅根据海拔高度，政策法规不清晰、不明确，很容易被不法开发商和办事人员钻漏洞；秦岭保护办公室负责人长期以来存在着监守自盗、权力寻租的行为等等。

第五，全面净化政治生态至关重要，必须以政治生态的风清气正守护自然生态的绿水青山。生态环境问题的出现，大多与政治生态相关。自然生态问题背后，往往是政治生态、政治纪律和政治规矩出了问题。习近平总书记反复强调：“做好各方面工作，必须有一个良好政治生态。政治生态污浊，从政环境就恶劣；政治生态清明，从政环境就优良。

政治生态和自然生态一样，稍不注意，就很容易受到污染，一旦出现问题，再想恢复就要付出很大代价。”秦岭违建别墅表面上是自然生态破坏问题，背后却是当地政治生态遭到腐蚀的严峻问题。对于习近平总书记关于秦岭违建问题的多次重要指示批示，有关领导干部政治意识缺失、规矩意识淡薄，严重损害了局部政治生态，干扰了党的政策在基层的贯彻执行，致使秦岭生态破坏问题影响极其恶劣。秦岭违建教训绝非孤立事件，必须切实加强政治生态建设，以政治生态山清水秀守护自然生态山清水秀。

案例启示

要善用科技力量赋能生态文明建设。生态文明本身是一种新的文明形态，也是一种新的发展模式，创新生态文明建设、守护绿色发展底色离不开科学技术的支撑。科技可以作为非常重要的手段和工具来推动人与自然可持续发展，善用科技也是进一步深入地认识自然、保护自然的过程中必不可少的方式。科技创新是发展的新引擎，建设生态文明和美丽中国离不开科技创新。只有不断推动科技创新，以科技创新驱动发展，才能在生态文明建设上出新绩。物联网监测、热成像识别、无人机巡护、“环保智慧大脑”……一项项高科技手段，为秦岭生态保护建构起了一套“天空地一体化”生态环境立体遥感监测体系。用好科技手段，充分发挥高科技手段对生态文明建设的战略支撑作用，是秦岭生态保护成效显著的重要原因之一。

案例 24

生态保护补偿制度的“新安江模式”

核心阅读

“完善生态保护补偿制度”是党的二十大报告中提出的明确要求。新安江流域是我国生态补偿制度的先行探索地，是习近平生态文明思想的重要实践地。发源于安徽省黄山市休宁六股尖的新安江，是长三角重要的战略水源地和绿色生态屏障。2012 年，皖浙两省正式启动新安江流域生态补偿机制试点，此举开全国跨省流域生态补偿机制先河。“新安江模式”是以生态补偿为核心，以生态环境保护为根本，以绿色发展为路径，以互利共赢为目标，以体制机制建设为保障的生态文明建设模式。2019 年 8 月 26 日，习近平总书记在中央财经委员会第五次会议上讲话中指出：“要全面建立生态补偿制度”，“要健全区际利益补偿机制，形成受益者付费、保护者得到合理补偿的良性局面。……要推广新安江水环境补偿试点经验，鼓励流域上下游之间开展资金、产业、人才等多种补偿。”到 2023 年，“新安江模式”已推广到 19 个省份、15 个跨省流域。2024 年 4 月，国务院正式发布《生态保护补偿条例》，这标志着我国生态保护补偿法治化进程取得了重大进展，成为世界上第一个针对生态保护补偿全面立法的国家。

2022 年 8 月初，千岛湖流域发现大量桃花水母。这一消息经媒体报道后，成为轰动一时的新闻。要知道，桃花水母是比恐龙还要古老的“活化石”。它是生物界的“水质鉴定器”——只在无污染的水域中出现。它的出现说明：千岛湖流域的生态环境优良。而这，也是颁给 10 多年来新安江流域生态补偿机制建设的一枚“勋章”。

“源头活水”如何来?

千岛湖，因新安江水电站拦坝蓄水而成，拥有 580 多平方公里水面，98%在浙江省淳安县境内。波光潋滟、水天一色，置身其中，宛若在画中穿行。今日的千岛湖，被誉为“天下第一秀水”。

然而，就在一二十年前，这里还是另外一番景象。从 20 世纪 80 年代起，由于污染日益严重，千岛湖蓝藻频繁出现。到 90 年代，湖水刺鼻腥臭，湖鱼大量死亡。这样的千岛湖，如何能承担起浙江省重要的饮用水源地、整个长三角地区的战略备用水源的重任?

问题出在千岛湖，根源却不仅仅在千岛湖。浙江千岛湖 60%以上的水量，来自上游安徽段的新安江。“源头活水出新安，百转千回入钱塘”，发源于安徽省黄山市休宁县境内六股尖的新安江流域，干流总长 359 公里，近 2/3 在安徽境内，经黄山市歙县街口镇进入浙江境内，流入下游千岛湖、富春江，汇入钱塘江。千岛湖超过 68%的水源来自新安江，新安江水质优劣很大程度决定了千岛湖的水质好坏，关乎长三角生态安全。

当年一份调查报告显示：上游生活及建筑垃圾随意倾倒在河道内，村内露天厕所遍布，村道上畜禽粪便随处可见，垃圾箱、垃圾填埋场、垃圾与污水处理等环保设施相当缺乏，生活污水直接流入千岛湖。加之网箱养鱼、水上餐饮业以及游艇、乡镇化工厂的大量存在，致使源头污水影响千岛湖水质。治理之前，每年雨季从上游冲入千岛湖的垃圾有 5 万立方米以上，高峰时，仅一个汛期就高达 18.4 万立方米。

一江新安水，情系皖浙两省。然而，在流域水环境保护与管理上，流域的整体性与管辖权分割的矛盾一直存在。条块分割致使上游新安江与下游千岛湖水质保护长期单打独斗，各自为政，缺乏合作共治的机制和平台，实现跨省生态保护补偿更是难度倍增。由于新安江上下游经济社会发展水平存在一定差距，造成上下游理念不同、诉求不一。上游安徽黄山区域内渴望发展经济、改善百姓收入，希望下游对其流域环境治理、社会发展机会成本均给予经济补偿；下游浙江杭州更加关注生态环境安全，认为根据相关法律上游地区本来就有责任和义务将新安江水质保护好，确保入浙江水水质良好。如何统筹兼顾上下游的利益，破解经济发展与环境保护之间的困境，确保流域生态安全，成为摆在上下游面前的一道难题。

对赌与双赢：新安江变“心安江”

千岛湖整治，必须皖浙联动。2011 年 2 月，时任中共中央政治局常委、国家副主席的习近平对千岛湖及上游新安江保护作出重要批示：“千岛湖是我国极为难得的优质水资源，加强千岛湖水资源保护意义重大，在这个问题上要避免重蹈先污染后治理的覆辙。浙江、安徽两省要着眼大局，从源头控制污染，走互利共赢之路。”为贯彻落实习近平重要指示精神和党中央、国务院工作部署，财政部、环境保护部联合印发了《新安江流域水环境补偿试点实施方案》，明确了试点工作目标、任务、保障措施等。在两部门推动下，两省分别于 2012 年 9 月签订生态保护补偿协议。首轮试点为期 3 年，每年设置补偿基金 5 亿元，其中中央财政出资 3 亿元，安徽、浙江两省各出资 1 亿元，新安江年度水质达到考核标准，浙江拨付安徽 1 亿元，否则相反。

“对赌”开启后，新安江上游安徽省黄山市淘汰污染企业，整体搬迁工业企业，打造循环经济园区，拆除养鱼网箱，治理水面垃圾等，下大力气整顿生态。至 2022 年，9 年 3 轮试点结束，新安江连续 9 年达到补偿考核要求，每年向千岛湖输送 60 多亿立方米洁净水，安徽也由此获得 57 亿元的补偿资金。

但这仅仅是跨省生态补偿试点收获的一小部分。

在对流域生态进行整治的过程中，两省不仅联合编制规划、联合监测水质、联合打捞垃圾、联合应急执法、联合多边交流，真正实现人、财、物合作共保，探索出了一条跨省协作之路，更为重要的是，两省还积极探索建立生态补偿与产业结构优化协同发展的长效化机制：共建绿色产业园，共同打造新安江流域绿色产业合作示范区，设立了全国首个跨省流域绿色发展基金，一起编制生态文化旅游建设方案，一道通过特色农产品展销会、民俗文化节等活动……2023 年底，皖浙两省通力合作，升级打造新安江—千岛湖生态环境共同保护合作区，推动新安江流域生态保护补偿工作由“一水共护”迈向“一域共富”。

2012 年，黄山市的三产结构比例是 11.4∶46.2∶42.3；2020 年，这一比例已经变成了 7.8∶35.4∶56.8，第三产业成为经济的主要增长动力……2012 年，黄山市万元工业总产值 COD 排放量（化学需氧量）为 1.02 千克、氨氮排放量为 0.11 千克；2019 年，上述排放量已分别降为 0.4 千克、0.04 千克，减少 58.5%和 63.6%……2022 年，生态环境部发布 2021 年度美丽河湖、美丽海湾优秀案例，新安江黄山段上榜全国美丽河湖优秀案例，是安徽省唯一入选的河湖。新安江变身为“心安江”。

保护“保护者”，激发护绿持久动力

九砂村是新安江边的一个小村庄。这里曾是歙县众多小渔村之一，全村拥有 100 多户渔民，几代人以打鱼为生，家家户户的渔船在新安江边依次排开，蔚为壮观。作为新安江流域生态补偿机制的一个重要实践地，近几年来，九砂村为支持新安江生态保护，全面退捕，渔民上岸，渔船上交，同时拆除养鱼的网箱，清理水道。

渔民们上岸吃什么？旅游饭！

九砂村在新安江山水画廊上，有上百栋徽派古民居依山而建，阶梯分布，错落有致。姚国平是九砂村前任党支部书记、村委会主任，也是退捕渔民。姚国平带领渔民们从退捕上岸到转型旅游。政府不仅给予退捕补贴，还开展各类岗位培训，引导大家发展生态农业、生态旅游，保障渔民上岸有出路、就业有门路、生活有保障。

焕绿后的新安江，沿江绿色业态如雨后春笋般生长。在新安江南岸沟谷腹地的卖花渔村，随处可见忙着为各类盆景造型的村民。流经村子的江水清了，游客多了，卖花渔村基础深厚的徽派盆景产业也活了。2020 年，卖花渔村销售盆景 3 万多钵，总产值近 2 000 万元，村子里人均年收入超过 3 万元。村民既享受到了生态“红利”，也发自肺腑地守绿、护绿。

截至 2023 年底，我国已经建立涉及 19 个相关省份的 15 个跨省流域横向生态补偿协议，长江、黄河等全流域横向生态补偿机制也正在建立。“谁污染、谁治理”的约束性机制，正向“谁受益、谁补偿”的激励性机制转变，成为我国生态文明制度建设的重大创新。

2024 年 4 月，国务院正式发布《生态保护补偿条例》，这是我国首部专门针对生态保护补偿的法律，标志着我国生态保护补偿开启法治化新篇章，为我国生态文明建设提供了更强更有力的支撑，为绘就美丽中国建设新画卷筑牢了重要制度保障。

思考讨论

1. 在江河湖泊、土壤、空气等生态环境的保护和治理中，其管辖权往往涉及不同城市甚至不同省份，因诉求不同常常产生矛盾从而带来保护和治理难题，请结合案例谈谈，新安江流域横向生态保护补偿是如何实施的？难点是什么？

2. 生态保护补偿制度作为习近平生态文明思想的生动实践，其核心内涵是什么？结合“新安江模式”请你谈谈，除了直接的经济补偿，还应该如何健全市场化、多元化生态补偿机制？

3. 作为生态补偿机制建设的先行探索地，“新安江模式”蕴含着怎样的治理智慧？

教学建议

本案例主要适用于第十二章第一节“坚持人与自然和谐共生”部分的辅助教学。案例聚焦生态补偿这一生态文明建设中的重要制度保障，展现了我国首个跨省流域横向生态补偿试点——新安江补偿协议从试点到形成“新安江模式”的过程、意义及前景。

组织教学建议

第一，在案例导入环节，用新安江流域尤其是千岛湖实施生态补偿前后巨大变化的对比照片或视频资料，让学生直观感受新安江生态保护补偿制度的成效。具体而言，可以以曾经的千岛湖蓝藻问题为切入点。千岛湖又名新安江水库，库区面积约 580 平方公里，相当于 100 个西湖。2000 年前后，黄山市进入工业化、城镇化加速发展的阶段，大量污水和垃圾通过新安江进入千岛湖，千岛湖水质开始出现富营养化的危险，1998 年首次暴发蓝藻，2010 年部分湖面又出现大量蓝藻。流域共治，才能呵护一湖秀水。生态补偿协议就是在这样的背景下开展试点工作的。通过三轮生态补偿协议，千岛湖水质持续保持优良，出境断面水质保持Ⅰ类标准，饮用水水源地水质 100%达标，千岛湖水质在全国 61 个重点湖泊中名列前茅，被誉为“天下第一秀水”。

第二，在案例展示环节，引导学生理解什么是生态保护补偿制度，以及生态保护补偿制度是如何促进生态保护的。建议给学生推荐阅读《国务院办公厅关于健全生态保护补偿机制的意见》，中共中央办公厅、国务院办公厅印发的《关于深化生态保护补偿制度改革的意见》等相关文件，增强学生在政策层面对生态保护补偿制度的了解。所谓生态保护补偿，就是对个人或区域为保护生态系统和环境而进行的投入，或因其放弃发展机会而产生的损失加以补偿。简言之，就是“受益者付费，保护者受偿”。当然，“付费”和“受偿”都是简单、形象的说法，在新安江生态补偿实践中，逐步形成“上游主动强化保护、下游支持上游发展”的跨省流域生态补偿“新安江模式”。生态补偿方式不仅限于经济上的“输血式”补偿，更进一步进行“造血式”产业合作补偿等多元化探索，为生态保护补偿制度提供持久动力。

第三、引导学生理解新安江模式的示范作用，让学生思考，除了流域生态保护补偿，我国还有哪些生态领域需要进一步探索生态保护补偿机制。在新安江生态保护补偿试点工作中，浙皖两省切实履行生态环境保护主体责任，积极探索与实践，不断完善沟通协调与合作发展机制，形成了成效显著、生态大美的“新安江模式”，为其他流域建立横向生态保护补偿积累了宝贵经验。从浙江而言，由新安江—千岛湖起步，浙江流域横向生态保护补偿制度不断完善，全省共有52对、计51个市县签订跨流域横向生态补偿协议，实现浙江八大水系主要干流全覆盖。从全国而言，广东分别和广西、福建、江西在九洲江流域、汀江—韩江流域、东江流域开展多层次跨省沟通协作，北京、天津分别与河北加快建立潮白河、引滦入津上下游流域生态补偿机制。除了流域生态补偿，我国在森林、草原、湿地、荒漠、海洋、水流、耕地等领域陆续建立生态补偿机制，取得积极成效。2021年，全国碳市场开启补偿机制，这将有助于充分发挥市场机制作用，助力碳达峰、碳中和目标的实现。

总结提升建议

第一，生态保护补偿制度是落实生态保护权责、推进生态文明建设的重要手段。之所以要建立生态保护补偿制度，是因为一个区域生态环境的保护、修复与重建等需要大量资金投入，同时，为了保护生态环境，可能会丧失许多发展机会、付出机会成本。而生态环境又是一种公共品，一个区域生态环境的积极变化会给相邻区域带来生态利益。在这种情况下，必须建立有效的生态保护补偿制度，合理体现生态环境这一公共品的价值，统筹区域协调发展。从新安江生态流域看，新安江上游的安徽经济发展水平低于下游的浙江，具有生态脆弱与经济落后重叠交织的特征。而对于新安江下游的浙江而言，一旦上游的生态环境得不到保护，就必然对浙江经济社会发展产生重大影响。在这样的情况下，没有合理的生态保护补偿，新安江上游就没有足够的资金和积极性进行生态环境的保护、修复与重建，而新安江补偿协议就是在这样的背景下诞生的。

第二，完善生态保护补偿制度要重视发挥市场机制的作用，创新生态保护补偿方式。在生态补偿中要注重充分发挥政府开展生态保护补偿、落实生态保护责任的主导作用，积极引导社会各方参与，推进市场化、多元化补偿实践，逐步完善政府有力主导、社会有序参与、市场有效调节的生态保护补偿体制机制。黄山市与社会资本共同设立新安江绿色发展基金，培育绿色产业。例如，通过做好做活“水”文章，山泉流水养鱼产业综合产值达4亿元，市场价格比普通鱼高出3倍，以市场化运作为手段实现了“草鱼变金鱼”，生态治理体系进入良性自发状态，大大推动了生态保护整体效益提升。

第三，生态保护补偿制度要解决的是生态保护的动力问题，既需要完善生态保护补偿的制度体系，也需要树立“共赢”思维。就补偿机制而言，如果没有强制的利益再分配，就会出现“我花钱植树种草、他免费乘凉享受”的矛盾，让保护环境者吃亏。作为保护者与受益者之间的利益调配和“绿水青山”转化为“金山银山”的平衡机制，生态补偿通过受益者付费、保护者得利的方式，推动实现经济社会发展和生态环境保护的共赢。就“共赢”而言，新安江补偿试点实现了流域上下游发展与保护的协调，在流域水环境质量保持为优并持续向好的同时，黄山市经济社会也得到了长足的发展，生态产业化、产业生态化特征日益明显，以生态旅游业为主导、战略性新兴产业和现代服务业为支撑、精致农业为基础的绿色产业体系基本形成，服务业增加值占比居全省首位，使绿水青山的自然财富、生态财富变成社会财富、经济财富，更好地造福人民群众。

第四，我国生态补偿与西方“生态服务付费”价值导向有着明显的区别。我国的生态保护补偿制度有明显的公共政策性，除了生态保护的基本功能，还更多地承担着缩小城乡差距、解决地区发展不平衡以及与乡村振兴有效衔接的任务使命。新安江的实践有力昭示了保护生态环境就是保护生产力，改善生态环境就是发展生产力。这是对“绿水青山就是金山银山”的生动阐释，也是绿水青山的自然财富、生态财富转变成社会财富、经济财富的最好注脚。

■ 启示意义

只有实行最严格的制度、最严明的法治，才能为生态文明建设提供可靠保障。从出台《中共中央、国务院关于加快推进生态文明建设的意见》《生态文明体制改革总体方案》等纲领性文件，到制定修订土壤污染防治法、长江保护法、水污染防治法等多部法律，覆盖各类环境要素的法律法规体系基本建立，再到建立健全生态补偿制度、河湖长制、林长制、环境保护“党政同责、一岗双责”等一系列重要制度……越织越密的生态文明制度体系成为中国生态文明建设的可靠保障。生态保护补偿制度就是按照生态系统的整体性、系统性及内在规律，对生态环境进行整体性保护的制度。“新安江模式”以体制机制创新、制度创新破解了保护者和受益者之间的矛盾，变因环境保护而产生矛盾为因保护环境而形成共赢，达到生态效益与经济效益的有机统一，是生态文明制度的重大创新。

案例 25

紫荆花盛开20余载　东方明珠焕新彩

核心阅读

香江澎湃，紫荆盛开。回归祖国20多年来，香港在中央政府坚定支持、各界共同努力下，在《中华人民共和国宪法》《中华人民共和国香港特别行政区基本法》《中华人民共和国香港特别行政区维护国家安全法》护航下，用不平凡的发展历程充分证明，“东方之珠”不仅风采依旧，而且活力更胜往昔。20多年来，香港本地生产总值从1997年的1.37万亿港元增长到2024年的3.18万亿港元；香港人均本地生产总值从回归前的19.2万港元增长到2024年的42.2万港元；商品贸易总额从1997年的3.07万亿港元增长到2024年的9.46万亿港元……一组组数据显示，“一国两制”在香港的成功实践，也体现出香港在不断融入国家发展大局过程中，经济实现持续稳定增长，国际金融、航运、贸易中心地位也得到进一步巩固。20余载风雨兼程，香港正以新姿态展现给世界一个良法善治的香港，一个活力四射的香港，一个美好幸福的香港，一个充满希望的香港。20余载春华秋实，“一国两制”在香港的实践行稳致远，回到祖国怀抱的香港已经融入中华民族伟大复兴的壮阔征程。

1997年7月1日零点，全世界的目光聚焦香港。

伴随着雄壮的《义勇军进行曲》，中华人民共和国国旗和香港特别行政区区旗在香港会展中心新翼冉冉升起、高高飘扬，中国政府恢复对香港行使主权，“一国两制”由科学构想变为现实。

镜头一：“数”读香港显辉煌

香港回到祖国怀抱20多年来，中央和香港特别行政区政府始终以维护香港的长期繁荣稳定为目标，历经亚洲金融风暴、非典疫情、全球金融危机、“修例风波”和新冠肺炎疫情等各种风险挑战，化危为机，香港始终保持繁荣稳定。

一组耀眼的数字，彰显“一国两制”的成功实践。

1997年香港本地生产总值为1.37万亿港元。2024年，香港本地生产总值达3.18万亿港元，折合人民币29 237.84亿元，香港本地生产总值实现倍增。从1997年至2024年，香港本地生产总值年均实质增长 2.7%左右。1997 年香港回归前人均本地生产总值为 19.2 万港元，2024 年香港人均本地生产总值增至 42.2 万港元，人均本地生产总值增长超过一倍，香港迈入高质量发展新阶段。

加拿大菲沙研究所发布《世界经济自由度 2024 年度报告》，香港的整体评分为 8.58 分，在 100 多个经济体中，香港再次被评为全球最自由经济体，自该报告发布以来，香港已经 29 次位居全球第一。2023 年香港的整体评分为 8.55 分，仅以 0.01 分的微小差距排名第二，拱手让出首席给了新加坡。而在五个评估大项中，香港在“国际贸易自由”方面继续位列首位。

香港的商品贸易总额，从 1997 年的 30 710 亿港元增长至 2024 年的 94 645 亿港元。其中，出口从 1997 年的 1.45 万亿港元增长至 2024 年的 4.54 万亿港元。

香港交易所现货股票市场 1997 年日均成交金额为 150 亿港元，2023 年日均成交金额为 1 050 亿港元。沪股通和深股通 2023 年日均成交额达到 1 084 亿元人民币。港交所 2023 年首次公开募股集资总额约 60 亿美元，全球排名居第六位。

香港是全球最大的离岸人民币枢纽。截至 2024 年 7 月，香港人民币存款额接近 1.2 万亿元，全球离岸人民币结算业务约 80%在香港进行。

截至 2024 年 12 月 31 日，香港外汇基金总资产为 40 824 亿港元。

从 1997 年年中到 2024 年底，香港人口总数从 650.21 万增至 753.42 万，27 年来增长超百万。

2025 年 7 月 16 日，香港证监会发布的《2024 年资产及财富管理活动调查》显示，香港资产管理规模已突破 35 万亿港元。

镜头二：背靠祖国“挺”港渡危机

香港回归后，背靠祖国母亲，每当发展遇到挑战时，中央都及时伸出援手帮助香港渡过危机，凸显“一国两制”制度优势。

2008 年的全球金融危机对香港经济造成了较大冲击，香港的出口增长明显放缓，内部需求萎缩，失业率上升，中小企业融资困难，经营举步维艰。

2008 年 12 月 19 日，中央出台 14 项挺港措施，涉及金融、旅游、中小企业、粤港合作等六个领域。央行坚决贯彻执行中央政府建设香港国际金融中心的方针，按照中央政府的部署，央行与香港金融管理局在 2009 年 1 月 20 日签署总额为 2 000 亿元人民币的双边货币互换协议。央行还积极推动香港的人民币业务发展，深化两地经济金融合作。2009 年 5 月，香港有 41 家银行开办了人民币业务，香港人民币存款余额达 534.49 亿元。

2009 年 3 月后，受中央政府和有关省市的支持政策措施以及内地经济回暖等多种因素影响，香港股市止跌反弹，大幅回升。香港恒生指数三个月上涨 54.6%，H 股指数上涨 52.85%。在中央及各省市的支持下，香港顺利地渡过了全球金融危机，东方之珠风采依旧。

在香港抗击新冠疫情斗争中，中央始终想港人所想，急港人所急，全力支援香港抗疫。习近平总书记心系香港同胞安危，对香港抗疫工作亲自作出重要指示，他强调要“把尽快稳控疫情作为当前压倒一切的任务，动员一切可以动员的力量和资源，采取一切必要措施”，确保香港市民的生命安全和身体健康、确保香港社会大局稳定，表达了中央全力支持香港抗击疫情的坚定态度。同时，中央调集内地专家赴港，他们入港当天即为香港疫情“把脉”，提出疫情防控的建议。“猎鹰号”硬气膜实验室运抵香港码头，它是国内疫情检测方面最为先进的实验室之一，有效保证了香港核酸检测的需要。中建国际以最快速度援建5个方舱医院。到2020年3月2日，内地已经援助香港N95/KN95口罩3 955万只，血氧仪32.63万个，外科口罩487.5万只，保护面罩20万个。深圳方面也及时调整应对措施，用心用情保障香港通关安全和市场供应。危难时刻，祖国永远是香港的坚强靠山，在中央的坚定支持下，香港人民同心协力最终战胜疫情。

2022年6月30日，习近平总书记乘专列抵达高铁香港西九龙站。他在欢迎仪式上的简短讲话中深情地表示：“我一直关注着香港，挂念着香港，我的心和中央政府的心始终同香港同胞在一起。”

镜头三：奋斗不息，“狮子山精神”永续

1973年，电视剧《狮子山下》热播，普罗大众逆境自强、奋斗不止的励志故事，火遍香江；2022年，电视剧《狮子山下的故事》播出，普通市民的峥嵘奋斗史见证香港沧海桑田璀璨变迁。“狮子山精神”鼓舞着一代代香港人勇往直前、实现理想，并在实践进程中不断注入新的时代内涵，熠熠生辉。

“狮子山精神”代代相传，为香港的发展提供了强大的精神动力。香港青年医护工作者李菀容说：“香港人始终怀抱坚毅不屈的‘狮子山精神’，无论遭遇何种逆境，我们都会站在同一阵线上，屹立不倒。”李菀容从香港中文大学医学院毕业后，先后到儿科、骨科、内科及外科开展实习。2022年年初，香港第五波新冠疫情来势汹汹，李菀容正在屯门医院内科及老人科实习。时隔19年，她同2003年抗击非典疫情的父母一样，身处一线抗击新冠疫情。李菀容说：“疫情严峻之际，病房内外挤满患者，医生护士应接不暇，忙得脚不沾地。我也累到步履维艰，但作为医生，救死扶伤的初心更坚定了。”与此同时，24岁的香港浸会大学学生施宝仪积极组织青年为市民提供街站服务、派发抗疫物资、申请政府津贴……香港国安法出台后，施宝仪当即和爱国爱港的市民团体一起，组织香港国安法街站活动，张贴海报、收集市民签名支持。这些香港青年用行动不断诠释香港新一代“狮子山精神”。

正是拥有这样初心的千千万万的香港市民，他们传承“狮子山精神”，同香港共同成长进步，使“一国两制”在香港的实践取得举世公认的成功，特别是帮助香港经受住了一次次严峻考验，战胜了一个个风险挑战。

思考讨论

1. 为什么说“一国两制”在香港得到了成功实践？
2. 为什么说祖国是香港的坚强后盾？
3. 如何理解香港的“狮子山精神”？

教学建议

本案例主要适用于第十五章第二节"保持香港、澳门长期繁荣稳定"辅助教学。案例通过翔实的数据、中央对香港的支持和香港市民的自我奋斗，展示了香港回归 20 多年来建设发展的成就，用事实呈现"一国两制"在香港的成功实践，批驳了反中乱港势力对"一国两制"的曲解和污蔑，以生动的案例说明"一国两制"是香港回归后继续保持繁荣稳定的最佳制度。

组织教学建议

第一，教师要引导学生全面准确认识和把握"一国两制"的深刻含义。必须在科学准确理解"一国两制"的基础上才能正确看待香港的繁荣稳定，才能发挥制度优势，促进香港发展。"一国两制"中的"一国"是指中华人民共和国，香港特别行政区是国家不可分离的部分，是直辖于中央人民政府的地方行政区域。中华人民共和国是单一制国家，中央政府对包括香港特别行政区在内的所有地方行政区域拥有全面管治权。香港特别行政区的高度自治权不是固有的，其唯一来源是中央授权。"两制"是指在"一国"之内，国家主体实行社会主义制度，香港等某些区域实行资本主义制度。"一国"是实行"两制"的前提和基础，"两制"从属和派生于"一国"，并统一于"一国"之内。只有完整准确地理解"一国两制"的基本内涵，才能将"一国两制"在香港执行好，才能保持香港的繁荣稳定。

第二，教师要引导学生把握本案例的展示思路。案例梳理了香港特别行政区回归 20 多年来的发展成就，展现了"一国两制"伟大实践取得的辉煌成绩。首先，案例通过香港回归 20 多年来各项事业成绩的统计，有力证明了"一国两制"的实践是成功的，维护了香港的繁荣稳定。其次，案例通过中央力挺香港渡过难关，展现了回归后中央对香港发展的全力支持，展现了祖国是香港的坚强后盾，凸显"一国两制"制度之利。最后，案例选取了最能代表香港人民奋斗的"狮子山精神"，通过香港有志青年的言谈行动，展现香港回归后持续发展的精神动力，展现香港爱国爱港市民的精神风貌。案例从发展数字、挺港措施、精神传承等三个方面为我们描绘了一幅生动的画卷，以事实和数字充分说明，"一国两制"在香港的实践促进了香港回归后的繁荣和稳定。

第三，教师要通过案例引导学生深刻认识香港的繁荣离不开中央的支持。依据"一国两制"方针和基本法，香港特区的法律地位是直辖于中央政府的地方行政区域，中央政府对保持香港的繁荣和稳定负有重大责任。20 多年来，每当香港特区遭遇重大困难，中央政府总是在第一时间表达关切之情，伸出援助之手。从亚洲金融危机到非典疫情，从 2008 年全球金融危机到新冠疫情冲击，回归 20 多年来，中央一次次地公开"挺港"、"挺特区政府"，一次次及时伸出援手，使得香港踏平崎岖，渡过难关，走上了繁荣、稳定、发展的康庄大道，香港繁荣背后离不开祖国的强大支撑和助力。教师还应该引导学生正确认识中央对香港的全面管制权，这是落实"一国两制"的应有之义，中央既坚定维护国家主权、安全、发展利益，又照顾到香港的利益，实现了香港和内地的共同繁荣。

第四，教师要引导学生正视香港发展面临的问题。案例主要是正面展示香港的发展，案例使用过程中可能会有同学提出“一国两制”实践中的问题，这就需要教师进一步延伸对案例的运用。“一国两制”的成功并不意味着整个实践过程都风平浪静、波澜不惊。一方面，香港存在着住房困难、贫富悬殊、青年向上流动的机会减少等社会经济问题。另一方面，在国外反华势力鼓动下，香港极少数人故意曲解“一国两制”的含义，分裂“一国”与“两制”的关系，把特区的高度自治权与中央的全面管治权相对立。这不仅严重违背了“一国两制”的原则，也阻碍了香港经济的发展。针对这些问题，教师要引导学生认识到，党的十八大以来以习近平同志为核心的党中央审时度势，从战略和全局高度指导“一国两制”实践，稳妥应对香港出现的各种复杂局面，一方面坚决贯彻落实“一国两制”方针“不改变、不动摇”，另一方面高度重视全面准确理解和贯彻“一国两制”方针，确保“一国两制”在香港的实践“不变形、不走样”。香港经济社会发展出现的问题，需要在“一国两制”制度下依靠香港的发展解决，这些问题既有历史遗留问题，也有发展瓶颈问题，还有被敌对势力恶意夸大的问题，需要进行综合研判，决不能把问题推给“一国两制”。

第五，教师要引导学生正确认识香港的发展前景。有些西方媒体恶意唱衰香港，教师可以借助香港发展的数据、中央挺港的措施引导学生分析未来香港如何更好地融入祖国发展大局，融入粤港澳大湾区建设，帮助学生更好地把握香港未来的发展。2017年，习近平总书记在香港用粤语俗语“苏州过后无艇搭”，叮嘱香港同胞珍惜机遇、抓住机遇。国家的粤港澳大湾区建设蓝图就是香港摆脱困境而必须紧紧抓住的发展机遇。香港在大湾区建设中不仅居于核心地位，而且大有可为。香港与内地城市携手同行，积极融入粤港澳大湾区建设，在区域协同、机制体制创新以及产学研成果转化等方面可以不断取得新发展新突破，不断巩固东方之珠的璀璨荣光，香港的明天一定会更好。

总结提升建议

第一，“一国两制”是中国特色社会主义的伟大创举，是香港回归后保持长期繁荣稳定的最佳制度安排。香港回归以来和祖国血脉相连、心手相依，共同缔造了香港经济社会发展的奇迹，多年处于全世界最自由的经济体地位，人均本地生产总值翻倍，国际金融、贸易、航运等中心地位日益稳固。这些成就是在各种风险挑战中取得的，香港先后经受了亚洲金融危机、非典疫情、全球金融危机、新冠疫情冲击等，面对困难，香港发展的脚步没有停歇，相比于一些发达经济体经济停滞不前、社会发展放缓的局面，香港所取得的进步更加耀眼。为什么在外部形势不利、内部环境复杂的环境下，香港还依然保持如此强大的发展动力，就是源于“一国两制”的特殊优势。除了持续的繁荣稳定，“一国两制”的成功还体现在多个方面，例如香港顺利纳入国家治理体系，中央对香港的管理体制运行顺畅，国家主权得到彰显，国家安全得到维护；香港同胞真正实现当家作主，“港人治港”、高度自治成为现实，香港居民享有了前所未有的民主权利；香港的制度特色和意识形态延续不变，香港仍然是公认的全世界最自由的地方之一；与内地各领域交流合作日益密切，香港是内地最大的外商直接投资来源地、内地企业最大的境外融资中心，并已成为内地最大的境外投资目的地，还是全球最大的离岸人民币业务中心，国际性大都市的魅力不减当年等。实践再次证明，只有坚定不移地坚持“一国两制”，香港才能在繁荣稳定的轨道上继续前进，香港人民的利益才能得到充分保障。

第二，“一国两制”作为基本国策，它的制度体系需要在实践中不断丰富和完善。中央持续完善“一国两制”制度体系，党的十九大把“坚持‘一国两制’和推进祖国统一”确定为新时代坚持和发展中国特色社会主义的基本方略之一；党的十九届四中全会把“坚持‘一国两制’，保持香港、澳门长期繁荣稳定，促进祖国和平统一”列为我国国家制度和国家治理体系具有的显著优势之一。党的二十大报告也强调“坚持和完善一国两制，推进祖国统一”。随着时代和形势的变化，“一国两制”的内涵和外延也在不断拓展。坚持“一国两制”这一好制度，必须不断完善制度体系建设。针对近年来香港出现的严峻局势，中央采取一系列标本兼治的举措，坚持和完善“一国两制”制度体系，推动香港局势实现由乱到治的重大转折。维护国家主权、安全、发展利益是“一国两制”方针的最高原则，“一国”原则愈坚固，“两制”优势愈彰显。“一国两制”的政策必须在完整、系统的制度体系中准确落实。

第三，中央对香港的坚定支持是香港保持繁荣稳定的坚实根基。香港回归 20 多年来始终不变的是“一国两制”的承诺，始终不变的是祖国的支持。香港回归后，中央政府始终坚持贯彻落实“一国两制”、“港人治港”、高度自治方针，严格按照基本法办事，全力支持香港保持繁荣稳定。香港不仅保持原有的资本主义制度和生活方式不变，法律基本不变，维护了国际金融、贸易、航运中心的地位，而且民主政治、经济、社会等各项事业都取得了新进步、新成就。香港继续发挥作为国家吸引外资、人才，吸收借鉴国际先进技术和管理经验的窗口等作用。中央政府的支持，不仅表现在口头上，而且体现在对处于困境中的香港经济给予具体的政策支持。这种支持不仅切实可行，而且十分及时地解决了香港面临的困难。事实证明，每当香港面临困难之时，祖国便是最安全、最可靠的大后方。2017 年 7 月，《深化粤港澳合作 推进大湾区建设框架协议》签署，粤港澳大湾区建设正式启动。2019 年 2 月 18 日，举世瞩目的《粤港澳大湾区发展规划纲要》发布，粤港澳大湾区建设被确立为重大国家战略。香港处于大湾区建设的核心地位，通过深入参与粤港澳大湾区建设、融入国家发展大局，香港必将更多地分享国家平稳发展所带来的机遇和红利。香港回归 20 多年的实践证明，“香港好、祖国好，祖国好、香港更好”。习近平总书记在庆祝香港回归祖国 25 周年大会暨香港特别行政区第六届政府就职典礼上指出，中央处理香港事务，从来都从战略和全局高度加以考量，从来都以国家和香港的根本利益、长远利益为出发点和落脚点。中央政府完全支持香港长期保持独特地位和优势，巩固国际金融、航运、贸易中心地位，维护自由开放规范的营商环境，保持普通法制度，拓展畅通便捷的国际联系。祖国是香港持续发展最重要的依托，是香港繁荣稳定最坚强的后盾。

第四，传承“狮子山精神”的香港人民是推动香港持续繁荣的深厚伟力。源自 20 世纪 70 年代的“狮子山精神”体现的是香港人民“输得起，打不死”的精神。无论环境如何，香港人总可以顽强求生，挣扎爬起，从头再来。回归 20 多年来，香港先后经历亚洲金融危机、非典疫情、全球金融危机、新冠疫情冲击等，不少人一夜间沦为无产者，甚至是负资产者，但他们不会趴下，而是挣扎爬起，从头再来。在闪耀着“东方明珠”光环的这片土地上，新一代香港人尤其是香港青年，秉承着老一代香港创业者的“狮子山精神”，在书写人生的舞台上坚持创新、勇于冒险、乐于分享，用自己的努力推动香港的持续繁荣，也将香港创业者的精神代代相传。香港的发展离不开香港人民的团结奋斗，在“狮子山精神”的凝聚下，香港人民团结拼搏，一定能在全球化竞争中再续辉煌。

第五，确保“一国两制”在实践中不变形、不走样，才能确保香港未来的持续繁荣稳定。“一国两制”的科学构想勾画出一幅国家和平统一战略和治国理政模式的新蓝图，是中国特色社会主义的伟大创举。它率先在香港、澳门实行，开启了当代中国乃至世界一种全新的国家治理实践。习近平总书记指出，“‘一国两制’的根本宗旨是维护国家主权、安全、发展利益，保持香港、澳门长期繁荣稳定。中央政府所做的一切，都是为了国家好，为了香港、澳门好，为了港澳同胞好。……中央贯彻‘一国两制’方针坚持两点，一是坚定不移，确保不会变、不动摇；二是全面准确，确保不走样、不变形。”经过20多年风雨，无论“一国两制”实践还是香港发展，都站到了新的历史起点上。中央全面准确贯彻“一国两制”方针的决心从没有动摇，更不会改变。习近平总书记多次强调：“这样的好制度，没有任何理由改变，必须长期坚持!”确保“一国两制”事业始终朝着正确的方向行稳致远，就一定能推动香港保持繁荣稳定，续写香港“一国两制”实践新篇章。

启示意义

实行“一国两制”，有利于维护国家根本利益，有利于维护香港根本利益，有利于维护广大香港同胞根本利益。回归祖国20多年来，香港克服艰难险阻，历经风雨而风采依旧，保持了其作为国际大都会的勃勃生机，令世界为之赞叹。“一国两制”实践在香港取得举世公认的成功充分表明，“一国两制”具有强大生命力，是确保香港长期繁荣稳定、维护香港同胞福祉的好制度。香港的发展成绩告诉我们，不断丰富和发展“一国两制”在香港特别行政区的实践，保持香港长期繁荣稳定，是完善和发展中国特色社会主义制度，推进国家治理体系和治理能力现代化的必然要求。

案例
26

“横琴模式”：“一国两制”的新创举

核心阅读

加快横琴粤澳深度合作区建设是以习近平同志为核心的党中央作出的重大决策部署。党的十八大以来，习近平总书记先后4次来到横琴，亲自为横琴的建设发展把舵定向、擘画未来。横琴作为“一国两制”下探索粤港澳合作新模式的示范区，深化改革开放和科技创新的先行区，促进珠江口西岸地区产业升级发展的新平台，为澳门探索发展新路径、开拓发展新空间、增添发展新动力。10多年来，从新区到广东自贸试验区、再到横琴粤澳深度合作区，横琴战略地位不断提升，GDP从2009年的2.85亿元快速增长至2024年的538.48亿元，从“蕉林绿野、农庄寥落”的边陲海岛变身“大道纵横、高楼林立”的开发热岛，成为开启新时代春天故事的亮丽注脚。10多年来，以“澳”为重，倾“琴”所能，粤澳两地坚守推动澳门经济适度多元发展的初心，勠力同心深化合作，推动横琴建设渐入佳境，为“一国两制”实践在澳门行稳致远注入强大动能。

横琴，一个多么美丽的名字，美得就像唐诗宋词里的一个词语。

原本，横琴是珠海市146个海岛中最大的岛，东与澳门隔海相望，最窄处不到200米。站在横琴岛的红旗村，可以清晰地看到对岸的新葡京赌场。不过，与金碧辉煌的澳门、高楼林立的珠海相比，横琴还是一块尚未开发的处女地，岛上最高的楼房只有8层，岛上居民仍以养蚝、捕鱼和种香蕉为生，田园牧歌，渔舟唱晚。

现今，作为粤港澳更紧密合作的“桥头堡”和“开放度最高、体制宽松度最大、创新空间最广”的“比特区还特”的新区——横琴新区的开发，开创了新时代“一国两制”的新模式。

镜头一：总书记的关心

开发横琴是国家战略，习近平总书记始终高度重视，非常关心。回顾新区初创，横琴就和习近平总书记密不可分。

2009年1月，时任中共中央政治局常委、国家副主席的习近平第一次来到横琴，在会见澳门社会各界代表人士时宣布了一个好消息：中央政府已决定同意开发横琴岛。习近平强调，在开发过程中要充分考虑澳门实现经济适度多元发展的需要。这必将为澳门带来新的发展空间和机遇，有利于澳门经济的长期繁荣稳定与发展。

2012 年 12 月，已经担任中共中央总书记的习近平来到广东，又一次来到横琴。他勉励横琴："要发扬敢为人先的精神，先行先试，进一步扩大开放，勇于探索，勇于去闯，在体制机制创新方面，为粤港澳合作作出贡献"。

2014 年 12 月，澳门回归祖国 15 周年之际，习近平总书记再次踏上横琴土地。在澳门大学横琴新校区，习近平总书记和来自澳门、内地、台湾等地的学生们围坐在课桌旁，听取他们发言，对澳门青年开拓"一国两制"伟大事业寄予厚望："这项事业需要继续探索、继续发展。这项任务将历史地落到你们肩上。希望青年人勇于担当、奋力开拓。"

2018 年 10 月，习近平总书记在广东考察时第四次来到横琴。他强调："横琴有粤澳合作的先天优势，要加强政策扶持，丰富合作内涵，拓展合作空间，发展新兴产业，促进澳门经济发展更具活力。""10 年时间，横琴新区从无到有，变化很大。我们始终要不忘初心，让这里充满创新发展活力，促进澳门经济适度多元化发展。"

2019 年 12 月 20 日，习近平总书记出席庆祝澳门回归祖国 20 周年大会暨澳门特别行政区第五届政府就职典礼并发表重要讲话，指出"特别要做好珠澳合作开发横琴这篇文章，为澳门长远发展开辟广阔空间、注入新动力"。2020 年以来，他多次就粤澳合作开发横琴作出重要指示批示，强调要选准经济适度多元发展的主攻方向和相关重大项目，从政策、人力、财力等方面多管齐下，聚力攻坚。

2021 年 4 月，习近平总书记主持召开中央政治局常委会会议，审议《横琴粤澳深度合作区建设总体方案》并作出重要指示：要用好横琴合作区这个不同规则和机制交错共存的区域，积极探索两地规则衔接和机制对接，为粤港澳大湾区市场一体化探索经验。2022 年 10 月，习近平总书记在党的二十大报告中指出，发挥香港、澳门优势和特点，巩固提升香港、澳门在国际金融、贸易、航运航空、创新科技、文化旅游等领域的地位，深化香港、澳门同各国各地区更加开放、更加密切的交往合作。推进粤港澳大湾区建设，支持香港、澳门更好融入国家发展大局，为实现中华民族伟大复兴更好发挥作用。

镜头二：琴澳同心勇探索

"大胆改，敢创新"是横琴这座活力岛的底色。新时代以来，横琴积极探索两地规则衔接和机制对接，在管理模式、营商环境方面率先突破。横琴已有 3 600 多项政务事项实现"一网通办"，商事登记率先实现"跨境通办、一地两注"；国家和广东省支持合作区发展的首批税收政策正式实施，趋同澳门的税赋环境进一步形成；推出 600 余项改革创新措施，其中 4 项创新案例入选"全国自贸试验区最佳实践案例"……史无前例的粤澳共商共建共管共享新体制正良好运行。以"保税暂存"为例，它是粤澳合作"横琴模式"的一个代表，指的是进口货物在海关监管下储存于指定场所并暂缓缴纳进口税的一种保税形式。比如一家澳门的食品企业，原本只能进口 50 吨，有了"保税暂存"的政策，就可以进口 100 吨，将其中 50 吨储存在"横琴大昌行物流中心"，它们出境运往澳门时，无需再经过层层检验程序和各项手续，只需提供货证和消毒即可通关。这是实施"进境暂存中转澳门食品检验检疫监管创新”的一大成功尝试，也是澳门企业借助横琴拓展发展空间的经典案例。

横琴粤澳深度合作区执行委员会负责人介绍说，“横琴坚持问题导向、目标导向，开拓 12 类规则衔接路径，涉及社会民生、经济发展、城市建设、市场监管、营商环境等方方面面，形成一大批可复制推广的横琴经验。”这些衔接路径是粤澳合作同心探索的新路，开创了“一国两制”实践的新模式。

镜头三：多元产业促发展

促进澳门经济适度多元化发展是建设横琴合作区的初心。立足粤澳资源禀赋和发展基础，横琴以明确的政策导向推动实体经济做大做强。截至 2023 年底，横琴已有科技型企业超万家，科技企业孵化器、新型研发机构等各类国家级、省级科技创新平台达近 30 家。在粤澳合作中医药科技产业园，230 多家注册企业广泛覆盖中医药、医疗器械、生物医药、医疗服务等领域，初步显现产业集群效应。一款主打散瘀消肿、祛风止痛功效的“马交牌千里追风油”，获澳门药物监督管理局签发首张澳门药品跨境“委托制造许可”批件。“横琴生产＋澳门监制”为澳门品牌在横琴扩产增量提供了可行性，提升了澳门品牌的竞争力。

同时，有越来越多的金融企业青睐横琴，2022 年一季度横琴金融业增加值达 41 亿元，占横琴地区生产总值的 40.6%，税收达 40 亿元，占横琴整体税收的 40.9%。到 2024 年 8 月，横琴共持牌金融企业及分支机构 80 多家，地方金融组织近 50 家，私募基金管理人近 600 家，私募基金产品近 1 800 支，经证监会批复的基金管理公司资产管理规模达到 4.7 万亿元。《横琴粤澳深度合作区建设总体方案》确定的“四大产业”即科技研发和高端制造业、中医药等品牌工业、文旅会展商贸产业、现代金融业都取得了骄人的发展业绩。截至 2023 年 12 月末，合作区实有企业经营主体 55 792 户，其中，澳资企业 6 415 户，同比增长 11.6%左右，成为全国澳资企业最密集的区域。横琴粤澳深度合作区统计局发布数据显示，2024 年合作区实现地区生产总值 538.48 亿元，同比增长 5.3%。一份份亮眼成绩单，展现着横琴产业的蓬勃发展。

镜头四：才智汇聚增合力

栽下梧桐树，引得凤凰来。得益于不断完善的基础设施、持续提升的科研条件和不断进取的创新精神，横琴吸引着港澳人才前来逐梦圆梦。在“横琴・澳门青年创业谷”5 栋，澳门籍青年雷震带领纳金科技构建起了以 40 多项发明专利为主体的自主知识产权体系；在隔壁 8 栋的珠海澳大科技研究院内，科研成果正源源不断从“实验室”转化到“生产线”……

为助力创新创业，横琴落地实施企业所得税、个人所得税“双 15%”优惠政策，出台系列租金补贴、跨境执业等给力举措。“横琴・澳门青年创业谷”等平台为每家企业量身配备招商服务、企业服务、园区服务、人才服务四大管家，提供“一站式”专业服务。从资金扶持到平台搭建，从人才奖励到就业补贴，横琴全方位支撑人才创业就业。截至 2023 年8 月底，“横琴・澳门青年创业谷”累计孵化企业（项目）近 1 000 家，其中澳门企业（项目）近 500 家。

为营造趋同澳门的生活圈，横琴加快公共服务和社会保障体系对接，加快建设“澳门新街坊”等项目。截至2022年6月，澳门居民累计办理居住证8 906人，横琴公立医疗机构服务澳门居民超7.4万人次。横琴口岸客货车联合一站式车道、随车人员验放厅相继启用，便利不断，客流激增。

琴澳和鸣，初心如磐。随着机制更加顺畅、通关更加便捷、运作更加高效、动能更加充足，在横琴这片沃土上，粤澳深度合作的乐章越奏越响。

“3，2，1，0……”2024年3月1日零时，随着智慧口岸公共服务平台运营中心大屏幕上倒计时的结束，横琴粤澳深度合作区正式封关运行。作为中国实施高水平制度型开放的重大探索，横琴合作区封关运行标志着构建与澳门一体化高水平开放新体系迈出关键一步，“一国两制”实践开启新篇章。

思考讨论

1. 结合案例，如何理解“横琴模式”是“一国两制”在实践中的新探索？
2. “横琴模式”对落实“一国两制”具有哪些重要的示范意义？
3. 思考“一国两制”在澳门的实践有哪些特色？

教学建议

本案例主要适用于第十五章第二节“保持香港、澳门长期繁荣稳定”辅助教学。案例主要展示的是澳门在“一国两制”实践中的新探索“横琴模式”。横琴是“一国两制”新的试验区，它充分发挥了制度优势，体现了制度先行先试，促进了粤澳的深度融合，以新的模式丰富了“一国两制”下的实践形式。

组织教学建议

第一，教师通过“横琴模式”实践，引导学生把握“一国两制”在澳门成功实践的意义。澳门回归祖国20多年来，经济实现跨越式发展，社会民生持续改善，民主政治稳步推进，对外交往不断扩大。习近平总书记高度评价澳门回归后的发展成就，认为“澳门经济社会发展取得了长足进步和巨大成就，一个生机勃勃、安定祥和的澳门正以崭新的姿态屹立在祖国的南海之滨”。澳门已成为“一国两制”成功实践的热土，只有在成功的实践中才能探索孕育出“横琴模式”。“一国两制”在澳门的成功实践，保持了澳门的长期繁荣，是解决历史遗留问题的最佳方案，也是实现中华民族伟大复兴的必然要求，符合国家和民族根本利益，符合澳门整体和长远利益，符合外来投资者利益，必须毫不动摇地长期坚持。

第二，教师要引导学生把握本案例的展示思路。案例首先展现了“横琴模式”的顶层设计。通过时间轴，案例梳理了习近平总书记四次到访横琴和国家战略对横琴的支持，充分说明它的成功实践是国家顶层设计，具有典型性和示范性。其次，案例通过镜头组合方式，通过四个镜头展现了横琴建设发展形成的创新模式和取得的成绩，充分说明具有澳门特色的“一国两制”新实践的成就和意义。案例镜头数据丰富，体现了“横琴模式”重要的实践价值，体现了“一国两制”强大的生命力和创造力，教师要引导学生运用好这些数据，增强案例的说服力。

第三，教师要引导学生深入理解横琴开发对澳门的重要意义。澳门地域狭小，只有30多平方公里，发展面积非常有限，而且澳门高度依赖博彩业的产业结构制约了澳门的进一步发展。打破土地空间的瓶颈，实现产业多元化发展，成为澳门的当务之急。横琴面积106.46平方公里，是澳门的3倍多，最近处距澳门仅187米。一水之隔的地理联系，令两地从古至今经济社会往来十分密切。历史上，横琴作为一个农业岛，居民多以养蚝、打鱼、种植香蕉等为生。拥有横琴户口的居民，凭横琴岛村民证，可自由进出澳门，销售农海产品，或到澳门做些家政服务等零工。所以选择横琴作为澳门“一国两制”的新实验区具有得天独厚的优势，它是澳门在空间和产业的天然延伸地，是新模式落地的最佳实验区。横琴的成功实践为澳门发展注入了新动能，是“一国两制”在澳门实践的成功典范，具有重要意义。

总结提升建议

第一，开发横琴是“一国两制”实践新探索，对粤港澳大湾区建设具有重要战略价值。开发建设横琴，蕴含着习近平总书记对新时代中国特色社会主义事业和中国式现代化的深远战略考量，是“一国两制”新实践中具有里程碑式的重大战略举措，对澳门发展、粤港澳大湾区建设、“一国两制”实践和全国改革开放都具有重大现实和长远意义。开发横琴为保持澳门长期繁荣稳定提供了新的战略空间。支持粤澳深度合作共建横琴，聚焦优势领域发展新产业，为澳门产业多元化发展创造条件，为澳门居民生活就业提供新家园，可为澳门长远发展开辟广阔空间注入新动力。开发横琴为粤港澳大湾区建设提供了新的动力引擎。强化政策举措深化粤澳合作，为粤港澳大湾区扎实建设国际科技创新中心、构建具有国际竞争力的现代产业体系、建设宜居宜业宜游的优质生活圈和促进更高水平对外开放等提供了更大力度的新支撑，也有利于进一步增强香港一深圳、澳门一珠海极点发展势能，辐射带动珠江东西岸发展，为粤港澳大湾区建设提供新的强劲动力引擎。开发横琴为丰富“一国两制”事业发展提供了新的生动实践。通过更大力度的改革创新举措，深度推动横琴与澳门规则对接、机制衔接，积极为澳门居民创造理想的就业生活环境，促进人员、物资、资金、信息更加便捷有序流动，这将有利于更好发挥“一国两制”制度优势，促进粤港澳三地经济社会融合发展。开发横琴为深化改革、扩大开放提供了新的标杆示范。横琴推行的改革创新举措，全面提升和发挥了标杆引领、窗口示范作用，为新发展阶段新发展格局下推动改革开放提供了更多新的经验。

第二，“横琴模式”进一步丰富了“一国两制”的实践模式。“一国两制”作为一项前无古人的探索，在香港和澳门的实践必然各具特色。澳门特殊的地理位置和单一的经济模式决定了“一国两制”的实践仅仅依托澳门本身很难有大的突破，必须开辟新空间、开辟新思路。横琴的开发建设，始终不忘初心、牢记使命，深入推进与澳门规则衔接、机制对接，全力支持澳门产业多元化发展，逐步构建了适宜澳门发展的新环境，搭建了促进澳门产业多元化发展的新平台，开拓了澳门居民工作生活的新空间。“横琴模式”构建的“三新”是“一国两制”实践的新示范，这一模式促进了澳门经济适度多元化发展，为澳门居民生活就业营建了新家园，构建了与澳门一体化的高水平开放的新体系，健全了粤澳共商共建共管共享的新体制，在实践中发展了“一国两制”的实践体系。《横琴粤澳深度合作区建设总体方案》也明确提出，坚守“一国”之本，善用“两制”之利，立足合作区分线管理的特殊监管体制和发展基础，率先在改革开放重要领域和关键环节大胆创新，推进规则衔接、机制对接，打造具有中国特色、彰显“两制”优势的区域开发示范，加快实现与澳门一体化发展。横琴实行的很多新制度，就是“一国两制”的新实践和新示范。

第三，澳门持续保持繁荣稳定是准确贯彻“一国两制”的结果。习近平总书记在参加庆祝澳门回归祖国20年庆典活动时对澳门特色的“一国两制”实践给予了高度的评价。他指出，澳门回归祖国20年来取得的成就和进步令人自豪，祖国人民和中央政府也都感到自豪。澳门认真贯彻“一国两制”方针取得的经验和具有的特色值得总结，澳门未来发展美好蓝图需要我们共同描绘。回归20多年来，澳门社会稳定、经济快速发展、财政保持盈余、民生福利提升，澳门巨大的发展成就彰显“一国两制”的优越性和生命力，也形成了具有澳门特色的“一国两制”的基本经验，就是全面准确实施宪法和基本法，其核心就是澳门对国家政治体系、国家核心价值的准确理解和真心拥护，充分发挥“一国两制”的独特优势以及中央政府的政策支持。澳门在实践中，将“一国”严格落实到“两制”之上。2009年，澳门特别行政区制定《维护国家安全法》，率先履行基本法第二十三条规定的宪制责任。从《内地与澳门关于建立更紧密经贸关系的安排》（CEPA）出台，到“十二五”规划将港澳发展单独成章；从《粤澳合作框架协议》签署，到粤港澳大湾区与横琴新区建设……澳门融入国家发展大局，是“一国两制”的应有之义，是澳门在新时代探索发展新路向、开拓发展新空间、增添发展新动力的客观要求，也是澳门贡献国家发展、致力民族复兴的重要渠道。正是有了“一国”的护航，“两制”下的澳门才取得了更大的发展成就，澳门人民的幸福感和获得感才有了显著提升。实践证明，只要坚持全面准确理解和贯彻“一国两制”方针、严格按照基本法办事，坚持集中精力发展经济、改善民生，坚持包容共济、促进爱国爱澳旗帜下的广泛团结，“一国两制”实践就能沿着正确方向走稳、走实、走远。

启示意义

中国特色社会主义进入新时代，“一国两制”事业也进入新时代，粤澳合作开发建设横琴打造了“一国两制”实践的新高地，具有开创性意义。“横琴模式”拓展了澳门发展空间，提升了粤地经济水平，促进了大湾区发展，充分证明了“一国两制”具有强大的生命力和无比丰富的发展空间。只要实践不停止，勤劳智慧的中国人民一定会在粤港澳大湾区建设中，为丰富改革开放和“一国两制”提供更多的新的生动示范。

案例 27

“一带一路”：同世界一道瞰未来

核心阅读

栉风沐雨，春华秋实。自 2013 年提出以来，“一带一路”已经成为当今世界规模最大的国际合作平台和深受欢迎的国际公共产品：截至 2023 年 9 月底，已有 150 多个国家和 30 多个国际组织加入共建“一带一路”大家庭；中国与共建国家进出口总额累计 19.1 万亿美元，双向投资累计超过 3 800 亿美元；中欧班列已经通达欧洲 25 个国家和 217 个城市，累计开行超过 7.8 万列，运送货物超过 740 万标箱……中老铁路运营通车，昆明到万象从此山不再高、路不再漫长，驰而不息的中欧班列成为新丝路上的“钢铁驼队”，承接起中欧互利共赢的通畅贸易往来，青年的友谊之花全面盛开在中非大地……高质量共建“一带一路”不仅使中国更美好，也让世界更美好，全世界人民携起手来共同实现现代化，将是人类历史上最为壮观的伟大画卷。

2013 年，习近平主席在访问哈萨克斯坦和印度尼西亚时先后提出建设“丝绸之路经济带”和“21 世纪海上丝绸之路”重大倡议，创造性地传承和弘扬了古丝绸之路这一人类文明发展成果，开启了共建“一带一路”的伟大征程。十余年来，共建“一带一路”倡议从理念转化为行动，从愿景转变为现实，从“大写意”转变为“工笔画”。2023 年 10 月 17 日至 18 日，第三届“一带一路”国际合作高峰论坛在北京举行，为高质量共建“一带一路”、推动构建人类命运共同体注入了强劲动力。

一路连中老 山川变坦途

2021 年 12 月 3 日 16 时 45 分，习近平主席同老挝人民革命党中央总书记、国家主席通伦通过视频连线共同出席了中老铁路通车仪式，和中老人民一起见证了这一历史时刻。

万象站列车驾驶员报告：发车准备完毕，请通伦主席下达指令。

通伦下达指令：“发车!”

昆明站列车驾驶员报告：发车准备完毕，请习主席下达指令。

习近平主席下达指令：“发车!”

中方客运列车 C3 次在昆明站 1 道、老方客运列车 C82 次在万象站 1 道同时发车。通车仪式在《中老人民友谊之歌》中圆满结束。

作为高质量共建“一带一路”的标志性工程，中老铁路北起中国云南昆明，南至老挝首都万象，是第一条采用中国标准、中老合作建设运营，并与中国铁路网直接连通的境外铁路，全长1 035公里。通车后，昆明到万象10小时可抵达。

2015年，中老领导人一道，作出了共建中老铁路的重大决策。中老铁路地处云南西南部和老挝北部山区，整体地势由西北向东南倾斜，地形起伏剧烈，山高谷深，最高点与最低点相对高差达2 900米。途径地区约70%属于山区，桥隧占比高达87%以上，被称为一条“不是穿行在洞中就是穿行在空中”的铁路。在建设过程中，中老铁路的建设者们克服客观条件困难，相继建造出15座10公里以上的长大隧道，以及跨澜沧江的“兄弟桥”景洪澜沧江大桥和橄榄坝澜沧江大桥、“一桥跨两路”的关坪双线大桥、超百米四线铁路特大桥、南溪河四线特大桥等，成功打造了中国“智造”样板铁路。

中老铁路中由老挝运营的“澜沧号”，是老中铁路公司组织招标采购、中国中车集团所属企业联合制造的动车组，车体外观采用老挝国旗色“红、蓝、白”三色涂装，寓意“国旗之美”，动车组内饰则采用“占芭天香”“锦绣江山”两种主题设计。“澜沧号”的命名，源于老挝的古称“澜沧”王国和流经中老两国的澜沧江，寓意两国一衣带水的好邻居、好朋友、好同志、好伙伴关系。

驰骋在亚欧大陆上的“钢铁驼队”

“哐当，哐当……”2023年7月2日，从泰国罗勇出发的一批汽车配件，一路疾驰，通过中老铁路国际货物列车运输，从中老边境的磨憨口岸入境云南，一路向北，直抵四川成都转乘中欧班列，途经哈萨克斯坦、白俄罗斯、波兰等国家后到达匈牙利布达佩斯。这是首趟以“中老铁路+中欧班列”模式运输过境的货物列车，也是“澜湄蓉欧快线”（罗勇—万象—昆明—成都—布达佩斯）全新开通的标志，意味着实现了中老班列与中欧班列的有机衔接。当国际班列驰骋在路上，南亚东南亚、中国、欧洲更加紧密相连。马蹄哒哒、驼铃声声，古有茶马古道和丝绸之路联结中国与世界各国的友谊，今有中老铁路这一黄金大通道与中欧班列这一“钢铁新丝路”的“双向奔赴”，飞驰的列车带起大发展的“风”，绵延传颂着“一带一路”各国文化交流、贸易畅通、心意相通的铁路故事。

西班牙首都马德里是“义新欧”中欧班列的目的地之一。经由霍尔果斯中转，日用百货、电器等中国商品由浙江义乌始发而来，西班牙红酒、橄榄油等产品热销中国。家住西班牙马加拉的胡安·卡洛斯在电商平台速卖通上下单了一款产自中国的吸顶灯，第二天，快递员便按响了他家的门铃，将产品送到他手上。“太惊喜了！物流时效快得超乎想象！”胡安·卡洛斯评价道。这款吸顶灯由位于西班牙阿尔卡拉的千象盒子物流仓发出。在此之前，它从中国广东经陆运到达西安，再乘坐中欧班列长安号，经过20天到达物流仓，同其他10万余种产品一样，被送往欧洲各地的消费者手里。这种极速的购物体验，得益于运行了10余年之久的中欧班列带来的物流红利。自2013年共建“一带一路”倡议提出以来，中欧班列已经联通中国境内108个城市，通达欧洲25个国家208个城市。

中欧班列长安号的始发地，中国西安国际港务区内，也是一派热火朝天的景象：进出园区的货运卡车络绎不绝，龙门吊不停地转运着来自世界各地的集装箱……得益于长安号的辐射带动效应，多家跨境电商上下游企业落户此地，其中不乏从事跨境直播带货的卖家。长安号共有国际运输干线 17 条，实现了欧亚地区主要货源地全覆盖。2022 年，中欧班列长安号开行 4 639 列，其中跨境电商专列 198 列，增速超 60%。同年，西安国际港务区跨境电商交易额 35.1 亿元，同比增长约 40.4%。

盛开在“一带一路”上的中非青年友谊之花

作为中国人民的老朋友，非洲是“一带一路”积极和重要的参与者。在 53 个同中国建交的非洲国家中，有 52 国以及非盟委员会已经同中国签署共建“一带一路”的合作文件。在共建“一带一路”征程中，中非青年友谊之花正在全面盛开。

“一带一路”倡议下的中非合作项目给非洲当地经济社会发展带来新机遇，助力非洲青年实现梦想。“我是非中合作的参与者、建设者，也是受益者、见证者。”多哥青年苏信用一口流利的中文讲述了他的成长故事。苏信现在是塞内加尔达喀尔快速公交项目经理助理，在项目上已经工作了 10 个年头。“10 年间，我学技术、练本领，从一名普通翻译成长为技术工人，并走上工程管理岗位。”苏信说，“只要我肯学，中国师傅就毫无保留地教。在中国师傅的指导下，我学会了开工程车，掌握了专业的理论知识，干过道路施工的各个工种，带过大大小小的班组。”他说，共建“一带一路”为像他这样的非洲青年搭建了施展才华、实现抱负的广阔舞台，“我会跟随中国企业一起去更多的地方，建设更多的项目”。

由中企承建的肯尼亚电力传输扩建项目，是肯尼亚 2030 远景规划中的旗舰项目——孔扎科技城的重要配套。该项目将大大增强电网的安全性和稳定性，满足肯尼亚中部和北部的电力需求，改善当地人民的生活品质。肯尼亚青年大卫是中国航天建设集团有限公司肯尼亚公司电气工程师，他说很荣幸能成为这些项目中的一员，因为能够从中学到很多技术和管理经验。

由中铁二十局集团安哥拉国际公司承建的安哥拉奥特莱斯商城项目位于罗安达赞古商业区核心位置，占地面积 10 万平方米，建筑面积 5 万平方米，是采用中国标准设计建设的中高端商业综合体。项目于 2023 年底完工，项目建成后为安哥拉民众提供了更加便利的营商和购物环境。2017 年曾为中铁二十局集团其他项目担任翻译的当地青年小五，经过几年的积累，建立了自己独立的项目分包队，现在已经成为商城项目的重要参与方。

“一带一路”多锦绣，乘势而上开山河。回顾过去，从中国倡议到世界合唱，“一带一路”已经成为真正的团结之路、共赢之路、希望之路。立足当下，第三届“一带一路”国际合作高峰论坛提出了中国支持高质量共建“一带一路”的八项行动。展望未来，“一带一路”必将成为造福世界的“发展带”和惠及各国人民的“幸福路”，共同谱写人类命运共同体的新篇章。

思考讨论

1. 共建“一带一路”是习近平主席亲自谋划、亲自部署、亲自推动的重大倡议，是我国在新的历史条件下实行高水平对外开放的重大举措，也是推动构建人类命运共同体的重要抓手。结合案例，谈谈共建“一带一路”是如何推进人类命运共同体建设的。

2. 在2023年10月举行的第三届“一带一路”国际合作高峰论坛开幕式上，习近平主席发表主旨演讲，首次提出各国应携起手来，实现和平发展、互利合作、共同繁荣的世界现代化。“一带一路”倡议绘就了怎样的世界现代化图景？

3. 党的二十大报告指出，推动构建人类命运共同体，是中国式现代化的本质要求。结合共建“一带一路”所取得的历史性成就，应如何从中国式现代化的战略高度来理解推动构建人类命运共同体的重要意义？

教学建议

本案例主要适用于第十六章第三节“推动构建人类命运共同体”部分的辅助教学。案例展示的是共建“一带一路”坚持共商共建共享原则，秉持开放、绿色、廉洁理念，以高标准、可持续、惠民生为目标，取得了重大成就，既为深化沿线国家互利合作打造了重要平台，也生动诠释了人类命运共同体理念的丰富意蕴，为推动构建人类命运共同体提供了强大助力。

组织教学建议

第一，在组织案例教学活动前，教师应向学生讲解共建“一带一路”的理念和实践，帮助学生全面认识共建“一带一路”的理念主张、实践进展和重要意义。2013年秋，习近平主席西行哈萨克斯坦、南下印度尼西亚，先后创造性提出建设“丝绸之路经济带”和“21世纪海上丝绸之路”重大倡议。10多年来，共建“一带一路”与世界各国战略对接，逐步从谋篇布局的“大写意”，转向精耕细作的“工笔画”，取得丰硕成果，把规划图转化为实景图，一大批标志性项目和惠民生的“小而美”项目落地生根，成为真正的合作共赢之路，案例介绍的就是其中具有代表性的项目成果。

第二，教师在应用本案例开展教学时应注意对共建“一带一路”的本质作出正确阐释，引导学生正确认识人类命运共同体理念的科学内涵。“一带一路”倡议自2013年提出以来，就受到了国际社会的广泛关注，在绝大多数国家都欢迎并积极参与共建“一带一路”的同时，以美国为代表的部分西方国家对“一带一路”的批评、指责和抹黑却从未停止，并通过各种途径散播所谓“一带一路”合作制造债务陷阱、破坏相关国家环境、造成腐败等荒谬言论，把“一带一路”合作说成是中国“控制”其他国家的手段。教师在课上必须旗帜鲜明地对这些错误论调予以有力批驳和回应，引导学生正确认识共建“一带一路”所秉持的共商共建共享原则，全面了解共建“一带一路”10多年来给合作伙伴带来的发展机遇和成效，从而正确理解中国所倡导的构建人类命运共同体理念的丰富内涵。

第三，教师在教学中应注意将案例内容和主题与现实生活紧密结合，尤其是要与学生的学习生活实际结合起来。无论是共建“一带一路”，还是构建人类命运共同体，都是中国共产党着眼世界发展大势所提出的重要理念倡议，这很容易引起一种误解，就是共建“一带一路”和构建人类命运共同体都属于党和国家战略层面的顶层设计，与公民个人，尤其是与青年学生的关联度不大。对此，教师应该对案例内容进行针对性扩展，讲述青年在共建“一带一路”和构建人类命运共同体过程中所能发挥的重要作用。课上也可以请同学们介绍他们所了解的共建“一带一路”和构建人类命运共同体的情况，尤其是结合其所学专业、所读学校、所在城市参与共建“一带一路”的具体情况来交流，充分调动学生的积极性和主动性。

第四，应用本案例开展教学时，教师可以推荐学生观看相关的影像资料，来增进学生对共建“一带一路”的理解和认识。2023 年初，新华社国际部联合新华网共同推出了系列纪录片《美美与共》，通过“一带一路”上鲜明而饱满的人物故事，以文化沟通心灵，奏响美美与共的“和合”之意。2023 年 10 月，为进一步增进国际社会的认识和理解，推进共建“一带一路”高质量发展，让“一带一路”惠及更多国家和人民，国务院新闻办发布了《共建“一带一路”：构建人类命运共同体的重大实践》白皮书，系统展现了共建“一带一路”取得的成果和建设前景。通过观看这些影视和文献资料，学生可以更加直观生动地感受到共建“一带一路”所取得的重大成就，所产生的积极影响，进而理解其对构建人类命运共同体的重要推动作用。

总结提升建议

第一，共建“一带一路”倡议和构建人类命运共同体的理念已经取得了历史性成就。共建“一带一路”，是一个根植于历史沃土、顺应时代大势的战略决策，是一个源于中国、属于世界的重大倡议。2023 年 10 月 18 日，习近平主席在第三届“一带一路”国际合作高峰论坛开幕式上的主旨演讲中明确指出：“共建‘一带一路’坚持共商共建共享，跨越不同文明、文化、社会制度、发展阶段差异，开辟了各国交往的新路径，搭建起国际合作的新框架，汇集着人类共同发展的最大公约数。”10 余年来，中国秉持人类命运共同体理念，推动“一带一路”建设成果丰硕，在政策沟通、设施联通、贸易畅通、资金融通和民心相通等重点领域的建设成绩斐然。案例中介绍的中老铁路、中欧班列以及中非青年合作共建“一带一路”的有效进展都是高质量共建“一带一路”过程中所取得的标志性成果，凸显出“一带一路”合作的旺盛生命力。世界银行的研究报告也指出，“一带一路”倡议的全面实施将有望帮助相关国家 760 万人脱离极端贫困，3 200 万人摆脱中度贫困，使全球贸易增加 6.2%，沿线经济体贸易增加 9.7%，全球收入增加 2.9%。“一带一路”成为真正的合作共赢之路，人类命运共同体建设也迈出了坚实步伐。

第二，共建“一带一路”和构建人类命运共同体理念深刻彰显了中国共产党的初心使命和责任担当，是为推动建设更加美好的世界而贡献的中国方案和中国智慧。中国共产党始终坚持胸怀天下，展现出马克思主义政党的国际视野和世界情怀，正如《中共中央关于党的百年奋斗重大成就和历史经验的决议》深刻指出的那样，“党和人民事业是人类进步事业的重要组成部分”。作为推动构建人类命运共同体的重要抓手，共建“一带一路”不仅为世界经济增长开辟了新空间，为国际贸易和投资搭建了新平台，而且为完善全球经济治理拓展了新实践，为增进各国民生福祉作出了新贡献。在 2017 年、2019 年和 2023 年举行的三届“一带一路”国际合作高峰论坛上，习近平主席宣布了一系列合作举措，涉及经贸合作、科技、粮食安全和农业、教育、医疗卫生、气候变化、减灾、水资源、能力建设、人文交流等诸多领域，充分展现了中国支持共建“一带一路”国家发展的决心和力度，为全球发展注入不竭动力。正是在中国和沿线国家的共同努力下，“一带一路”建设才取得了案例中的显著进展，成为真正的合作共赢之路。

第三，推动构建人类命运共同体是中国式现代化的本质要求，赋予了中国式现代化崇高的时代使命。自2013年正式提出人类命运共同体理念以来，习近平主席在多个重要场合发表主旨演讲，持续全面系统地阐述人类命运共同体这一重大理念。人类命运共同体理念是以推动建设“五个世界”为总目标，以打造全球伙伴关系为新起点，以构建新型国际关系为根本路径，以全人类共同价值为价值追求，以主权平等、沟通协商、法治正义、开放包容等为基本原则，以“一带一路”为实践平台，以全球发展倡议、全球安全倡议、全球文明倡议为重要依托的科学理论体系。党的二十大报告把推动构建人类命运共同体作为中国式现代化的本质要求之一，以中国式现代化为桥梁和纽带，把中华民族伟大复兴与全人类的前途命运紧密连接起来，进一步阐明了新形势下构建人类命运共同体的时代意义、精神实质和实现路径。这就要求我们以高质量共建“一带一路”为依托，以中国式现代化理念和实践切实推动构建人类命运共同体，这也是中国共产党为中国人民谋幸福、为中华民族谋复兴，为人类谋进步、为世界谋大同的历史必然。

第四，共建“一带一路”倡议创造性回答了一系列“现代化之问”，为共同实现世界现代化贡献了中国方案。共建“一带一路”以互联互通串联起世界各国的发展热望，以共商共建共享汇聚起携手实现现代化的全球合力，其从无到有、蓬勃发展并取得丰硕成果的历程，蕴含着追求世界现代化的实践逻辑、理论逻辑和历史逻辑，为携手实现共同的现代化提供了可行的平台和路径。在实践层面，“一带一路”建设让不同文明、文化、社会制度和发展阶段的伙伴走到一起，各方携手打造了新时代的“驼铃帆影”，建设了新时代的“绿洲灯塔”，拓展了新时代的“商道驿站”，奏响了新时代的“丝路乐章”，带来实实在在利益的同时，也开辟了国与国交往的新路径，搭建起国际合作的新框架，汇集着人类共同发展的最大公约数，为在世界范围内共同实现现代化提供了初步实践。理论层面，依托共建“一带一路”，各国相互协作、优势互补，这是生产力发展的客观要求，也代表着生产关系演变的前进方向。在这一进程中，各国逐渐形成利益共同体、责任共同体、命运共同体。历史层面，共建“一带一路”传承了和平合作、开放包容、互学互鉴、互利共赢的丝路精神，再现古丝绸之路陆上的盛况、海上的繁华，展现了一种新的现代化愿景：各国命运与共，千里同好。

第五，青年学生应结合自身实际积极参与共建“一带一路”，为推动构建人类命运共同体贡献青春力量。正如案例中展示的那样，在共建“一带一路”的很多项目中，都可以看到中国青年与沿线国家青年奋斗实干的身影，都可以看到青年在汗水与奉献中书写的青春华章。共建“一带一路”是新时代中国推进高质量对外开放的战略抓手，在为中国青年提供施展才能、建功立业广阔舞台的同时，也为中外青年提供了重要的合作平台。在高质量共建“一带一路”的过程中，多国青年都积极参与其中，如很多老挝青年参与到中老铁路的建设工作中来，还有更多人像多哥青年苏信、肯尼亚青年大卫、安哥拉青年小五一样，在共建“一带一路”的实践中书写自己的青春故事。2023年5月，习近平主席还复信中国石油大学（北京）的中亚留学生，鼓励他们为推动中国同中亚国家关系发展、为构建更加紧密的中国—中亚命运共同体作出自己的贡献。在新征程上，青年学生应牢记使命，积极参与共建“一带一路”，在推动构建人类命运共同体的实践中展现青年力量与担当。

案例启示

共建“一带一路”是推进中国特色大国外交的重要抓手，是中国携手各国共同追求世界现代化、构建人类命运共同体的生动实践。案例系统展现了高质量共建“一带一路”取得的历史性成就，中国坚持创新、协调、绿色、开放、共享的新发展理念，与“一带一路”共建国家共同推动经济全球化朝着更加开放、包容、普惠、平衡、共赢的方向发展，切实推动构建人类命运共同体，为有效应对全球风险挑战、建设更加美好的世界作出中国贡献。展望未来，在推动构建人类命运共同体的伟大实践中，共建“一带一路”必将激发人们对世界现代化的新认知新想象，开创国际交往的新理念新范式，推动全球治理体系朝着更加公正合理的方向发展，引领人类社会走向更加美好的未来。作为肩负民族复兴大任的时代新人，新时代的中国青年要激发青春动力、展现青春活力、汇聚青春合力，积极投身高质量共建“一带一路”，争做人类命运共同体的参与者、建设者、传播者和贡献者，为构建人类命运共同体注入青春力量。

案例 28

伟大建党精神代代传
——追忆彭湃、彭士禄父子光辉的人生历程

核心阅读

在庆祝中国共产党成立100周年大会上，习近平总书记首次提出并精辟阐释了伟大建党精神。伟大建党精神是中国共产党的精神之源，是贯穿中国共产党人精神谱系的一条红线，已深深融入党、国家、民族、人民的血脉和灵魂。2022年，伟大建党精神被写入中共二十大主题，吸引了无数人的关注和热议。伟大建党精神初步形成于中国共产党成立之初，蕴藏于中国共产党百年奋斗的进程中。彭湃和彭士禄父子两人所处的历史阶段不同，所承担的使命也不相同，一个是职业革命者，一个是科学家，但两代人都将为国家、为人民奋斗终身的理念贯穿人生始终，分别为中华民族的站起来和强起来，作出了重要贡献，真正践行了共产党人的初心和使命，是伟大建党精神的充分体现。

彭湃和他的儿子彭士禄是忠于理想的两代人。彭湃经历了从“富二代”到无产者、从“地主少爷”到革命先驱的人生历程；彭士禄经历了从孤儿到院士、从“小囚犯”到科学家的成长过程。他们所处的历史阶段不同，所担负的任务也不相同，但两代人有着一个共同的目标——让老百姓早日过上幸福美好的新生活，早日实现中国梦！

出身豪门的“四少爷”与农民革命

彭湃，1896年出生于广东省海丰县的一个工商业兼地主家庭。他家每年收租稻谷几千石，拥有瓦铺40余间。彭湃在家里排行老四。就是这样一个地主家的四少爷，却走上了革命道路。

彭湃从小就读文天祥的《正气歌》，常与同学畅谈国家大事。他怀揣“愿消天下苍生苦”的崇高理想，于1917年6月东渡日本求学，寻找救国救民的道路。

在日本，彭湃考入早稻田大学政治经济科。五四运动的消息传到日本，留日学生在东京举行国耻纪念集会活动，彭湃参加了游行。他说：“出国留学，不是出来镀金，应下九牛二虎之力，学点顶用的东西，于国于民才会有益。”他在日本第一次读了《共产党宣言》，也结识了日本社会主义运动的先驱。几经寻求，他确定将马克思主义作为自己奋斗终身的信仰。1921年5月，彭湃大学毕业后归国。

1922 年 3 月，彭湃在广州加入了中国社会主义青年团。他回到家乡组织海丰社会主义研究社。他脱下西装，改成农民的打扮，走村串巷地做起了最基层的农村和农民工作，并于 1922 年 7 月 29 日成立了著名的六人农会。彭湃下决心要到农村去做实际运动。他认为，中国是以农民为主的社会结构，农民能够解放，中国的根本问题就可以解决。

1923 年 1 月，海丰县总农会成立，彭湃任会长。7 月 1 日，广东省农会成立，他当选为省农会执行委员长。

1923 年 11 月的一天，彭湃用一种最直接而决绝的方式，消除了一个富家子弟与农民兄弟之间的阶级隔阂。在海丰老街的那棵大榕树下，彭湃慷慨激昂地对农民说：彭名合（彭家的商号）的田不是彭名合的，更不是我彭湃的，这些田是农民兄弟起五更睡半夜终年辛勤劳动的成果。这一切过去被不劳而获的地主强占去了，使终年劳动的农民们吃不饱穿不暖，这是不合理的制度，必须彻底废除！

说完以后，彭湃就一张张地宣布田契上佃户的姓名、地点和亩数，让农民上台来领取。可是，没有一人上台去领。因为他们不相信这是真的！

彭湃点燃一把火，把他手中的田契全部当场烧毁，并且庄严地宣布：从今天起，他的田地全部归耕种的农民所有。台下的农民沸腾了，前古未闻的事情在他们这里发生了，农民们都激动得热泪盈眶。

彭湃把自家的土地分给农民，由有产者变成了一名真正的无产者，农民们也一致认为彭湃是“真革命”而相信他、拥护他。农民们说，彭湃所做的事，是以牺牲自己的利益为农民谋幸福的。在彭湃等人的带领下，海陆丰农民运动迅猛发展。

1924 年春，彭湃提议创办广州农民运动讲习所，这个讲习所到 1926 年结束，共六届。他担任第一、五届讲习所主任，培养了一大批农民运动骨干，成为中国共产党培养革命干部的一个创举。

1926 年彭湃撰写了《海丰农民运动》一书，这是中国共产党历史上第一部关于农民运动的专著。毛泽东将其列入《农民问题丛刊》中，指出《海丰农民运动》等“乃本书最精粹部分”，“它给了我们做农民运动的方法”，“它又使我们懂得中国农民运动的性质”。毛泽东称彭湃为“中国农民运动大王”。

1927 年彭湃参加了南昌起义，并在八七会议上当选中央临时政治局委员。同年 11 月，由彭湃领导的农民武装起义创建了海陆丰革命根据地，建立了全国最早的县级苏维埃政权。到 1928 年 3 月，海陆丰苏维埃政权在敌人重兵围攻下，顽强坚持了 4 个月。

1928 年 10 月，彭湃去上海参加党中央的领导工作，任中共中央政治局委员、中共中央农委书记、中央军委委员兼江苏省军委书记。1929 年 8 月 24 日，由于叛徒出卖，彭湃在上海被国民党反动派勾结帝国主义租界工部局巡捕逮捕。敌人对彭湃施以各种酷刑，将他打得体无完肤，多次晕死过去。8 月 30 日，彭湃被上海龙华警备司令部杀害，慷慨就义时不足 33 岁。

彭湃一家有六位亲人为革命献出了年轻而宝贵的生命。除了彭湃本人，还有他的第一位夫人蔡素屏、第二位夫人许玉馨、三哥彭汉垣、七弟彭述和侄儿彭陆。1983 年，中华人民共和国民政部给彭家六位烈士颁发“革命烈士证明书”。

吃百家饭的孩子与核潜艇

1925 年，彭士禄出生在广东省海丰县，是彭湃的次子。彭士禄对父母并没有太多印象，只有一张与父亲和哥哥的合影。照片上有父亲亲手写的字：“彭湃及他的小乖乖”。1928 年，在彭士禄 3 岁时，他的母亲蔡素屏不幸被捕、英勇就义。1929 年，彭湃牺牲，成了孤儿的彭士禄年仅 4 岁。潮汕地区的老百姓冒着杀头的危险护卫着他，养育着他。彭士禄 8 岁被捕入狱。一年后，他被释放，过着吃百家饭、穿百家衣、姓百家姓的颠沛流离的生活。每当回忆起自己的童年，彭士禄总是饱含深情地说：“几十位‘母亲’给我的爱抚，感染了我，激发了我热爱百姓的本能。父母亲把家产无私地分配给农民，直至不惜献出生命的大无畏精神，给了我要为人民、为祖国奉献一切的热血。我虽姓彭，但心中永远姓百家姓。”

1940 年，周恩来派人辗转找到了彭士禄。他见到彭士禄的第一句话就说：孩子，终于找到了你。在被安全送往革命圣地延安后，受尽人间苦难的彭士禄终于结束了东躲西藏的日子！那一年，他 15 岁。1945 年 8 月，彭士禄加入中国共产党。1951 年在大连工学院（现大连理工大学）化工系化工机械专业读三年级时，彭士禄被选派留学苏联。他刻苦攻读，获得了“优秀化工机械工程师”的称号。1956 年，陈赓大将访苏时，召见了准备启程回国的彭士禄，对他说，中央决定选派一批留学生改学原子能核动力专业，你愿意改行吗？他坚定地表示：“我当然愿意，只要祖国需要。”很快，他被送到莫斯科动力学院，进行核动力专业的学习与深造。

1958 年，彭士禄以优异的成绩毕业回国，进入原子能研究所工作。他积极投身于我国核潜艇研制事业，担任第一任核潜艇总设计师，主持了核潜艇核动力装置的论证设计、装备实验以及运行的全过程。1970 年 12 月 26 日，我国自主研制的第一艘核潜艇成功下水。彭士禄用日日夜夜的积累实现了报效祖国的宏愿！1974 年，中央军委将第一艘核潜艇命名为“长征一号”正式编入海军战斗序列。从此中国成为世界上第五个拥有核潜艇的国家！

由于长期超负荷加班加点，彭士禄得了急性胃穿孔，胃被切除了 3/4。他从年轻时就立志以身许国，科技报国，他以这样的拼搏精神，践行了“核潜艇一万年也要搞出来”的铮铮誓言。1985 年，彭老荣获“国家科学技术进步奖”特等奖，获奖证书号的尾号数字是“006—1”，其中的这个“1”，表示在我国第一代核潜艇的研究设计中，彭老是第一完成人！

1983 年，彭士禄调任水利电力部副部长、总工程师，并出任广东大亚湾核电站建设总指挥，踏上了共和国核电事业拓荒之路。1987 年，大亚湾核电站顺利开工。1988 年，彭士禄被国家任命为核电秦山联营公司董事长，负责建设中国第一座自行设计建造的商用核电站。大亚湾核电项目和秦山二期核电项目，彭士禄都是挖第一锹土的人，说他是这些项目的开拓者和奠基人，一点也不为过。

彭士禄有很多标签：

——中国核潜艇首任总设计师；

——首批当选的中国工程院院士；

——中国著名的核动力专家；

——中国核动力事业的开拓者和奠基人之一。

无论身居何位，彭士禄始终保持以身许国的家国情怀。他曾说，活着就要热爱祖国，忠于祖国，为祖国的富强而献身。

2021 年 3 月 22 日，彭士禄在北京逝世，享年 96 岁。5 月 26 日，彭士禄被追授为“时代楷模”称号。2022 年 3 月，彭士禄被评为“感动中国 2021 年度人物”。

思考讨论

1. 两代人为理想澎湃。彭湃在旧中国为革命献出生命，彭士禄为新中国核事业奉献终身。他们为什么做出这样的人生选择？这体现了伟大建党精神的哪些基本内涵？

2. 如何理解“伟大建党精神是中国共产党的精神之源？”新时代应该如何践行伟大建党精神？

3. 习近平总书记指出，“我们要继续弘扬光荣传统、赓续红色血脉，永远把伟大建党精神继承下去、发扬光大！”新时代大学生应如何传承和弘扬伟大建党精神？

教学建议

本案例主要适用于第十七章第二节“以政治建设为统领深入推进党的建设”的辅助教学，也可用于第十章第三节“以社会主义核心价值观引领文化建设”的辅助教学。案例主要展示的是“农民运动大王”彭湃和中国核动力事业的开拓者和奠基人之一彭士禄父子二人献身于中国革命和建设事业的感人事迹，彰显了“坚持真理、坚守理想，践行初心、担当使命，不怕牺牲、英勇斗争，对党忠诚、不负人民”的伟大建党精神。

组织教学建议

第一，在运用本案例之前，可以组织学生课外线上观看中央广播电视总台央视综合频道《时代楷模发布厅》栏目 2021 年 5 月 26 日发布的彭士禄的先进事迹，了解彭士禄从孤儿成长为中国核潜艇第一任总设计师的真实经历，了解彭湃、彭士禄父子如何用生命诠释共产党员的责任担当和两代人的家国大爱，引导学生思考彭湃、彭士禄父子做出舍小家为大家的人生选择的内在原因，为案例讨论奠定良好基础。

第二，引导学生结合彭湃、彭士禄父子的成长经历及其感人事迹，分析其中蕴含的伟大建党精神。旧中国动荡之际，彭湃身为富家子弟，却“愿消天下苍生苦”，为了劳苦大众过好日子而“毁家革命”，成为“中国农民运动大王”，将为大多数人谋利益作为终生理想，烧掉自家的田契，把自家的土地分给农民。在坚守信仰的路上，彭湃付出了鲜血和生命的代价。彭士禄继承先辈遗志，传承红色基因，赓续共产党人精神血脉，在革命年代加入中国共产党，又为了祖国需要放弃学已有成的专业而转向未知陌生的原子能核动力专业，感党恩、听党话、跟党走，以身许国、科技报国，“干惊天动地事，做隐姓埋名人”，为我国核事业发展做出了开创性的贡献，淡泊名利，永葆初心、不改本色，为党和人民的事业奋斗不息、躬耕不止。两代人为理想澎湃，用实际行动体现了伟大建党精神的内涵。随着时间的推移，彭湃、彭士禄父子两代人的奋斗与牺牲，已经成为中华民族坚强不屈的“民族基因”与“红色基因”，激励后人砥砺前行。

第三，引导学生深刻认识当代青年学习、继承和弘扬伟大建党精神的必要性。习近平总书记在庆祝中国共产党成立100周年大会上发表重要讲话指出：“我们要继续弘扬光荣传统、赓续红色血脉，永远把伟大建党精神继承下去、发扬光大!”伟大建党精神蕴含着中国共产党百年伟大奋斗征程取得辉煌成就的原始密码，是中国共产党的精神之源，是中华民族的宝贵精神财富，是实现中华民族伟大复兴的动力之源，早已深深融入我们党、国家、民族、人民的血脉之中，为伟大民族精神注入了新的内涵。践行社会主义核心价值观，弘扬以伟大建党精神为源头的中国共产党人精神谱系，是着力培养担当民族复兴大任时代新人的关键所在。在实现中华民族伟大复兴的征程中，新时代青年要用伟大建党精神淬炼灵魂、滋养初心、坚定信念，努力用自己的青春朝气和豪情壮志书写“请党放心，强国有我”的铮铮誓言，胸怀“国之大者”，不断厚植家国情怀，把伟大建党精神传承下去、发扬光大。

总结提升建议

第一，伟大建党精神是中国共产党的精神之源，有着独特的生成背景，内蕴着特有的生成逻辑，具有巨大的实践力量。在庆祝中国共产党成立100周年大会的重要讲话中，习近平总书记首次概括提出伟大建党精神，并将其视为“中国共产党的精神之源”。伟大建党精神生成于近代中国社会的演进中和探索民族独立、人民解放和国家富强、人民幸福正确道路的历史进程中，是坚持把马克思主义基本原理同中国具体实际相结合、同中华优秀传统文化相结合的历史产物。“坚持真理、坚守理想”，彰显了马克思主义政党的政治本质与精神动力。对马克思主义的信仰、对社会主义和共产主义的信念，始终是共产党人的“根”和“魂”。“践行初心、担当使命”，彰显了中国共产党植根于中国人民与中华民族的神圣使命和责任担当。“不怕牺牲、英勇斗争”，彰显了共产党人的无畏精神与英雄气概。“对党忠诚、不负人民”，彰显了中国共产党人的政治品格和价值追求。伟大建党精神是中国共产党性质宗旨的根本体现及其理想信念的根本标识，是中国共产党精神血脉的根本源泉，是中国共产党发展壮大的强大力量支撑，也是其领导中国人民不断走向胜利的重要保证，是解读“中国共产党为什么能”的精神密码。伟大建党精神激励着中国共产党人为实现理想和完成使命而不断奋斗，其中所蕴含的精神势能，催生了众多具体精神内容，从而演化成了中国共产党人精神谱系。

第二，彭湃、彭士禄父子二人的感人事迹生动彰显了伟大建党精神的丰富内涵。彭士禄的家庭和个人成长，历经中国革命、建设、改革和新时代各个历史时期，见证了党的百年奋斗历程。他们坚持真理、坚守理想，无论面对何种境况都始终坚持以马克思主义理论为行动指南，坚守共产主义远大理想和社会主义共同理想，并为之不懈奋斗。他们践行初心、担当使命，献身于为中国人民谋幸福、为中华民族谋复兴的伟大实践。他们不怕牺牲、英勇斗争，为革命事业不惜献出生命、为建设事业甘愿奉献终身，在践行初心使命的伟大实践中弘扬伟大的斗争精神。他们对党忠诚、不负人民，始终如一地忠诚于党的组织和党的事业，坚守人民立场，坚持人民至上。彭湃和彭士禄父子二人所处的历史阶段不同，所承担的使命也不相同，但两代人都将为国家奋斗终身的理念贯穿人生始终，都体现了牺牲小我成就大我之精神，展现出救国为民的宏大理想和家国情怀，以实际行动践行了伟大建党精神。

第三，伟大建党精神为立党兴党强党提供了培根铸魂的丰厚精神滋养。思想建设是党的基础性建设。加强思想建设是坚守理想信念、坚定革命意志的前提。在党的思想建设中，必须强调传承红色基因，赓续红色血脉的重要性，大力弘扬以伟大建党精神为源头的中国共产党人精神谱系，增加历史自信、增强斗争精神。习近平总书记强调，“红色血脉是中国共产党政治本色的集中体现，是新时代中国共产党人的精神力量源泉”。伟大建党精神，作为红色基因的本源，凝结着我们党的信仰和初心、情怀和担当、牺牲和奉献。彭湃一家有六位亲人为革命献出了年轻而宝贵的生命，堪称满门忠烈。彭士禄是红色家风的优秀传承者，在接续传承伟大建党精神过程中，自己也成为科学家精神的杰出践行者、中国核动力事业的拓荒牛、共产党员的优秀代表和时代楷模。在新时代新征程，要推进以伟大建党精神为源头的中国共产党人精神谱系教育常态化长效化，引导全社会从伟大建党精神中汲取智慧与力量。

第四，新时代大力弘扬和践行伟大建党精神具有极为重要的现实意义。2022 年，伟大建党精神被写入党的二十大主题，吸引了无数人的关注和热议。伟大建党精神跨越时空，具有历久弥新的时代价值，是激励我们党走好新时代奋斗路、团结带领中国人民实现中华民族伟大复兴的强大精神动力。当今国际局势变幻莫测，世界进入新的动荡变革期。西方和平演变和文化渗透无孔不入，来自外部的打压遏制随时可能升级，国内各种错误思潮也未销声匿迹。我国发展进入战略机遇和风险挑战并存、不确定难预料因素增多的时期。作为当今世界人数最多的第一大政党，没有什么外力能够打倒我们，能够打倒我们的只有我们自己。在长期执政条件下，各种弱化党的先进性、损害党的纯洁性的因素无时不有，各种违背党的宗旨使命、动摇党的根基的危险无处不在。党的自身建设面临风险挑战的长期性、严峻性，决定了全面从严治党必须一以贯之、持之以恒。在新时代，我们只有像彭湃、彭士禄那样坚持真理、坚守理想，才能在百年变局下不动摇、不迷航，才能保持正确的航向，坚定政治立场。中华民族伟大复兴，必须经过一代又一代人接力奋斗方能实现。在新时代，我们只有像彭湃、彭士禄那样践行初心、担当使命，才能在学习中潜心钻研、精益求精，在工作中勇挑重担、务实苦干，不断为中华民族伟大复兴建功立业。新时代的伟大斗争具有长期性、复杂性、艰巨性的特征。在新时代我们只有像彭湃、彭士禄那样不怕牺牲、英勇斗争，才能在斗争实践中不断提高斗争本领，勇于迎难而上、攻坚克难。新时代带来新任务、新挑战。在新时代，我们只有像彭湃、彭士禄那样对党忠诚、不负人民，才能始终保持党的自我革命精神，增强全面从严治党永远在路上的政治自觉，永葆党的先进性和纯洁性。

启示意义

第一，弘扬伟大精神，赓续红色血脉，才能继往开来，开拓前进。历史川流不息，精神代代相传。伟大建党精神是中国共产党的精神之源。在中国共产党的百年奋斗征程中，一代代彭湃们为了革命胜利信念坚定、斗志凛然、无惧牺牲，一代代彭士禄们为了建设发展迎难而上、开拓创新、淡泊名利。伟大建党精神在共产党人的红色血脉中不断丰富发展，形成了一系列富有时代特色的伟大精神，构筑起了内涵丰富、思想深刻、系统完整、鲜活生动的精神谱系，产生了广泛而深远的影响。伟大建党精神的强大动力和源泉作用，照耀着中国共产党在过去百余年中带领中国人民建功立业；新时代大力弘扬伟大建党精神和中国共产党人精神谱系，必将为全面建成社会主义现代化强国、实现第二个百年奋斗目标提供强大精神动力。伟大建党精神所蕴含的人民至上立场、所呈现的忠诚担当精神，激励着新时代中国青年把青春奋斗融入党和人民事业，在实现第二个百年奋斗目标、建成社会主义现代化强国的新征程上努力拼搏、奋勇争先。

第二，不忘初心使命，勇于担当作为，才能走好新时代赶考之路。历史是一面镜子。一个民族要知道自己的历史，知道自己是谁，才有未来。历史自信源于厚重的历史积淀，来自成功的实践积累。中国共产党的百年发展历程，是一部“为有牺牲多壮志，敢教日月换新天”的革命史、奋斗史，也是一部淬炼升华、感天动地的精神锻造史。以伟大建党精神为源头的精神谱系，是中国共产党人独特的精神标识，是砥砺我们不忘初心、牢记使命的不竭精神动力。当代大学生要强化党史学习，读懂中国共产党的精神，做到学史明理、学史增信、学史崇德、学史力行。新时代中国青年要以彭湃、彭士禄为榜样，增强“四个意识”、坚定“四个自信”、做到“两个维护”，从党的百年奋斗中感悟信仰力量，从伟大建党精神中汲取精神力量，主动把个人理想追求融入国家和民族的复兴伟业中，在放飞青春梦想中书写人生最美的华章。

案例
29

“倒查20年”：全面从严治党没有休止符

核心阅读

“倒查20年”入选2020年度中国十大反腐热词，它是指2020年内蒙古自治区开展的煤炭资源领域违规违法问题专项整治，对涉煤领域腐败掀起的反腐风暴。内蒙古煤炭资源领域积弊沉疴，一段时间以来成为污染当地政治生态的最大“毒瘤”。内蒙古自治区党委通过发布受理线索公告、制定煤炭资源和领导干部监督管理等规定，对内蒙古煤炭资源领域突出存在的违规违法获取及倒卖煤炭资源、违规违法配置煤炭资源、涉煤腐败问题严重污染政治生态、煤炭资源领域问题扩散蔓延等四类问题进行深挖。截至2022年8月，共查处涉煤腐败案件789件、1 163人，其中涉及厅局级干部73人、县处级干部286人，挽回国有资产损失608亿元，清收煤炭资源299亿吨。“倒查20年”释放出追责到底、将反腐进行到底的坚定信号，更彰显出中国共产党百年不变的如磐初心。

2021年3月5日，习近平总书记在参加十三届全国人大四次会议内蒙古代表团审议时这样说：“当共产党的官，当人民的公仆，拿着国家资源去搞行贿受贿、去搞权钱交易，这个账总是要算的。”当时整个会场，鸦雀无声。环顾四周，他接着说道，我认为内蒙古这段时间，抓的这件事抓得很好，还要继续抓下去。

习近平总书记所说的这件事是什么事？怎么抓的？成效如何？为什么还要继续抓？

内蒙古自治区是世界上最大的露天煤矿之乡，全区12个盟市中11个有煤矿，是全国煤炭产量最大的省区，光2019年原煤产量就达10.35亿吨，占全国产量的27.6%。2000年到2010年，是我国煤炭行业快速发展的黄金十年，也是内蒙古自治区经济迅速崛起的十年，年均GDP增速达18%，煤炭之于内蒙古而言有着特殊的意义。

然而，在煤炭经济快速发展的同时，内蒙古煤炭资源领域违规违法问题也不断滋生蔓延，涉煤腐败成为当地政治生态中最大的“毒瘤”。少数党员干部伙同不法商人，把煤炭资源当“唐僧肉”“提款机”，大搞权力自肥、以权谋私。有的领导干部通过企业改制等方式，将国有煤矿据为己有，攫取暴利；有的利用权力，“老子前台批煤、子女后面捞钱”；还有的以资源为筹码，借机搞攀附、“架天线”、结权贵，谋取职务提拔，给内蒙古自治区政治生态和煤炭经济的长远发展带来了严峻考验。

2018年以来，中央纪委国家监委立案查处的内蒙古自治区5名中管干部中，有4人所涉腐败问题与煤炭密切相关。中央纪委国家监委深入剖析内蒙古涉煤腐败系列案件，指出煤炭资源领域存在的突出问题，提出具体纪检监察建议。内蒙古自治区下决心刮骨疗毒，肃清“靠煤吃煤”陈年积弊。

2020年2月，针对云某中、白某群、邢某、云某民等腐败案件暴露出的煤炭资源领域违规违法问题，按照中央纪委国家监委纪检监察建议，内蒙古自治区党委、政府召开自治区煤炭资源领域违规违法问题专项整治工作动员部署会议，自治区纪委监委对外发布集中受理自2000年以来煤炭资源领域涉嫌违纪或者职务违法、职务犯罪问题线索的公告，一场“倒查20年”的煤炭资源领域反腐风暴就此开启。随着专项整治逐步深入，一大批“煤老虎”“黑金硕鼠”现出原形，乌兰察布原市委书记杜某军，鄂尔多斯市人大常委会原党组副书记、副主任刘某花，内蒙古自治区原国土资源厅党组成员、副厅长王某等多名党员领导干部应声落马。通过专项整治，涉煤腐败蔓延势头得到了有力遏制，在政策感召下，12名厅、处级干部主动投案，追缴挽回经济损失393.27亿元。全区共有140多万名干部填报了涉煤申报事项，做到了应报尽报，以后内蒙古自治区所有干部只要涉煤，都有案可查，只要在煤炭领域获得不当得利，都要受到追究，从根本上堵住了煤炭领域问题在政治生态领域的不良影响。

2020年12月，内蒙古印发《关于规范领导干部配偶、子女及其配偶参与矿产资源开发行为的规定（试行）》，将副科级（含副科级）以上领导干部和涉及矿产资源开发相关部门一般公职人员的配偶、子女及其配偶作为规范对象，明确了禁止参与矿产资源开发的具体情形和行为，比其他省区市相关规定更为严格。内蒙古坚决清除作风顽疾和腐败沉疴滋生的土壤，坚持“当下改”与“长久立”相结合，通过完善一系列制度机制，堵塞监管漏洞，拓展延伸治理链条，全面、深度修复政治生态。与此同时，印发《内蒙古自治区煤炭资源领域干部监督管理暂行办法》《关于开展煤炭专项审计的指导意见（试行）》等一系列文件，进一步重塑政商关系，厘清权力边界。通过印发《内蒙古自治区已配置煤炭资源在建拟建项目监管办法》，明确要求盟行署与市政府要与配煤项目企业签订协议，督促企业按照协议承诺期限加快建成项目，确实落实到位的所配置煤炭资源不予清收；协议期内配煤项目停建且明确不再建设的，履行资源清收程序。通过专项整治，内蒙古煤炭企业一批问题得到解决，13处产能总计每年8 520万吨的煤矿转入正常生产，14处产能总计每年6 925万吨的煤矿完善了相关手续，为增产保供作出积极贡献。2020年，内蒙古煤炭产量达10.066亿吨，比上年增长1.3%。

2021年11月，内蒙古自治区纪委监委公布，内蒙古在对涉煤腐败“倒查20年”的专项整治工作中，已累计为国家挽回经济损失523.88亿元。专项整治中，内蒙古废止和宣布失效涉煤政策法规文件863件，出台相关政策法规文件100件。

2022年8月，中国共产党内蒙古自治区委员会“中国这十年·内蒙古”主题新闻发布会在呼和浩特举行。发布会上，内蒙古自治区党委书记孙绍骋指出，十年来内蒙古坚决扛起全面从严治党政治责任，以前所未有的力度惩贪治腐，反腐败斗争取得压倒性胜利并全面巩固。紧紧扭住煤炭资源领域违规违法问题“倒查 20 年”，着力铲除污染政治生态的最大“毒瘤”。

通过“倒查 20 年”，内蒙古全区各级纪检监察机关共查处涉煤腐败案件 789 件、1 163 人，其中厅局级干部 73 人、县处级干部 286 人，挽回国有资产损失 608 亿元，清收煤炭资源 299 亿吨。在重拳惩治涉煤腐败问题的同时，内蒙古自治区还对 2000 年以来各级各部门出台的煤炭资源领域政策法规进行全面清理，督促涉煤地区、部门、企业加强制度建设，推进煤炭资源审批制度改革，着力消除权力寻租空间。经过刀刃向内的刮骨疗毒和党内集中性教育的淬炼洗礼，全区政治生态日益清朗，党风政风持续向好，党员干部精神面貌焕然一新。2020 年以来，全自治区煤炭产量均稳定在 10 亿吨以上，煤炭行业实现规范发展、健康发展、高质量发展，为有效保障全国煤炭供应作出了重要贡献。

2023 年 12 月 17 日，天津市第二中级人民法院一审公开开庭审理青海省委原常委、省人大常委会原党组书记、副主任李某翔受贿一案，指控李某翔利用担任内蒙古自治区包头市副市长，通辽市副市长，呼和浩特市市长等职务上的便利，利用国有矿产资源搞政治交易，非法收受财物共计折合人民币 8 823 万余元。李某翔曾在内蒙古工作超过 30 年，在包头工作期间曾是邢某的下属，在呼和浩特工作期间和云某中共事过，是“倒查 20 年”后挖出的“副部虎”。

思考讨论

1. “倒查 20 年”释放和传递出了什么样的信号？

2. 习近平总书记在党的二十大报告中强调：全党必须牢记，全面从严治党永远在路上，党的自我革命永远在路上。如何理解这一科学论断？

3. 有人说：“‘倒查 20 年’过于严苛，已经影响干部工作的积极性。”你认同这一论断吗？为什么？

教学建议

本案例主要适用于第十七章第三节“坚定不移进行反腐败斗争”部分的辅助教学。案例主要展示的是内蒙古自治区党委以高度的政治担当，对煤炭资源领域违规违法问题开展的“倒查 20 年”专项整治，近千人被查，上百份文件出台，剜掉了污染当地政治生态的最大毒瘤，还人民群众朗朗乾坤的过程。

组织教学建议

第一，要引导学生认识和把握“倒查 20 年”的基本概况和重要意义。通过“倒查 20 年”看内蒙古自治区集中整治煤炭资源领域违规违法问题的发展过程和取得的重大成效，通过内蒙古自治区公布数据的前后比照，使学生深刻认识“倒查 20 年”之于内蒙古的重要意义，即全面从严治党的必要性和重要价值，使学生了解到“倒查 20 年”是全面从严治党走深、走实的重要体现，深刻理解全面从严治党永远在路上的深刻意蕴。

第二，建议组织学生观看新华社国内部与内蒙古分社联合出品的内蒙古涉煤贪污腐败官员忏悔录《乌金除垢》，使学生深刻认识全面从严治党面临的严峻性和复杂性。“倒查 20 年”案例的背后体现的是腐败和反腐败之间的较量还在激烈进行，形形色色的利益集团成伙作势，彻底铲除腐败滋生土壤、清理系统性腐败依然在路上。要引导学生从“倒查 20 年”看内蒙古自治区涉煤腐败案件的根源，其背后体现的是领导干部理想信念缺失、纪律观念薄弱、思想作风涣散，与资本勾连，搞权钱交易，这是当前管党治党面临的严峻挑战，也凸显了全面从严治党的必要性和严峻复杂性。

第三，通过案例情节使学生认识到全面从严治党面临的突出问题，并循序渐进引导学生思考可行性解决方案，进一步引入到新时代党的建设总要求内容的学习中。结合案例中管党治党面临的突出矛盾问题，引导学生思考如何扎牢不敢腐、不能腐、不想腐的笼子，以实现全面从严治党向纵深发展。通过“倒查 20 年”，内蒙古自治区政治生态日益清朗，党风政风持续向好，党员干部精神面貌焕然一新。但必须要引导学生从“倒查 20 年”所查处的贪污腐败问题、巨额经济损失等数据中作进一步思考，思考为什么要重拳“打虎”“拍蝇”“猎狐”推进反腐败斗争，为什么要加强党的政治建设、思想建设、制度建设、纪律建设等，进而引导学生了解新时代党的建设总要求的主要内容。

第四，要引导学生了解全面从严治党永远在路上，要做到久久为功。“倒查 20 年”体现了全面从严管党治党的决心。这里要让学生深刻意识到“倒查 20 年”是全面从严治党的具体表现，是党的自我革命的重要彰显，它凸显了全面从严治党永远在路上，以及党的自我革命永远在路上的决心和勇气。因此，必须继续发扬彻底的革命精神，坚持全面从严治党向纵深发展，保持“赶考”的清醒，以新时代党的自我革命引领伟大社会主义建设。

总结提升建议

第一，办好中国的事情，关键在党，关键在党要管党、全面从严治党。中国共产党是中国特色社会主义事业的领导核心，党的建设质量和水平关乎国家事业的兴衰、关系社会主义现代化国家建设和中华民族伟大复兴的成败。坚持全面从严治党向纵深发展是党领导治国理政的必然要求和内在规定，全面建设社会主义现代化国家、全面推进中华民族伟大复兴关键在党。党的十八大以来，党中央把全面从严治党纳入“四个全面”战略布局，坚持管党治党思想从严、监督从严、执纪从严、治吏从严、作风从严、反腐从严，层层压实管党治党政治责任，有力解决了党内多年积累的突出问题，以前所未有的勇气和定力推进党风廉政建设和反腐败斗争，刹住了一些多年未刹住的歪风邪气，解决了许多长期没有解决的顽瘴痼疾，管党治党宽松软状况得到根本扭转。实践已经证明，只有坚持全面从严治党向纵深发展，才能建设一支始终走在时代前列、人民衷心拥护、勇于自我革命、经得起风浪考验、朝气蓬勃的长期执政的马克思主义政党，才能为全面建设社会主义现代化国家开好局、起好步提供有力政治保障。“倒查 20 年”前后的数据对比让我们清楚地看到，专项整治后内蒙古自治区煤炭产量年均稳定在 10 亿吨以上，政治生态的日益好转、政商关系日益改善、相关制度不断健全，党的执政基础日益稳固，党和国家事业取得显著成效。

第二，全面从严治党要抓住领导干部这个“关键少数”，使其发挥示范引领作用。领导干部是党执政的骨干力量，也是管党治党的组织者、推动者和实践者，全面从严治党必须发挥领导干部在管党治党过程中的“头雁”作用。换言之，全面从严治党的关键是要抓住领导干部，抓住领导干部这个“关键少数”是解决党内存在的突出问题的迫切需要和内在要求。领导干部要从自身严起、管起，不断增强党自我净化、自我完善、自我革新和自我提高的能力。领导干部要带头旗帜鲜明讲政治、带头同特权思想和特权现象作斗争、带头自觉接受党内监督、带头做到廉洁从政。实践证明，从领导干部这个“关键少数”抓起，就能促进党风政风根本好转，营造良好的政治生态。“倒查 20 年”使一大批“煤老虎”“黑金硕鼠”现出原形，1 163 人被查处，其中厅局级干部 73 人、县处级干部 286 人。领导干部是党组织的先头兵、带头人，有什么样的领导干部就有什么样的党组织，管好领导干部对于全面从严治党向纵深发展意义深远。

第三，必须以“永远在路上”的清醒和韧劲，坚定不移推动全面从严治党向纵深发展。全面从严治党永远在路上。我们党作为世界上最大的马克思主义执政党，要始终赢得人民拥护、巩固长期执政地位，必须时刻保持解决大党独有难题的清醒和坚定，必须时刻牢记坚持全面从严治党永远在路上。党的十八大以来，以习近平同志为核心的党中央全面加强党的领导，以刀刃向内的勇气向党内顽瘴痼疾开刀，以雷霆万钧之势推进全面从严治党，以钉钉子精神把管党治党要求落实落细，清除了党内存在的严重隐患，化解了党面临的严重政治风险。全面从严治党取得了历史性、开创性成就，产生了全方位、深层次影响，必须长期坚持、不断前进。但面临“四大考验”“四种危险”的严峻挑战，党内存在的思想不纯、政治不纯、组织不纯、作风不纯等突出问题尚未得到根本解决。因此，全面从严治党永远在路上，必须持之以恒深入推进全面从严治党。内蒙古倒查涉煤腐败提醒我们，在全面从严治党、从严治吏的问题上，决不能有“差不多了，可以松口气、歇歇脚”的思想，不能有“打好一仗就一劳永逸”的想法，必须利剑高悬、震慑常在、久久为功。同时，通过“倒查 20 年”案例可以看到内蒙古自治区煤炭资源领域违规违法问题所暴露出来的管党治党宽松软的问题，党员干部甘于被“围猎”，贪污腐败、以权谋私，凸显的是党的建设缺失、纪律建设弱化、理想信念淡漠等问题。

第四，全面从严治党要以党的政治建设为统领。把政治建设放在党的建设的首位是新时代管党治党的核心内容和根本要求，推进全面从严治党向纵深发展要明确新时代党的建设总要求，坚持和加强党的全面领导，坚持党要管党、全面从严治党，以加强党的长期执政能力建设、先进性和纯洁性建设为主线，以党的政治建设为统领，以坚定理想信念宗旨为根基，以调动全党积极性、主动性、创造性为着力点，全面推进党的政治建设、思想建设、组织建设、作风建设、纪律建设，把制度建设贯穿其中，深入推进反腐败斗争。习近平主席在党的二十大报告中强调指出，深入推进全面从严治党，坚持打铁必须自身硬。党的政治建设是党的根本性建设，要把党的政治建设摆在首位，以党的政治建设为统领全面推进党的各项建设。“倒查 20 年”背后体现的贪污腐败、官商勾结、权力寻租等矛盾问题的出现，归根结底是因为党的政治建设落实不到位、政治信仰动摇、政治纪律规矩淡化、政治本色缺位。因此，全面从严治党要以党的政治建设为统领。

启示意义

第一，“善除害者察其本，善理疾者绝其源”，必须下大力气打造风清气正的政治生态。“倒查20年”，是推进反腐败斗争的攻坚战，是净化和修复政治生态的攻坚战，时间跨度大、涉及层面广、牵扯的利益关系复杂，在官场造成很大震撼。之所以要倒查，是因为很多腐败问题根子很深，时间跨度很大，短期内难以察觉。当然，倒查不是把有关问题找出来、把腐败分子揪出来、把资产损失追回来、把制度机制建起来就万事大吉了。倒查20年，在发现问题、处理腐败官员之外，更要写好巡视“后半篇文章”，从历史问题中找到解决现实问题的根源。要从权力观、事业观、政绩观、发展观、群众观等层面深入查一查，真正营造“不敢腐、不能腐、不想腐”的政治生态。只有消除腐败存量，健全体制机制，形成巨大震慑，才能从源头上减少腐败增量，更好地实现政治清明。

第二，贪途欲海无归路，切莫抱“侥幸心理”。“倒查”这一雷霆手段，给所有党员干部敲响了警钟，给腐败分子传递了强烈震慑：只要违反党纪国法，无论时间长久、无论涉及谁，都将出重拳下狠手，绝不姑息，都将深挖彻查利益输送链条，对问题线索清仓见底，对违纪违法行为坚决严厉惩处；只要腐败了，不管是退休回家，还是转行，法律有追诉期，但纪律没有追诉期，这笔账迟早要算。在新的赶考路上，必须树牢正确的权力观，对权力心存敬畏，秉公用权、严格自律，牢记手中的权力、所处的岗位都是党和人民所赋予的，只能用来为民谋利。如果思想不纯、权力观不正，利用权力为个人谋利、为一些利益集团谋利，路是走不通的，必然会栽倒。“侥幸心理”是腐蚀权力的一剂“毒药”，任何人都不应该对违纪违法抱有“侥幸心理”。内蒙古对煤炭资源领域腐败倒查20年，表明了党中央对腐败问题“零容忍”的态度，并释放了一个鲜明的信号，“终身负责制”不只是停留在文件上的理念，而是正在切实被执行。

参考文献

[1] 冯群星. 人不负青山，青山定不负人. 环球人物，2022 (20).

[2] 张晓松，朱基钗，杜尚泽，等. 始终干在实处、走在前列、勇立潮头：习近平总书记考察浙江纪实. 人民日报，2023-09-26 (2).

[3] 当代中国研究所. 新时代这十年. 北京：人民出版社，2023.

[4] 熊争艳，王希，于佳欣，等. 从十个维度看中国式现代化的壮阔前景. 人民网，2023-03-02.

[5] 方敏，窦皓. 浙江稳健起步扎实开局. 人民日报，2022-05-22 (5).

[6] 李中文，江南，窦瀚洋，等. 践行“八八战略”打造“重要窗口”. 人民日报，2022-06-03 (1).

[7] 权衡. 国家战略在地方先行先试 牵引地方实现高质量发展. 光明日报，2022-04-11 (6).

[8] 袁元. 北斗：创新导航. 瞭望，2020 (49).

[9] 谢卫群. G60科创走廊，在连接中快速生长. 人民日报，2023-06-20 (7).

[10] 梁佩韵，张春林. 合肥：创新的天地. 求是，2022 (5).

[11] 常河. 合肥：人才磁场 创新高地. 光明日报，2019-04-20 (1).

[12] 蒋升阳，颜珂，钟自炜. 福建加快建设现代化经济体系. 人民日报，2022-07-05 (1).

[13] 周洪双，李晓东. “数”造新川蜀. 光明日报，2021-05-09 (1).

[14] 陈成文. 乡村治理推进“三治融合”的内在逻辑与实践路向. 光明日报，2022-09-22 (6).

[15] 邹倜然，许驰. 浙江桐乡：“三治融合”创新基层治理新格局. 中工网，2023-09-01.

[16] 丁一鸣，常河. 从优秀传统文化中汲取社会治理智慧：安徽桐城探索建立新时代“六尺巷工作法”. 光明日报，2023-05-10 (5).

[17] 李明杰. 古为今用，“六尺巷”走出时代新路. 安徽日报，2024-07-02 (3).

[18] 王江红，傅颖杰. 东阳花园村：创“富”造“城”向未来. 浙江日报，2022-06-10 (10).

[19] 严碧华. 花园村“逆袭”. 民生周刊，2020 (16).

[20] 光明日报调研组. 幸福花开 三涧溪暖：山东省济南市三涧溪村打造乡村振兴齐鲁样板的生动实践与启示. 光明日报，2022-08-05 (5).

[21] 袁致甲，孟凡庚. 山东济南市章丘区三涧溪村：党建引领 打造齐鲁乡村振兴样

板. 党建，2018（8）.
[22] 王金虎. 为勇敢善良的人披上坚固“铠甲”：聚焦刑法“第二十条”. 光明日报，2024-03-30（5）.
[23] 高爽. “‘第二十条’已被唤醒”：还原最高法工作报告中举例的正当防卫案全过程. 光明网，2024-03-09.
[24] 訾谦. 一路连中老 山川变坦途. 光明日报，2021-12-04（3）.
[25] 赵戈，王科文. 驰骋在亚欧大陆上的“钢铁驼队”. 新华网，2023-06-04.
[26] 习近平. 在庆祝香港回归祖国二十五周年大会暨香港特别行政区第六届政府就职典礼上的讲话. 人民日报，2022-07-02（2）.
[27] 香港回归25周年 心中有“数”看香港. 新华网，2022-06-08.
[28] 珠海横琴新区：十年蝶变再出发 对澳初心未曾改. 人民网，2019-12-19.
[29] 做好粤澳合作开发横琴这篇大文章：以习近平同志为核心的党中央关心横琴粤澳深度合作区建设纪实. 中国政府网. 2021-09-10.
[30] 罗沙，杨维汉，白阳，等. 新时代的人民法典：《中华人民共和国民法典》诞生记. 光明日报，2020-05-29（1）.
[31] 张毅，廖文根，王比学，等. 人民美好生活的法治保障：写在《中华人民共和国民法典》诞生之际. 人民日报，2020-05-31（1）.
[32] 冯群星. 老百姓上了网，民意也就上了网. 环球人物，2022（5）.
[33] 吴晓东. 人民网“领导留言板”：把民情民意落到实处. 中国青年报，2022-04-18（2）.
[34] 唐湘岳. 吹响精准扶贫的号角：湖南湘西十八洞村脱贫攻坚纪实. 光明日报，2017-09-28（1）.
[35] 房琳琳，俞慧友. 十八洞村：精准扶贫首倡地，脱贫攻坚样板村. 科技日报，2021-04-28（2）.
[36] 高志顺，马彦铭，潘文静. 阜平脱贫记. 求是网，2021-02-18.
[37] 徐运平，张志锋. 阜平战贫. 人民日报，2020-07-17（13）.
[38] 赵戈，王科文. 驰骋在亚欧大陆上的“钢铁驼队”. 新华网，2023-06-04.
[39] 张翼. 入世20年，中国与世界共赢. 光明日报，2021-12-11（5）.
[40] 曹元龙，董蓓，殷泽昊. 与世界共享“进博机遇”. 光明日报，2023-11-06（7）.
[41] 王丽，汪军. 补偿机制凝聚生态保护合力. 瞭望，2024（3）.
[42] 中共中央组织部. 贯彻落实习近平新时代中国特色社会主义思想 在改革发展稳定中攻坚克难案例：生态文明建设. 北京：党建读物出版社，2019.
[43] 魏雨虹. 生态保护补偿机制激发护绿动力. 瞭望，2022（32）.
[44] 严赋憬，黄垚，李晓婷. 推进西部大开发形成新格局：西部地区高质量发展新成效综述. 中国政府网，2024-04-22.
[45] 陈宇博. “虹桥经验”：基层立法联系点六大工作法. 山东人大工作，2022（9）.
[46] 杨振武. 发展全过程人民民主 彰显中国式民主优势. 人民日报，2021-08-04（9）.

[47] 八项规定，激浊扬清之剑：党的十八大以来以习近平同志为核心的党中央贯彻执行八项规定、推动作风建设综述. 共产党员网，2017-09-29.

[48] 杨文武. 清风时评："八项规定"需持续发力 作风建设需久久为功. 中国共产党新闻网，2019-12-27.

[49] 余哲西，郭妙兰. 八项规定撬动巨变. 中国纪检监察，2022 (9).

[50] 于长洪，张丽娜，王靖. 账总是要算的！内蒙古涉煤腐败"倒查 20 年"纪实. 瞭望，2021 (23).

[51] 孙绍骋. 在全面建设社会主义现代化国家新征程上书写内蒙古发展新篇章. 学习时报，2022-09-21 (1).

[52] 张丽娜. 倒查 20 年挖出 75 岁贪官，传递什么信号. 新华网，2021-01-19.

后　记

本书是2021年度教育部高校思想政治理论课教师研究专项重大课题攻关项目“高校思政课习近平新时代中国特色社会主义思想教学案例库建设研究”（项目批准号：21JDSZKZ01）的阶段性研究成果。在课题推进过程中，得到了教育部社科司主管领导的悉心指导，得到了中国人民大学出版社郭晓明、牛晋芳编审的鼎力支持，以及编辑的精心编校，谨此表示衷心的感谢和深深的敬意。

本书是集体智慧的结晶，由课题首席专家杨慧民主持完成，依托教育部高校思想政治理论课名师工作室（大连理工大学）、大连理工大学思政课案例教学研究中心开展工作，并得到大连理工大学马克思主义学院党政领导的全力支持。除大连理工大学外，大连交通大学、大连工业大学、西安财经大学部分教师参与了编写工作。编写分工如下：

葛丽君、贾迪：案例2、12、13、16、19、20、28；

王新影：案例18、27；

王娜：案例5、6、9、10；

刘鹏飞：案例1；

张超：案例21、22；

屈宏：案例25、26；

王晶梅：案例3、4、11、15；

刘秉贤：案例7、8、14、24；

张灿：案例29；

王冠文：案例23；

赵劲：案例17。

杨丽丽参加了部分案例的编写工作。杨慧民负责统稿、定稿。团队成员三年多来的同心协力、精诚合作，成就了这一本书，在此表示感谢。

习近平新时代中国特色社会主义思想主题鲜明、内容丰富，但并非所有内容都适合开展案例教学。有些重大理论问题或理论难题，教学案例难以承载和驾驭，只能靠理论自身的魅力来解答。由此，本书虽主要以全国统编教材《习近平新时代中国特色社会主义思想概论》的主要内容和逻辑结构为编写体例，但所选编案例并非对应或涵括每一个理论框架内的所有内容，章节之间案例分布也稍欠均衡，教师可根据教学需要和自身实际灵活选用。

在编写过程中，我们团队参考了许多相关文献资料，无法一一列出，望相关作者谅解，在此表示诚挚的谢意。由于编者能力水平有限，书中一定存在缺点和不足，敬请方家不吝赐教指正。

本书得到了大连理工大学马克思主义学院教材出版经费的资助，特此感谢。

主编

2024 年 10 月

图书在版编目（CIP）数据

新时代高校思想政治理论课教学案例精选. 第 1 辑/杨慧民，葛丽君主编. -- 北京：中国人民大学出版社，2025. 8. -- ISBN 978-7-300-33953-5
Ⅰ. G641
中国国家版本馆 CIP 数据核字第 2025DT2882 号

新时代高校思想政治理论课教学案例精选（第 1 辑）
主　编　杨慧民　葛丽君
Xinshidai Gaoxiao Sixiang Zhengzhi Lilunke Jiaoxue Anli Jingxuan

---

出版发行	中国人民大学出版社		
社　　址	北京中关村大街 31 号	**邮政编码**	100080
电　　话	010－62511242（总编室）		010－62511770（质管部）
	010－82501766（邮购部）		010－62514148（门市部）
	010－62511173（发行公司）		010－62515275（盗版举报）
网　　址	http://www.crup.com.cn		
经　　销	新华书店		
印　　刷	中煤（北京）印务有限公司		
开　　本	787 mm×1092 mm　1/16	**版　　次**	2025 年 8 月第 1 版
印　　张	13 插页 1	**印　　次**	2025 年 8 月第 1 次印刷
字　　数	294 000	**定　　价**	79.00 元
